生涯学習[eソサエティ]ハンドブック

[地域で役立つメディア活用の発想とポイント]

井内慶次郎 監修

山本恒夫・浅井経子・伊藤康志 編

文憲堂

カバーデザイン──道吉 剛・辻村亜紀子
Cover Design by Michiyoshi Design Laboratory Inc.

■ シリーズ刊行にあたって

　昨今の情報コミュニケーション技術の発展はめざましく、斯界でも遠隔大学公開講座、最先端メディアを活用した生涯学習実践などの研究開発が次々と行われるようになった。

　それらの取組みに追われていた平成15年の夏に、突然文憲堂小林恒也氏の訪問を受け、新たに検討をすすめている「生涯学習実践技法シリーズ」の監修の労をとってもらえないか、という依頼を受けた。同行された山本恒夫教授、浅井経子教授から検討をすすめている企画の概要も承った。まことに光栄のことではあるが、私には重すぎると思い、お断りした。

　昭和20年8月15日、敗戦の日の夜、東京五反田のホームから眺めると、一面の焼野が原の闇の中に、ぽつぽつと裸電球が瞬き、人懐かしさに、ホームを去り難く、暫く椅子に座りこんだ。それから間もなく復員、復学して、22年春大学を卒業し、文部省社会教育局に職を奉ずることになった。日本国憲法公布施行の直前であった。

　入省後暫くして、社会教育法等の立案を命じられた。いろいろな曲折はあったが、24年の「時の記念日」6月10日に、社会教育法が成立し、公布施行された。同法の規定の中で、凡そ国や地方公共団体の任務として、

"すべての国民が、あらゆる機会、あらゆる場所を利用して、自ら実際生活に即する文化的教養を高め得るような環境を醸成するように努めなければならない。"

という修文に苦労した案文が、法第3条として確定した時は、静かな深い感動を覚えた。

　このようなサービス行政に若干でも関与できたらどんなに生き甲斐があり、幸せなことであろう。こんな気持が心の伏水流となって流れ続けてきたように思えてならない。

　平成2年6月いわゆる「生涯学習振興法」（生涯学習の振興のために施策の推進体制等の整備に関する法律）の施行を承けて、3年10月、全日本社会教育連合会から『生涯学習を振興するための行政』が刊行された。その時編者として関係したが、爾来十年余の月日が推移した。国の内外は目まぐるしいスピードの速い激変の明け暮れであった。この間、現に生涯学習ということで、どのような営み、活動が展開されて来たことか。どのような進展、停滞、混迷があったのか。新しい時代を迎えて、これからどのようなよい汗をかけばよいのか。

　その後、山本先生、浅井先生からさらに具体的な企画の構想を伺い、多くの友人、知人から現状における生涯学習の実践の問題点、課題を伺った。周囲の熱意あるすすめに推されて、私は監修者をお引き受けすることにした。

「生涯学習実践技法シリーズ」の編集・執筆には、椎廣行国立教育政策研究所社会教育実践研究センター長、伊藤康志独立行政法人国立オリンピック記念青少年総合センター事業課長（当時）にも参加していただくことになった。

「生涯学習実践技法シリーズ」の最初の企画として、生涯学習の言葉だけが独り歩きしないように、
  (1)生涯学習に関する国レベルの審議会の答申等の客観的な正確な認識のために、
  (2)生涯学習関連の自己点検、評価のために、
  (3)インフォーメーション、テクノロジー（IT）を活用する生涯学習eソサエティ、コンテンツ、
    メディアネットワーク活用のために、
関係者に親しみやすいハンドブックをまず3冊刊行、提供しようということになった。

生涯学習の現場と、学界と行政の接点としての国立教育政策研究所社会教育実践研究センター（略称国社研）の重さをしみじみ思う昨今である。

五十余年前、焼野が原に瞬いた裸電球。実際生活に即する文化的環境の醸成。この「生涯学習実践技法シリーズ」が、その時と同様に、新しい時代の瞬きとなって役立って欲しいものと心から祈り、シリーズ刊行の言葉とする。

監修者　井内慶次郎

■ まえがき

　高度情報技術の発達は、人々の生活や社会の構造を根底から変えようとしている。生涯学習の領域でも、インターネット、携帯電話、衛星通信等を使った学習や交流が当たり前に行われるようになり、いつでも、どこでも、学習が可能になりつつある。

　もちろん、従来からの対面による学習や体験学習の価値が失われたわけではない。遠隔学習が盛んになればなるほど、一方で対面による学習や体験学習の重要性が増すようになるに違いない。むしろ、両々相俟って学習効果が高まると考えられる。本書では"生涯学習ｅソサエティ"ということばを初めて使ったが、それは、まさにリアルの世界にバーチャルを取り込んだ生涯学習社会を意味している。

　情報通信技術の発達は著しく、ともすればそれそのものに翻弄され、それが教育・学習あるいはコミュニケーションに果たす役割が忘れられてしまう危険性がある。本書は、社会教育などの生涯学習支援に携わる方々がそのような事態に陥らず、手軽に情報通信技術を活用できるように、理論と実践の融合を図り、可能な限り具体的にわかりやすくアイディアやノウハウを示すように努めた。

　第Ⅰ章と第Ⅱ章は［理論編］で、生涯学習ｅソサエティ及びインターネット活用の教育・学習の可能性と課題を概観した。第Ⅲ章、第Ⅳ章、第Ⅴ章は［技術編］で、生涯学習支援にインターネット等を導入する際のポイントなどを取り上げた。さらに、［実践事例編］やＱ＆Ａを通して、具体的に理解を深めることができるようにした。

　執筆者の方々には、最新の動向をとらえてご執筆いただくようお願いし、ご苦労いただいた。生涯学習ｅソサエティの構築に、ささやかながらも貢献することができれば幸いである。

　執筆者の中でも、独立行政法人国立オリンピック記念青少年総合センター事業課主任研修指導専門職桜庭望氏、㈶日本視聴覚教育協会事務局次長・「視聴覚教育」編集長下川雅人氏、富山インターネット市民塾推進協議会事務局長柵富雄氏には編集等のさまざまな面でご協力いただいた。こころから感謝申し上げたい。

　最後になってしまったが、株式会社文憲堂の小林恒也社長にはひとかたならぬお世話になった。ここに御礼申し上げる次第である。

平成16年4月

編者　山本　恒夫

　　　浅井　経子

　　　伊藤　康志

生涯学習［eソサエティ］ハンドブック／目次

シリーズ刊行にあたって／1
まえがき／3
本文目次／4
Q&A目次／8

[理論編]

I　これからの時代における生涯学習eソサエティ ……………………………………… 2
　I－1　生涯学習eソサエティにおけるバーチャル学習空間の構想／2
　　1　生涯学習eソサエティの捉え方
　　2　マルチメディア・ネットワークを導入した生涯学習支援システム
　　3　バーチャル学習空間の構想
　　4　生涯学習eソサエティの特徴
　I－2　メディアによる学習環境の可能性と課題／9
　　1　メディアは何を代替するのか
　　2　メディアはその社会・文化の中で受容される
　　3　ネットワーク社会における生涯学習
　　4　新しいコンセプトの必要性
　I－3　コンテンツの作成と協調学習の可能性／15
　　1　ITを活用した学習と生涯学習支援
　　2　コンテンツ作成に関わる協調学習の意義
　　3　コンテンツ作成に関わる協調学習の支援
　　4　コンテンツ作成に関わる協調学習の今後の課題
　I－4　メディアの発達と社会の変化・変容／20
　　1　消えるものと生まれるもの
　　2　移動する生活とその場生活の変化
　　3　安全と危険
　　4　将来のメディア進化の可能性
　I－5　これからの生涯学習におけるバーチャルとリアルの問題／25
　　1　バーチャルとリアル
　　2　事象を捉える枠組
　　3　学習におけるバーチャルとリアル

II　インターネットによる教育・学習の可能性 ……………………………………… 32
　II－1　インターネットの機能とメディアの特性／32
　　1　学習のグローバリゼーションを実現するメディア
　　2　通信教育を超える双方向メディア
　　3　印刷物を超えるメディア教材
　　4　プル型メディアとプッシュ型メディア
　II－2　遠隔学習をすすめる／38
　　1　生涯学習における遠隔学習
　　2　地域の生涯学習推進における取組み
　　3　地域でつくる学びあいの場
　II－3　地域で学習コンテンツづくりをすすめる／46
　　1　学習コンテンツとは
　　2　学習コンテンツの種類
　　3　地域でコンテンツをつくることの意義
　　4　コンテンツ化にあたっての留意点

- II－4　魅力ある学習プログラムをつくる／49
  - 1　「講座」の前後にインターネットを活用する
  - 2　「講座」自体を「面白い」ものにする
  - 3　生涯学習での「IT講座」の意味
- II－5　「学習者」のネットワークをつくる／52
  - 1　知的活動としてのコミュニケーションの難しさ
  - 2　情緒的つながりを強めるコミュニケーション
  - 3　学習者のネットワークをつくるということ
- II－6　社会教育指導者の能力を高める／56
  - 1　社会教育指導者の養成に関する提言
  - 2　社会教育主事の研修の機会について
  - 3　ビデオ教材
  - 4　エル・ネットによる社会教育研修番組等の配信
  - 5　eラーニングによる社会教育研修プログラム
  - 6　国社研ホームページによる情報提供

[技術編]

III　インターネット講座の具体化とチェックポイント　64

- III－1　地域の公民館とインターネット講座／64
  - 1　これまでの取組み
  - 2　公民館と「eラーニング」
  - 3　「インターネット講座」の目指すもの
- III－2　インターネット講座の類型と基本的な考え方／68
  - 1　学習テーマからみた類型
  - 2　学習者の参加のあり方からみた類型
  - 3　生涯学習へのインターネットの応用のあり方
- III－3　インターネット講座導入の考え方／75
  - 1　既存の学習方法との連携
  - 2　インターネット講座の課題を考える
- III－4　講座の企画・実施の具体的な手順／81
  - 1　インターネット講座の開催イメージ
  - 2　テーマ、講師の検討
  - 3　開催方法とカリキュラムの検討
  - 4　ウェブテキストの制作
  - 5　受講者の募集、受付等、開催担当の準備
  - 6　講座の開講と進行
  - 7　閉講とフォロー
- III－5　学習システムとしての導入の要点／97
  - 1　導入のねらいと目的を明確にしよう
  - 2　学習システムに必要な設備等
  - 3　運営体制
  - 4　導入のステップ
- III－6　インターネット講座のメリットと課題／102
  - 1　インターネット講座のメリット
  - 2　インターネット講座の課題
  - 3　課題への対応
  - 4　学習者の意欲を高める講座の事例
  - 5　ITボランティアの養成と維持
  - 6　ブレンディングの必要性
  - 7　地域の知を発信するインターネット講座を目指して

IV　インターネット活用の発想と様々な学習サービス　……………………………………………………111

IV－1　エル・ネット「オープンカレッジ」の活用と学習プログラム／111
1　エル・ネットとは
2　オープンカレッジで何が学べるのか
3　エル・ネット受信設備の状況
4　取り上げる講座を決定する
5　番組の録画
6　受講者の募集
7　テキストの準備
8　講座の開講
9　著作権契約レベルについて
10　発展型講座の事例

IV－2　電子メール・電子掲示板の活用と学習コミュニティの形成／120
1　同期的か非同期的か
2　情報交換の場
3　設置方法
4　運用管理
5　ネチケット
6　学習コミュニティの特徴

IV－3　直接体験を拡充するメディア／123
1　直接体験と間接体験のバランス
2　体験活動の学習過程におけるメディア利用の可能性
3　プログラミングに求められるメディア活用の視点

IV－4　学習資源のデジタル化と共有化／128
1　学習資源のデジタル化の目的
2　学習資源のデジタル化の方法
3　学習資源のデジタル化の具体的事例

IV－5　携帯電話を使った学習サービス／133
1　携帯電話の特性
2　教育・学習と携帯電話の関係

V　メディア活用を進めるための基礎知識　……………………………………………………138

V－1　デジタル映像教材の制作／138
1　映像制作の手続き
2　絵コンテの作成
3　映像の撮影
4　映像の編集
5　トライアウトと形成的評価

V－2　デジタルコンテンツと著作権／143
1　「知」の時代
2　e-Japan重点計画-2003と教育用コンテンツ
3　教育用コンテンツと著作権
4　デジタルコンテンツ制作と著作権
5　デジタルコンテンツの利活用と著作権
6　「自由利用マーク」制度と著作権
7　デジタル化・ネットワーク化と著作権法の改正

V－3　ウェブデザインの考え方とポイント／150
1　ウェブデザインの考え方
2　ウェブサイト作成のポイント

  V−4 ネット上のコミュニケーションの演出／156
    1 ネットワークコミュニティ
    2 ルールの共通化
    3 管理者のルール
    4 ネットワークコミュニティ活性化の演出
    5 魅力的な「場」の提供

[実践事例編]
VI 生涯学習を支援する多様なメディア活用の実際 ……………………………………168
  VI−1 メディアがひらく学習コミュニティ／169
      ――学習支援ツール PushCorn――
  VI−2 子どもたちの体験活動と情報交流／175
      ――滋賀県 IT 子どもクラブ――
  VI−3 国際理解・交流事業と IT の活用／181
      ――帝塚山学院のインターネットスクール――
  VI−4 地域が手作りするアーカイブ／188
      ――秋田県立図書館・仙台弁プロジェクト――
  VI−5 「場」から始まるネットワーク／195
      ――足立区 IT サロン――
  VI−6 インターネット TV の展開／201
      ――愛媛県「ふるさとおもしろ講座」――
  VI−7 総合的な生涯学習支援システムへ／208
      ――『ひょうごインターキャンパス』の進化――
  VI−8 情報をデザインする／216
      ――参加型ホームページの実践――

[Q&A目次]

Q1 生涯学習にインターネットなどのITを活用する具体的なメリットは？／29
Q2 青少年がインターネットを使って学習を進める際に気をつけるべき点は？／30
Q3 ITによる生涯学習に高齢者が関心を持ってもらうためにはどうしたらよいか？／30
Q4 国の情報化政策は今後どう進むか。「e-Japan戦略」とは具体的にどのようなものか？／31
Q5 現在、大学・企業などでどのようなeラーニングが行われているか？／61
Q6 学校教育との連携・融合にITはどう活用できるのか？／62
Q7 デジタル化する学習資源を見つける際の視点は？／62
Q8 公民館でホームページを作る際のポイントと具体的方法について／108
Q9 eラーニング・システムを構想する際、まず何から始めたらよいか？／109
Q10 システム構築に係る経費と業者を選定する際のポイントは？／109
Q11 「インターネット講座」等の学習者の経費負担についてどう考えればよいか？／110
Q12 全国にどのようなデジタルアーカイブが作られているか？／137
Q13 地域のデジタルコンテンツを学校でどう活用しているか？／137
Q14 社会教育指導者として参考となるウェブサイトやメーリングリストにどのようなものがあるか？／161
Q15 著作権に関する最新の知識や情報をどう得たらよいか？／162
Q16 スキル中心のIT講座の次にどのような講座・事業を企画すればよいか？／162
Q17 情報ボランティアをどう募集すればよいか？／163
Q18 地域のNPOとの協力をどう進めていけばよいか？／163
Q19 ネット上の個人情報の問題についてどう考えたらよいか？／164
Q20 情報化に関する助成・奨励制度にどのようなものがあるか？／164

参考文献・参考URL一覧／225
事項索引／227

監修者紹介／編者紹介／230
執筆分担／231

理 論 編

Ⅰ　これからの時代における生涯学習eソサエティ

Ⅱ　インターネットによる教育・学習の可能性

I これからの時代における生涯学習eソサエティ

I-1 生涯学習eソサエティにおけるバーチャル学習空間の構想

1 生涯学習eソサエティの捉え方

　生涯学習eソサエティというのは、情報コミュニケーション技術の活用という観点から捉えた生涯学習社会のことである。
　それは、具体的には、平成15年3月20日の中央教育審議会答申『新しい時代にふさわしい教育基本法と教育振興基本計画の在り方について』のいう
　「国民の誰もが生涯のいつでも、どこでも、自由に学習機会を選択して学ぶことができ、その成果が適切に評価されるような社会」
を情報コミュニケーション技術の活用という観点から捉えた場合のことである。
　我が国の場合、それは実現途上にある。ここでは、その中でも特に地域の生涯学習支援システムに焦点を合わせ、マルチメディア・ネットワークを導入した生涯学習支援システムにおけるバーチャル学習空間をモデル的に構想することとしたい。

2 マルチメディア・ネットワークを導入した生涯学習支援システム

(1) 情報コミュニケーション技術と生涯学習支援
　生涯学習のための教育・学習システムの構築は、生涯学習社会の実現を目指すことがいわれて以来、
　①学校教育、社会教育などによる教育・学習機会等を提供するシステムの充実・改革
　②学習機会等の選択を援助するシステムの整備

I これからの時代における生涯学習 e ソサエティ

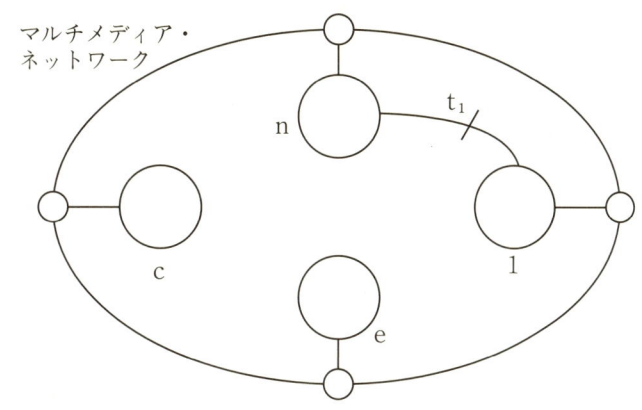

図 I-1-1　マルチメディア・ネットワークを導入した生涯学習支援システム

c：〈生涯学習推進センター機構〉：マルチメディア・ネットワークの診断と指向性の創出、(それに基づく) 連絡・調整、生涯学習情報提供、学習相談、調査、研究、学習プログラム・方法・ソフトの開発、指導者研修、などを行う機構
n：生涯学習関連機関・施設・団体等の提供する学習場所・機会、遠隔講座、学習用機材・データベース、などのネットワーク
e：〈学習成果の評価・認定・認証サービス機関〉：(希望者に対してのみ) 修了証、単位、免状、資格等の付与、評価・認定の互換、累積加算、認証などを行うサービス機関
l：〈学習者〉
t_1：伝統型学習 (講座・教室、クラブ・グループ活動、実験、実習、見学など) の機会等の提供とその利用
○—○：マルチメディア・ネットワーク
　　関係機関・施設・団体等との連絡や調整、
　　生涯学習情報提供・学習相談の実施とその利用、
　　マルチメディアによる遠隔教育機会、学習資源の提供とその利用、
　　学習成果の評価・認定・認証サービスとその利用 (希望がある場合のみ)、
　　学習成果の評価・認定・認証のための資料提供、
　　など

③多元的な学習成果の評価・認定・認証サービスを行うシステムの整備

というようなサブシステムの充実・改革、整備を課題として、漸進的アプローチで進められてきた。

しかし、近年の急速な情報コミュニケーション技術の発展は、①〜③のようなサブシステムを備えた従来型のトータルシステムから、そこに新たな情報コミュニケーション技術による情報ネットワークを内包した新たなシステムへと、発想の転換をせざるをえないような状況を生み出している。

生涯学習社会の実現は我が国全体にとっての課題であるが、その課題に取り組む中で、これからの生涯学習支援が何を目指すかということについても検討が行われることになるであろう。それについては、おそらく人々が日常生活や非日常的な活動の中で様々な創意工夫をしてその充実・向上を図りつつ、新たな文化を生み出すことへとつながるような、創造性を培う生涯学習の支援にウエイトをかけざるを得ないように思われる。情報コミュニケーション技術の発展は、そのような生涯学習に対し、従来にも増して豊かな情報を人々に提供することにより、より強力な支援をしてくれるに違いない。

(2)　情報コミュニケーション技術を活用した地域の生涯学習支援システム

図 I-1-1 は、情報コミュニケーション技術を活用するマルチメディア・ネットワークが導入された場合の生涯学習支援システム・モデルである。

これは地域の生涯学習支援システムを事象面で捉えたものであり、「生涯のいつでもどこでも自由

■ 自己組織化 self-organization
　システムが混沌とした状態から自律的に自らの構造を形成していくこと。あらかじめ目的や目標があってそれに向かって秩序がつくられていくのではなく、そのシステム自身が自己を規定し自己をつくっていくことをいう。生命の発生や社会システムの形成などがその例。

■ 指向性の創出
　向かうべき目標をつくり出すこと。

に学習機会を選択して学ぶことができ、その成果が社会で適切に評価されるような生涯学習社会」というときの「自由に学習機会を選択して」のところを支援するのは主として生涯学習推進センター機構（c）で、「学ぶことができ」を支援するのが生涯学習関連機関・施設・団体等の提供する学習場所・機会等のネットワーク（n）、「その成果が社会で適切に評価される」ようにサービスするのが学習成果の評価・認定サービス機関（e）である。

　学習者（l）はそれらを活用して学習をするが、図Ⅰ-1-1のシステムでは、それらがリンク型の情報ネットワークで結ばれている。

　もちろん、このような情報ネットワークができたからといって、郵便、電話、ファックス等の通信手段や現地会議、対面での打ち合わせ、従来からの組織間関係・人間関係がなくなるわけではない。しかし、事態は急速に変化しつつある。

(3) 新たなシステムの特徴

　新たな生涯学習支援システムは、リンク型情報ネットワークを張り巡らすことにより、先にあげた機能の多くをネットワーク全体で柔軟に遂行出来るようにするものである。これは、従来型のシステムのように機能遂行を特定の要素間に限定したり、固定したりせずにすむので、生涯学習支援の可能性をより大きくすることが出来る利点を持っている。

　たとえば学習資源の1つである学習用コンテンツの開発にしても、情報ネットワークを通して呼びかければ、ネットワーク上で学習者が情報やアイディアを出したり、参加したりすることが出来る。おそらくその方が、生涯学習推進センター機構と生涯学習関連機関・施設・団体等との間だけでコンテンツ開発を行うよりも、より豊かなコンテンツ開発が出来るに違いない。

　しかし、そこには弱点もある。このようなネットワークは、ネットワーク・メンバーの自由で、自然発生的な活動や相互作用によって発展していくという、自己組織化的な発展をすることが多いため、ともするとその目指す方向を見失いがちになるのである。生涯学習支援システムの場合には、常に目指すべき方向を見定めながら生涯学習支援を行っていかなければならない。したがって、その弱点に対処するためには、絶えずネットワーク・メンバーの相互作用によって新たな方向を探り、またシステムの自己診断を行いながら、充実、発展を図る必要がある。図Ⅰ-1-1の生涯学習推進センター機構（c）にネットワークの診断と指向性の創出が加わっているのは、そのためである。

　生涯学習支援システムにあっては、それが学習者にとって活用しやすいものになっているかどうかを常に診断して、改良を図っていく必要があり、また、地域ごとにその目指すところを検討し、指向性を創出していく必要もある。たとえば最初にあげたような創造性を培う生涯学習は、学習活

動を通して、地域の特性や伝統を生かした文化を作り出し、さらにそれが普遍性を持つように様々な創意工夫をしていくことを目指すということになるであろう。したがって、たとえ一般性のある情報コミュニケーション技術を活用した生涯学習支援システムといえども、その指向性は地域ごとに異なるものになるであろうし、そうならなければおかしいことになる。

さらに一言ふれておかなければならないのは、たとえマルチメディア・ネットワークを導入した生涯学習支援システムでも、図Ⅰ-1-1の中の

　nと1の関係（t_1）：伝統型学習の機会等の提供とその利用

はそのまま残るであろう、ということである。

これは、実際の学級・講座・教室に参加したり、グループで学習をしたり、実験・実習・見学を行ったりという伝統的な学習方法・形態による学習を行うことと、それへの支援である。学習によっては実際のグループ学習、実験・実習などが必要になることもあろうし、体験にしてもバーチャルな体験だけではなく現実の体験を必要とすることが多いに違いない。また、生涯学習における人間関係の重要性を考えると、このところだけは従来通りの仕組みが残るし、それを包含したシステムにする必要がある[1]。

3　バーチャル学習空間の構想

次に、どのようなバーチャル学習空間[2]を作ればよいかということを、図Ⅰ-1-1のn、c、eに即して検討してみることにしよう。ただし、ここではバーチャル空間を具体的にどのように作るかという話には踏み込まないことにしたいと思う。なぜなら、電子会議システムや電子掲示板機能をどのように活用するかというような話は、地域毎にバーチャル生涯学習空間を設計する段階で検討した方がよいからである。

1）　学習活動のためのバーチャル空間

図Ⅰ-1-1の「n：生涯学習関連機関・施設・団体等の提供する学習場所・機会、遠隔講座、学習用機材・データベース、などのネットワーク」のところでは、バーチャル学習室が必要である。バーチャルであるから、学習室はいくらでも作ることができる。たとえば、次のようなものがすぐに考えられるであろう。

○遠隔講座室

これは、たとえばエル・ネット「オープンカレッジ」の受講などをはじめ、その地域で利用で

■学習メニュー
　学習者が自分にあった学習の内容、方法等を選択できるように、多様な学習機会、学習活動などをあげた一覧。

きる遠隔教育をうまく活用するためのバーチャル空間である。
○学習用コンテンツ室
　これは、学習者が自ら学習用コンテンツを作成したり、データベースを作って蓄積し、自分たちで活用すると共に、広く各方面で利用してもらうためのバーチャル空間である。
○学習交流室
　これは、伝統型学習でいえば、クラブ・グループ活動のようなもので、マルチメディア・ネットワークを使って学習者がお互いに交流を図りながら、学習を進めるためのバーチャル空間である。

2）　学習相談のためのバーチャル空間
　図Ⅰ-1-1の「c：〈生涯学習推進センター機構〉」のところで、学習者に直接関わるのは生涯学習情報提供、学習相談である。生涯学習情報提供については、すでにシステムもできているし、アクセスもできる。しかし、学習相談については新たなバーチャル空間が必要である。
○学習相談室
　学習上の問題についての相談をするための仕組みであるが、有用性がないと使われないので、学習方法や学習メニュー作成の技法などをマルチメディアを使って提供するなど、工夫が必要である。

3）　学習成果の評価・認定・認証サービスのためのバーチャル空間
　図Ⅰ-1-1にある「e：〈学習成果の評価・認定・認証サービス機関〉」は未整備なので、そのためのバーチャル空間を考えることは今後の課題である[3]。

4　生涯学習eソサエティの特徴

　これまで述べてきたところからみると、生涯学習eソサエティにはどのような特徴があると考えられるだろうか。
　表Ⅰ-1-1に示したのは、生涯学習eソサエティ概念の大まかな説明である。
　まず、生涯学習社会の考え方にある「生涯のいつでも、どこでも」というときの生涯、時間、空間に関しては、外出が困難になった在宅高齢者に象徴されるような年齢的制約からの解放が進み、さらに、時空の制約からの解放が進むであろう。

表 I-1-1 「生涯学習 e ソサエティ」の概念

生涯学習社会：国民の誰もが生涯のいつでも、どこでも、自由に学習機会を選択して学ぶことが出来、その成果が適切に評価されるような社会

〈生涯学習社会〉 国民の誰もが	〈従来〉	〈生涯学習 e ソサエティ〉
生涯の	・年齢的制約あり 　（在宅高齢者など）	・年齢的制約からの解放 　（IT 在宅学習など）
いつでも	・時間的制約あり 　（昼間の講座など）	・時間的制約からの解放 　（オンディマンド学習など）
どこでも	・空間的制約あり 　（地域の講座など）	・空間的制約からの解放 　（携帯 IT 機器による学習など）
自由に	・選択の自由は限定的	・選択自由度の増大
学習機会を	・限られた学習機会 　（講座・通信教育など）	・学習ニーズの多様化・高度化に応える学習機会等の増大 　（遠隔教育・ハイパーテキストなど）
選択して	・提供された学習機会の利用	・豊富な学習機会等から選択 　（IT 化による「選択幅の拡大」）
学ぶことができ	・伝統型学習中心 　（講義・実験・実習・見学など）	・メディア型学習と伝統型学習の融合的学習 　（メディア型学習の増大）
その成果が適切に評価されるような社会	・学校歴重視 　（学校における評価中心）	・学習歴重視 　（多様な学習成果の評価の利用） 豊富な情報を利用した知識・技術の創造

課題

マルチメディア・ネットワーク　　　　　　　　　　　　　社会的指向性の消失
　　　　　　　　　　　　　　　　　　　　　　　　　　→絶えざるネットワーク診断

　次に、「自由に学習機会を選択して」というところでは、IT 化による学習機会等（学習コンテンツを含む）の増大が選択幅の拡大をもたらし、選択の自由度の増大をもたらしてくれるであろう。さらに、「学ぶことができ」ということに関しては、伝統型学習に加えて、さまざまなメディア型学習を行うことが可能になることにより、伝統型学習とメディア型学習を融合した学習が広がるであろう。

　「その成果が適切に評価されるような」というのは、このように拡大されたさまざまな学習の成果が適切に評価されるということである。したがって、そのような社会では、学校歴中心ではなく、学習歴が重視されるようになるであろう。そして、豊富な情報を利用した知識・技術の創造が行われるようになるに違いない。

　しかし、そこにはマルチメディア・ネットワークのもつ弱点があり、それを克服しなければならないという課題がある。すでに述べたように、ネットワークはともするとその目指す方向を見失いがちになるが、生涯学習社会の場合には、常に目指すべき方向を見定めながら生涯学習支援を行っていかなければならない。したがって、その弱点を克服するためには、絶えずネットワーク・メンバーの相互作用によって新たな方向を探り、またシステムの自己診断を行いながら、充実、発展を図らなければならないであろう。

注
(1) 山本恒夫「新しい時代に適合した生涯学習のための教育・学習システムの必要性－情報コミュニケーション技術（ICT）を活用した地域の生涯学習支援システム－」
（『メディアを活用した生涯学習活動の促進に関する調査研究』日本視聴覚教育協会編、所収）同会、2000年3月を参照。
なお、図Ⅰ-1-1のモデルは、日本生涯教育学会論集19（1998）の21頁に提出した「新しい生涯学習支援システム・モデル」の修正モデルである。
(2) これについては、山本恒夫「バーチャル生涯学習空間の創造を目指して」（日本視聴覚教育協会編『「メディアを活用した生涯学習活動の促進に関する調査研究」報告書』日本視聴覚教育協会、2001年3月、所収、76～78頁）を参照。
(3) その構想については、山本恒夫「学校外の学習成果の社会的評価システムの構築」（学校外の学習成果の社会的評価システム構築に関する研究会編『学習成果の社会的評価システム構築に関する調査研究』同会、1998年3月、所収）を参照。

I-2　メディアによる学習環境の可能性と課題

1　メディアは何を代替するのか

　日本でのインターネット人口は7,000万人に達し、まさに急激に社会に普及・定着しネットワーク社会が現実化している。ブロードバンド時代を迎え常時接続が常識となりつつある中、「情報通信白書」(平成15年版)ではインターネットの積極的な利用やその高度化が報告されている（わずか数年前までは「ホームページをただ見るだけ」(read only member)と言われていた）。今日の情報化がIT革命と言われているのは、人の（知的）生活の在り様、社会・経済・文化を大きく変えようとしているからである。

　ではインターネット等のITが教育・学習をどう変えていくのだろうか。教育・学習の方法を革新するものとして新しいメディアが登場するたび、繰り返されるのは「メディアに［本当の］教育はできない」(本来は「人」だってメディアなのだが)とする者の素朴感情とメディアの教育利用を推進しようとする者との不分明な対峙である。メディア利用を促進しようとする側は新しいメディアの利用により、これまで出来なかった○○が可能となる、一層効果的な学習形態・方法を提案できると説明する。

　しかし、たとえば直接対面して行う学習とインターネット等による遠隔学習は全く別の学習体験であり、また新聞を捲りながら読むこととネットで電子版の新聞を読むことでは情報量が同じでも全然別の体験である。ここをまず理解しないと、前者からは「対面による学習がメディアに代替できるものか」、後者からは「遠隔講座が主流になれば公民館は最早必要ない」という極論にもなる。

　当然、別々の体験であれば代替されるものと代替されないものがある訳で、その視点を意識した取組みを進めないと、現実にはメディアの新奇性に頼って様々な教育・学習サービスをシステム化しても結局、定着しないままに終わってしまう。

　また教育・学習という「人」の知的作業については、すべてを可能性や効率・利便性で語ることはできない。「できないこと」や「不便であること」がかえって想像力を刺激し豊かな学習体験となる場合も多々ある。

　たとえば、インターネットによる「調べ学習」によって、児童・生徒の想像力や思考力がかえって低下するという指摘もある（これは求める「情報」をどう探すかを考え、様々な情報源に当たっていくプロセス〔ある意味で不便で不効率な〕がなくなったということ）。特に青少年教育にあっては遠隔学習による擬似的な学習ではなく、直接事物や人と接する直接体験が重視されたり、美術館

■ブロードバンド broadband
　大容量の情報が高速で送受信できるネットワークのこと。ADSLや光ファイバにより家庭でもインターネットの常時接続が常識になりつつある。政府は平成19（2007）年にはブロードバンド利用人口が6,000万人に達すると予想している。

学芸員が説く余計な情報を得ず一幅の絵画を直接見ることは何事にも代えられないというのも同様の論点だろう。
　結局、我々は自らの「身体」を動かし、自らの目的からアナログ的な学習もデジタルな学習も取捨選択しながら対応している。あまり意味のない代替論に拘泥するのは不毛だ。求められているのはこれまでのアナログ的な学習も視野に入れた学習者の多様な学習活動全体をどう支援するのかという発想と取組みだろう。

2　メディアはその社会・文化の中で受容される

　あるメディアが「○○ができる」といった可能性の段階から社会に受け入れられ定着するとき、すべての社会において同様の発達（「技術決定論」）をする訳ではない、その当該地域の社会的・文化的背景に強い影響を受ける。たとえば、テレビゲームは、韓国ではネットワークゲームが中心だが、日本ではゲーム機によるゲームが中心だ（最近、ブロードバンド化に伴いネットワークゲームも台頭してきたが）。これは「任天堂」、「ファミコン」から日本のゲーム文化が始まったからである。また、日本では人間型ロボットの最先端研究が進んでいるが、これは日本に手塚治虫の「鉄腕アトム」があったからだとも言われている。新しいメディアが登場するとき、受け入れる社会・文化がどうだったかが大きく影響する（換言すれば社会を構成する個々人が共有する価値観や知的生活、情報行動の傾向がどうかということ）。
　生涯学習論に即して言えば、日本の状況や市町村等の身近な地域における人々の学習活動の動態や傾向をまず見る必要があるだろう。たとえば、欧米での「eラーニング」の方法論を日本にそのまま移植してもなかなかうまくいかないのは、欧米においては個人の能力（competency）開発意識が高いという教育風土があるからと指摘されている。こうした能力を向上するために生涯学習が求められ、その方法としてeラーニングが選択されている。全体としてその面での意識が薄い日本での課題はどうやって受講者の意欲を高め、学習を継続化させるかという仕組みである。
　メディアによって拡がる可能性から学習サービスとしての事業化やその利用を推進しても、それが地域や教育現場に定着し難い場合が多いのは、どうしても技術決定論的な発想から進められるものが多いからだろう。加えて、いくら学習者の視点に立ったとして学習サービスやその機会を提供する側（行政側）から構想化されるという「枠」もある。
　たとえば、地域の学習者相互が気軽にコミュニケーションや相互啓発を図れるよう「電子掲示板」を設けてもさっぱり機能しない。せっかく学習教材・資料としてデジタルコンテンツを作っても利

I これからの時代における生涯学習eソサエティ

用がないといった具合である。こうした取組みのほとんどがシステム構築やコンテンツの開発といった段階で終わっている。学習者等の利用状況が不調だという課題が生じても、たとえばアクセス時間の問題などシステムの利便性といった発想の中では対応するが、なかなか学習者の現実を視野に入れた解決策を検討するところまでいかない。

しかし、公民館等で企画・実施される講座は学習者の反応如何によってプログラムの改善等が図られるし、また必要課題である学習と学習者との接点をどうやって設定するかが行政側の課題でもある。メディア利用の局面においても当然、同様の発想と検討が必要だ。

本書で紹介される先進事例の多くは、メディアによる学習システムを構築して終わりとせず、アナログ的な対応を含め実践の中で解決策を模索してきた（実際にやってみないとわからないことが多々ある）。むしろ、こうした学習サービスが地域で定着・普及するためにはアナログ的な対応こそ必要なのである。

3　ネットワーク社会における生涯学習

上記のような視点を前提にインターネット等の教育・学習場面での活用を考えたとき、「ネットワーク（つなぐ）」ということがキーワードとなる。このネットワークをどう考え生かすかによって、今後の方向性としては大きく2つあると考える。遠隔教育・学習（つまり「eラーニング」）の展開と学習コミュニティの形成、である。

(1)　「eラーニング」の可能性と課題

政府の「e-Japan戦略II」（平成15年7月）では先導的に取り組むべき分野に「知」の分野をあげ、個の学習スタイルを多様化し個の能力を向上させる、「社会人等が時間や場所を選ばず、ITを活用して必要となる教育を効率的かつ低廉な価格で受けることができる環境」、「ITを活用した遠隔教育により継続的な（専門的）知識の向上ができる環境」（括弧内、筆者）の整備等を示している。

「eラーニング」は生涯学習社会の理念である「誰もがいつでもどこでも学習できる」環境を実現化する。現在、大学教育や企業研修等を中心に取組みが進んでいるが、平成12（2000）年は「eラーニング元年」とも言われ、今後一層の拡充が期待されている。

企業研修においては研修コストの削減や効率的な社員のスキル向上、大学教育においては専門的かつ高度な学習機会へのアクセスで大きな成果をあげる一方、①知識伝達型の講義や研修には効果を発揮するが、創造的な資質・能力の養成を期待する学習では十分な結果が出ない、②学習・受講

> **■先進学習基盤協議会（ALIC）**
> Advanced Learning Infrastructure Consortium.
> 　学校・大学教育、企業内教育、生涯学習を対象にネットワーク技術等の活用によるeラーニングの学習システム、コンテンツ、サービスの調査研究と開発を進める産学官共同の団体として平成12年に設立。

の動機付け・継続化が難しい、など運用面での問題も出てきている。大学においては学位や資格の取得、企業においては昇格・処遇などの面で（先述したような欧米のような強い動機ではないにせよ）学習者の目的意識・能動的態度（同時に結果が求められるという強制力）に支えられている部分が多分にあると考えられる。つまり、たとえeラーニングによる学習・研修が学習者にとって不備なものであっても他の学習（自学）によって補い、その結果期待した効果が得られていると見ることもできる。また、上記のような課題に対応するため、オフラインによる集合型の学習・研修との組合せ（ブレンディング）も実践化されてきている。

　先進学習基盤協議会（ALIC）の調査によれば、平成19（2007）年度のeラーニング市場は約5,000億円に達するとされているが、その9割が大学等の学校教育、企業内教育で占められている。

　生涯学習分野における展開がほとんど期待されていないのは、生涯学習では明確な学習の到達目標が設定しにくいこと、学習者の動機付け・意欲が相対的に弱いなどの要素があるからだろう。現在地域で構想される学習サービスとしてのeラーニングを実践する場合には、こうした課題を踏まえ検討する必要がある。

　一方でインターネットでは多様かつ膨大な（学習）コンテンツが迅速・簡便・安価に入手できる。学習者はそのネットの中で自らに必要なコンテンツを集め、自分の目的・事情に合った学習をカスタマイズすることが可能になる（山本恒夫の「学習メニュー方式」の電子板）。ネットワーク型の個人学習を意識した良質なコンテンツの開発・流通、情報検索やコンテンツのファイリングを効果的・効率的に行えるソフトの開発も課題となってくる。さらには学習者相互によるネット上でのコンテンツの作成・提供・交換も今後活発化するだろう。

(2) 学習コミュニティの形成

　生涯学習で言われる「誰もが」は本来、単数ではなく複数という意味もあったはずである。eラーニングが個人の学習者中心とすれば、複数の学習者の活動をどう支援・援助するかという発想も重要だろう。「学習コミュニティ」とは、地域における様々な学習者をつなぎ相互のコミュニケーションや学習活動の活発化、地域でのボランタリーな活動など「学習」を通じた「コミュニティ」を作ることがねらいである。このことが「生涯学習によるまちづくり」にもつながる。従来、社会教育で言われてきた「集合学習」の意義はこうしたことにあったはずである。本書で中心的に紹介・分析する富山県の「インターネット市民塾」の例は単なる地域のeラーニング・システムとして理解するのではなく、むしろシステムを中心に様々な学習者のネットワークが拡がり、学習コミュニティがつくられつつある事例として見ることができる（大学・企業等のeラーニングと差別化するた

> **■自遊塾**
> 富山県民カレッジが平成7年度に開始。県民自身が「県民教授」として自分の経歴や学習成果を生かしたユニークな講座を企画し塾生とともに学習する。平成15年度も70以上の講座が開催される。
> http://www.tkc.pref.toyama.jp/

め、本書では「インターネット講座」という言葉を使っている)。換言すればインターネットやeラーニングを使って何を目指すか、どういう拡がりがあるかということが重要である。大学等の専門的で高度な学習機会へのアクセスという課題と並行して、それぞれの地域における「インターネット講座」の実践も今後大いに期待できる（また簡単なeラーニング・システムについては現在、廉価でシステムをレンタルできるようなサービスもある）。インターネットというグローバルにもローカルにもなるネットワークだからこそ可能な実践だろう。

また「市民塾」はもともと富山県では「自遊塾」というアナログ的な実践があり環境が熟成されていた（暖まっていた）こと、アナログ的な学習（オフライン学習）とのブレンディングが基本であることなど成功要因として傾聴すべきことが多々ある（詳しくは別稿で）。

このように地域での学習ネットは、それに重なるようにしてアナログ・ネットワークがないとなかなかうまくいかない。むしろ、アナログ的な学習とネットでの学習の相乗効果によって地域の生涯学習が活性化している。地域の公民館等はアナログ的な学習ネットワークの拠点としてこれまで以上に重要な意味を持ってくるはずである。

地域において、ポストIT講習としてどういう展開ができるかを考えるとき、この「学習コミュニティ」の発想が大いに参考となる。

4　新しいコンセプトの必要性

上記でメディアによる代替について取り上げたが、この視点は専ら教育・学習サービスを行う側（つまりは行政側）による、その機能・効果の代替についてのものである。別の側面として代替論には選択する側の視点がある。

たとえば、確かに普通の新聞とネットで新聞を読むことは別の体験で機能の代替論は意味がないかもしれないが、どちらを選択するかは各個人が自分の事情（目的や必要性の度合い、便利さ、生活時間など）で判断し使い分けている。その結果、社会的多数が一方を選択すれば結果として代替される（CD・MD、DVD、デジタルカメラ、電子辞書など単体系のメディアは実はここ数年、代替のラッシュ）。

生涯学習とは本来学習者が自分の学習にとって何が必要かを自身で判断し最適な選択を行い、学習を進めるという考え方である。これまでは（他者によって提供される）学習の機会を選択することが中心であったが、ITによって学習機会の選択肢が格段に拡大するとともに選択の内容自体も変わる。学習機会自体がコンテンツ化され直接選択でき、場合によっては持ち歩けさえする。学習者

自身が自らコンテンツを作成しお互いに交換する。その意味で選択肢が量的に拡大するとともに、学習の「デザイン」の自由度が高まる。

　講座に通う、ネットで受講する、図書館で関連資料をブラウジングする、電子辞書で調べる等々。これらの学習をどう組み合わせるかは学習者がデザインする。ITがもたらす生涯学習への最も大きな変化は、この学習者によるデザイン（学習機会の選択・組合せ、学習プログラムの作成、自己評価等）の態様がこれまでとは違う次元を迎えることであろう。

　アナログ・デジタルの両者を対峙的に取り上げるのはこの文脈からもあまり意味がない。両者がともに学習者にとって有効・必要だ。もちろん、両者の教育・学習上の効果や特性は十分検討する必要がある。これまでのデジタルな学習はCAI（Computer Assisted Instruction）に代表されるように明らかに別物に見えたが、eラーニングは一見すると対面による学習に極めて近い。だからこそ今まで曖昧なままだった両者の違い・特性や教育・学習の本質を改めて浮上させる。今後は学習者によるデザインと教育・学習サービスを行う側からのデザインがどういう接点をつくれるかが課題となる。このためには後者のデザインコンセプトが明確でなければならない。新しい生涯学習（支援）のコンセプトが今求められている。またそれを実効性あるものとするため、これまで解説してきた周縁の諸課題についても実践と研究を進めることが重要となる。

参考文献
・先進学習基盤協議会編『eラーニングが創る近未来教育』 2003年9月　オーム社
・森田正康『eラーニングの〈常識〉』 2002年8月　朝日新聞社他

I-3　コンテンツの作成と協調学習の可能性

　IT (情報通信技術) の発達により、'いつでもどこでも' 学習ができるようになった。eラーニング・システム[1]を活用して、新しい知識・技術を身につけることができるし、遠隔地の講師からアドバイスを受けることもできる。しかし、'生涯学習eソサエティ' を構築するためには、いつでもどこでもといった利便性の追求にとどまらず、ITというツールが生涯学習領域にもたらす可能性をさらに探り、生涯学習領域での活用の開発に努める必要がある。
　そこで、ここではIT活用の学習のタイプを検討した上で、コンテンツづくりを例に取り上げて協調学習の可能性について考えてみることにしよう。今後の社会にあっては、新たな価値の創造がより重要視されるようになると考えられるからである。

1　ITを活用した学習と生涯学習支援

　IT活用の学習をタイプ分けすると、情報・知識習得型、疑似体験型、コミュニケーション型、表現型、診断活用型に大別できるように思われる。もちろん、技術の進歩は計り知れないので、将来はもっと多様なタイプが生まれるかも知れない。
　それぞれのタイプの概略は次のようになっている。
〈情報・知識習得型の学習〉
　新しい情報・知識を身につけるための学習である。たとえば、インターネットで調べたり、遠隔講座を受講したりすることなどがあげられる。
〈疑似体験型の学習〉
　シミュレーション・ゲーム教材を使った問題解決学習やバーチャル・リアリティを使った疑似体験学習などがあげられる。
〈コミュニケーション型の学習〉
　電子掲示板や電子会議室や電子メールを使って意見を交換したり、議論したり、相談したりしながら行う学習である。コミュニケーションは情報・知識獲得の手段として意味があるばかりでなく、人間同士の紐帯の強化や、刺激し合うことによる思考の深化を可能にするところに教育・学習上の意味がある。ITを活用すれば、それだけ多様な考え方や異質の文化をもった学習者が出会うことができるので、より大きな学習効果が期待できるであろう。
〈表現型の学習〉
　デジタル作品を作成し、ネット上に発信する学習である。創作と学習との関係については、学習

成果を生かして作品を創る関係と、創作活動を行う中で学習する関係がある。学習者が遠隔講座の講師となって情報・知識を加工、発信し、またその中で行う学習もこのタイプに含まれるものとする。

〈診断活用型の学習〉

　eラーニング・システムにみられるように、テストや自己診断を行ったりしながら知識・技術の定着を図る学習である。なお、この診断活用型の学習は知識・技術の定着度や理解度をチェックする学習なので、情報・知識習得型に含めることもできるであろう。

　これらのタイプの学習は別々に行われるのではなく、調べながら議論したり、創作しながら調べたりするなど、複数のタイプが一体化して学習が行われると考えるべきであろう。

2　コンテンツ作成に関わる協調学習の意義

　それでは次に、〈コミュニケーション型の学習〉と〈表現型の学習〉を組み合わせたコンテンツ作成に関わる協調学習について検討してみよう[2]。

　協調学習（Collaborative Learning）とは、学習者が小集団を形成し、IT活用の共同作業を通して行う学習の形態で、それには学習者が集まって行う対面型とネット上で行う分散型があるとされている[3]。ただし、ここでは後者について述べることにする。

　したがって、ここでいうコンテンツ作成に関わる協調学習とは、複数の学習者や学習グループがネット上で協力してデジタルコンテンツをつくる学習である。例えば、異なる地域の異なるタレントをもった学習者や学習グループが一つの音楽を作曲したり、雑誌を発行したり、小説を創作したり、デジタル教材をつくったりすることがあげられる[4]。

　それでは、コンテンツ作成に関わる協調学習にはどのような意義があるのであろうか。

　第1に、協調作業により個人では成し得ない新しい価値が生まれる可能性があり[5]、複数の学習者が協力し合う協調学習は創造性の育成や新たな価値の創造という点から期待できる。ITを活用すれば多様な学習者の参加が可能になるので、それだけ異質な文化的背景をもった人々が相互作用することになり、創造的活動が促進されると考えられるからである。

　第2に、デジタルコンテンツは21世紀の文化そのものになると考えられるが、現段階ではコンテンツ不足が指摘されている。誰もが情報を発信できるので、誰もがコンテンツ作成に関わることは可能である。ただし、重要なことは価値あるコンテンツをつくることであろう。ここでいう価値と

I これからの時代における生涯学習 e ソサエティ

■**グループウェア** Groupware
　複数の人々がネットワーク上で共同作業をするのを支援するソフトウェア、あるいはコンピュータシステムのこと。その機能として、例えばスケジュールや情報の共有・調整、文書の共同執筆のためのワークフロー管理、テレビ会議などがあげられる。

■**コミュニティウェア** Communityware
　ネットコミュニティ上での共同作業を支援する仕組みのことで、コミュニティコンピューティング、ソーシャルウェアという場合もある。分散コンピューティング、通信ネットワーク、エージェント等の技術を取り入れて研究開発が進められている。日本発の研究領域ともいわれる。

は、多くの人々の精神や生活に影響を与え、社会の発展に寄与し得るということである。

　もちろん、いきなり人々や社会に影響を与えるコンテンツの作成は難しいが、価値あるコンテンツを生み出すためにはコンテンツ作成の裾野を広げたり、それへの関心を高めたりする必要がある。ちなみに、千葉県館山市では「ふるさと講座」での学習成果を生かして、学習者がデジタルコンテンツ『たてやま大事典』を作成する事業が始まっているし、神奈川県、愛知県、兵庫県、長崎県、宮崎県などの学習情報提供システムには学習者のデジタル作品を発表するギャラリー機能が設けられている。これらはネット上での協調学習を支援する事例ではないが、コンテンツづくりを支援する生涯学習支援事業といえるものである。

　第3に、我が国の生涯学習の特徴はどちらかといえば生きがい追求にあったため、趣味や教養に関する学習が盛んである。しかし、生きがいは自己満足からだけでは得られにくく、他者や社会のために貢献し、他者や社会から必要とされたときに得られることが経験的に明らかになってきた。他者や社会に貢献する方法にはいろいろあるが、これからはネット上で行ってもよいように思われる。上述したようにコンテンツ不足が指摘されている今日にあっては、学習成果を生かしたコンテンツ作成もその一つと考えられる。

3 コンテンツ作成に関わる協調学習の支援

　次に、コンテンツ作成のための協調学習を支援するために何が必要かを考えてみよう。

　まず、公民館等にIT機器を整備・統合したメディアスペースを設け[6]、学習グループがコンテンツ作成に取り組むことができるようにすることがあげられる。さらに、分散編集の機能等を有したグループウエア[7]、メンバーの合意形成を促進する意志決定支援グループウエア[8]などの開発が行われているので、そのような実験に参加したり、導入を図ったりすることが望まれる。また、発散的思考支援ツール、収束的思考支援ツール、統合型思考支援ツールなどの開発も行われているので、それらの活用も検討してみてはどうであろうか[9]。実験などに積極的に参加すれば、生涯学習に使いやすいツールや学習グループのニーズにあったツールの開発も可能となろう。

　なお、時間・空間を超えた協調作業を支援するシステムをコミュニティウエアと呼び、その開発も進められている。特に、エージェント技術を導入したエージェントグループウエアは、情報発信者と受信者が煩雑に変わる環境での双方向の協調作業の支援に向いており、グループウエアからコミュニティウエアへの発展を加速させるといわれている[10]。

■エージェント Agent
　人間の意図するところをくみ取って、人間の代わりに自律的に情報処理を行う機能、あるいはプログラムをいう。広義には、自律した主体、個体をいう。

■グローバリゼーション globalization
　グローバル化。世界化。経済、文化などが、国を超えて、世界基準の下に統一化、一体化されること。

4　コンテンツ作成に関わる協調学習の今後の課題

　最後にコンテンツ作成に関わる協調学習の課題について述べておくことにしよう。
　第1に、ネットワーク・リーダーの役割やそのあり方の検討があげられる。ここでいう協調学習はネットワークでつながった学習である。ネットワークには参加や脱退が自由という不安定さがあり、責任の所在もあいまいである。そのため、活動方針や指向性を打ち出したり、調整したりするネットワーク・リーダーが必要であろう。ただし、ネットワークは中央集権や上意下達を嫌うので、リーダーにどのような役割と権限を与えたらよいか、誰がリーダーになるべきか、交代制がよいのか、などを明らかにすることが求められる。
　第2は、多様性、異質性を有した学習者の相互作用と価値との関係を明らかにする必要がある。多様な要素の相互作用が'創造的進化'をもたらすことは複雑系の科学などで明らかにされている。しかし、科学は価値中立であるため創造的進化とよんではいても、それは'変化'を意味しているにすぎない。どのような条件の下での相互作用が、人間や社会にとって価値ある創造を生み出すかを実証的に明らかにする必要がある。
　第3は、文化の同質化・平準化と固有文化の維持・発展との関係に関わる課題である。一人一人の学習者は固有の文化に育まれて形成された存在である。しかし、地域を越えて多様な学習者が協調学習に参加し、互いに影響し合えば、文化の同質化・平準化が進むことは間違いないであろう。それは学習に限ったことではなく、情報の伝播にはものごとを一局に集中させたり同質化・平準化させたりする傾向がある。
　しかし、協調学習では多様な学習者が刺激し合うからこそ予想もできない成果が期待できるのであって、文化の同質化・平準化が進めば協調学習は意味を失ってしまうことになりかねない。分散・協調学習や作業が盛んになればなるほど、それぞれの文化の固有性を維持、発展させなければならず、グローバリゼーションに対抗してフランス文化を守ろうとするフランス国民のように、それはそれぞれの国民、民族、地域住民のアイデンティティを保持するためには避けては通れない課題となろう。

注

(1) eラーニングの定義は使う人によりさまざまであるが、WBT (Web Based Training) 等を指すことが多い。WBTとはインターネットやイントラネットで提供される双方向の教育・トレーニング、あるいはそれを行う方式である。ところが、ラーニングというからには「学習」を意味するべきであるのに、WBTなどは「教育」や「研修」や「訓練」を指しており、用語の使い方に混乱が生じているように思われる。最近ではたびたび「教育」と「学習」の用語の使われ方に混乱がみられるが、それはeラーニングの使われ方でも同様である。そこで、本稿ではeラーニング・システムということにした。

(2) 浅井経子「生涯学習領域におけるこれからのメディア活用」（日本視聴覚教育協会編『メディアを活用した生涯学習活動の促進に関する調査研究報告書』、日本視聴覚教育協会、平成13年所収）、浅井経子「教育改革の時代における生涯学習研究の課題」（日本生涯学習学会年報第22号、平成13年所収）を修正、加筆した。

(3) 先進学習基盤協議会（ALIC）編著『eラーニング白書2002／2003年版』オーム社、2002年、66頁などを参照のこと。

(4) たとえば、坂本龍一は世界各地の優れた音楽家とネット上で音楽活動を行っているという。また、多くの人が参加してワン・フレーズずつ作曲し、ネット上でそれをつなげて音楽を創るネット・コミュニティなどもある（遠藤薫「テクノ・エクリチュール」伊藤守・小林宏一・正村俊之編『電子メディア文化の深層』早稲田大学出版、2003年などを参照のこと）。ただし、そのようなネット・コミュニティは学習を目的としたコミュニティではないので、その学習性については改めて検討する必要があろう。

(5) コラボレーションの効果に関する研究は社会心理学や認知科学等で取り組まれているが、その効果についての確証は必ずしも得られたとはいえない。ただし、協同によってパフォーマンスが高まること、高いパフォーマンスとダイナミックな意思決定における推論の多様性との間には相関があることなどが明らかにされている（植田一博・岡田猛編著『協同の知を探る－創造的コラボレーションの認知科学－』共立出版、2000年）。

(6) 垂水浩幸『グループウエアとその応用』共立出版、2000年、2頁。

(7) たとえば、協調的コンテンツ作成活動の支援を目的として開発された共有ハイパーテキストシステムであるSEPIA(Structured Elicitation and Processing of Ideas for Authoring) があげられる。それはコンテンツ作成活動に必要な共有空間である計画空間、コンテンツ空間、議論空間、修辞空間を有している（垂水浩幸、同上、71～72頁）。

(8) 國藤進編『知的グループウエアによるナレッジマネジメント』日科技連、2001年、20頁、30頁などを参照のこと。

(9) 同上、127-137頁などを参照のこと。

(10) 國藤進、高田裕志「エージェントグループウエア－共同作業を支援するエージェント－」長尾確編著『エージェントテクノロジー最前線』共立出版、2000年、43～62頁。

I-4　メディアの発達と社会の変化・変容

　農業革命、産業革命に続く第三の波といわれる情報革命（情報化社会の発展）により、人の五感に情報を伝えるメディアは大きく変化してきている。メディアの発達は、長いスパンで変わってきた個人の活動を短期間で変え、また、個人がそのメディアを利用して今まで以上に社会に影響を与えるようにもなった。

　たとえば、誰でもインターネット上のウェブサイトや電子掲示板などのメディアを介して、世界への情報発信と世界からの情報収集が可能となり、個人による発信といえども、その情報の影響は従来のメディアによる範囲に留まらなくなった。メディアは個人の意思や嗜好に関係なく進化し、すべての人の生活に少なからず影響を与えるようになり、誰もが情報化社会に対して無関係な傍観者ではいられなくなってきている。

　このメディアの発達を肯定的、あるいは否定的に捉えるかは考え方次第であるが、人が一生涯学習する生物であるなら、積極的な利用が賢明であろう。発展する情報化社会の制御が個人の力で難しければ、それに対応できるように自分自身を適応（学習）していく方が生活を楽しめるに違いない。どんな変化が起きているか、あるいは起きていくのか。社会生活の変化と変容の一長一短を概観する。

1　消えるものと生まれるもの

　かつて音楽メディアとして確固たる地位を築いたレコードやレコード針が消えて、CD-ROMや半導体レーザが代替した。これはデジタル化技術によるメディアの変化であり、その技術が長期間劣化しない高品質の音の保証と、瞬時に楽曲の頭出しができる便利さを実現した。音楽テープがMDに、ビデオがDVDに、フィルムカメラがデジタルカメラに変わっていくのも、デジタル化のメリットが産み出す同様の変遷といえる。

　さらに小型でも大容量のデータを保持できる性能と耐震性の改善が、移動しながら音楽や映像が楽しめるという生活の変化をもたらした。移動しながら使うメディアといえば携帯電話であるが、その利用範囲の拡大が示すように、人はメディアの発達により移動生活時間を有効に使えるようになった。

　デジタル化は個々に存在したメディア機能をも変えようとしている。これまで、オーディオ機器、テレビ、パソコンなど多くのメディアが個々にそれぞれの役割を果たしてきたが、デジタルデータがこれらの機器間で共有できるため、メディアの統合化が進むことになる。通信と放送の融合とい

うだけでなく、携帯電話という当初電話機能だけであったものが、カメラ機能の他にラジオやテレビ機能の搭載が進んでいる。また、後述するようにその利用範囲は様々な方向へ拡大している。

メディアの発達の恩恵を受ける一方で、問題も出てきている。個人利用の音楽や映像が高品質音声データとして複製でき、コンピュータを使ってネットワークで世界中の不特定多数の人に送れるようになった。そのため著作権侵害という、新しくはないが一般の人たちに縁遠かった問題がクローズアップされ、被害が軽視できなくなった。すなわち、後述するように多くの人の利用が高まることにより、便利さの恩恵の代償として再認識すべき問題に取り組む必要が出てきているということである。

消えるものと生まれるものは他にもある。手書きの文書が減りワープロで書かれた文書が増え、文字や内容の校正が容易になった。その一方で、漢字や書き順を忘れるという弊害が生まれている。そろばんや筆算が電卓に代わり、暗算能力が低下するといった弊害も懸念されている。ちょっとした加減乗除の計算をするにも手持ちの携帯電話の電卓機能を使うようになった人も多いのではないか。メディアが有する便利さが故に、これまで行動・行為により体得してきた知識・能力が育成されないという弊害も出てきている。しかし、第Ⅱ章で記載するeラーニングのように、学習分野で新たな効果を生み出すことを目的とし、知識・能力育成の効果的な修得の実現を目指したメディアの技術開発も進んでいる。

2　移動する生活とその場生活の変化

短期間で著しい進化を遂げたメディアは携帯電話である。携帯電話がこれほどまでに普及したのは、本来「人間」が移動する生活を主としており、携帯電話が人の行動に密着したメディアであるからである。また、場所を固定していた電話が、個人を固定するものに変わったことで、電話の利用者が変わった。特に若年層の間で個人間のコミュニケーションが重要な生活要素になり、受発信の番号通知や電子メールアドレスなど、携帯電話に蓄積された情報はプライベートな生活をも記す情報となり、一つのメディアが個人の活動の一部を記録するものとなってきている。生活費の中でも特に通信費の比重が増大したことは、コミュニケーションが生活の中で重要な要素を占めるものになってきたことを示す。

公衆電話が消えていき、親指族（携帯メールの文章を親指で器用に操って作る人）の誕生と、絵文字という新種文字と機械文字コミュニケーション文化が生まれた。音声から機械文字へ代わることにより、感情の主な伝達メディアが文字に取って代わることが懸念されたが、画像処理技術と無

■ユビキタス社会
　ubiquitous とは「遍在」、「至るところに」という意味。職場等の特定の場所のみならず家庭や日常生活の至るところに、生活を支援するコンピュータやネットワークが環境の一部として存在する社会。

線通信技術の発展により、映像と音声を伝える携帯テレビ電話が出現した。昔、スパイ映画で出てきた未来ツールが現実のものとなり、映像コミュニケーションという新しい時代を産み出そうとしている。人は音声、文字、映像コミュニケーションを使い分ける世界に入っていく。

　携帯電話は今やコミュニケーションツールだけではない。個人を特定するサービスが台頭し、ネット上の情報収集、チケット予約、鍵、財布、身分証明書の役割をも果たすようになった。パソコンを使ったインターネット利用でも同様であるが、携帯電話により交通機関や劇場のチケット予約、電話番号を認証するコインロッカーの鍵、自動販売機からのジュースの購入などができる。移動しながら、つまり生活しながら使えるサービスが実現されてきている一方で、チケットやホテル予約、電子商取引など、移動しなくてもその場でできるサービスが実現されている。"移動しながら"と"その場にいる"生活がメディアの発達によって変わってきている。

　生活の中で移動する手段と言えば、自動車が筆頭に上る。最近はカーナビを多機能化したテレマティクスと呼ばれるメディアが搭載された賢い車が登場してきた。道路情報や経路情報だけでなく、施設や店の情報など車利用の際に必要となる情報が、車の中から得られるようになった。様々な物にコンピュータ機能を搭載したユビキタス社会が進めば、車の中に居たままで、かけ忘れた家のドアの施錠や、ガスの元栓を制御できるようになる。高速道路の料金所では近距離無線通信技術を使ったETC（Electric Toll Collection 料金自動収集システム）が既に実用化され、人は料金所で車を停止する必要がなくなった。これまでその場に居ないとできなかったことが、移動先や移動しながらでも実現可能となった。

　一方では、前述したチケット予約のように、移動せずともその場でサービスを享受できるようになった。ネットワークを介して行う遠隔授業もその典型である。授業や講義をリアルタイムで受講すること、およびメディアを介した双方向の質疑応答が可能となった。これにより大学でのオンライン学習が単位として認められるようになったことは大きな進歩であり、生涯学習の追い風にもなっている。

3　安全と危険

　メディアの発達とともに、人は安全性と一方では危険性を享受することになった。数十メートルの精度で位置を特定できる位置情報検索機能は、本来軍事用に開発されたものであるが、商用での利用が認められ、車のカーナビや携帯電話などに搭載されて生活の中で使われている。現在位置を表示できる機能は、車の現在位置、目的地までの経路情報や道路情報などの情報提供のみならず、

■ICタグ Integrated Circuit tag
　物体が持つ識別コードなどの情報を記録した微小な無線ICチップ。情報は電波を使って送受信され、食品の流通から家庭内での消費期限の管理まで幅広い応用が可能となる。

盗難車追跡、迷子や徘徊老人を探索するなど、安全性を提供するサービスに発展した。災害や事故、犯罪に遭遇する場合に備え、位置情報検索機能の設置が義務付けられる日が来るのかもしれない。
　このほか、センシング機能とネットワークがつながることにより生まれる情報提供メディアが人に安心を与えてくれるようになった。首都圏の約4,000箇所のガス管に設置されたセンサーが地震センサーの役割を果たし、地震対策への情報を与えてくれる。街の街頭や保育園、家庭の室内や庭先に設置された監視カメラを使い、ネットワークを介して保育園の我が子の様子、家に置いてきたペットの様子や家の中の様子など、携帯電話でも見られるようになってきた。バス停でバスを待つ人に、バスの現在位置を知らせるサービスもある。同じ時間待つ場合でも、バスの現在位置がわかれば人は安心するものである。
　流通の大きな変化をもたらすことが期待されている無線ICタグも、使い方によって、消費者に安心を与える。本来、バーコードの代替品として開発が始まってきたが、賢いコンピュータ機能を有した砂粒大のICチップも出てきている。無線通信でデータのやり取りをするため、バーコードと違い、一度に複数の商品情報の読み取りが可能であるため、レジを通過するだけで清算が済む。これだけだと買い物が便利になるだけだが、食料品の生産履歴データベースと結合することにより、消費者は生産地、生産者、使用農薬と使用量、飼料種などの情報を、買い物時にわかるようになる。狂牛病や農薬使用に鋭敏となっている消費者に安心感を提供してくれる。店舗の出入り口にICタグ情報の読み取り機を設置すれば、ICタグのついた製品の盗難防止にも効果がある。
　このようにメディアは安全と安心を提供してくれるようになった。しかし、一方では危険と不安を提供するものにも成り得る。位置探索機能により個人の居場所や行動が監視されているという、プライバシーの侵害につながる恐れがある。勤務形態把握に使われると、勤務時間内の居場所を厳しく問われることにもなりかねない。利用目的を明確にして、センサーの設置に対する同意を得ることが重要となる。
　このような個人情報保護の重要性はメディアの発達に伴って非常に重要となってきている。自治体で始まった住民基本台帳の情報、企業の顧客情報、個人のクレジットカード情報など守秘すべき情報の取り扱いにも十分に留意する必要が出てきた。電子商取引が便利だからといって、クレジットカードの番号を安易に入力してはいけない。インターネットという誰でもシェアして使う公道に似たネットワークを使っていることに留意する必要があり、ネットワーク上を流れるデータが盗まれた場合でも解読されないように、暗号化処理を施す必要がある。だからと言って一般の利用者が暗号化して送る必要はない。信頼が置けるサービス提供者はこれらの危険性を認識し、安全策を利用者に負荷をかけずに提供している。しかし、すべてのサービス提供者がそうとは限らないから、

利用者は自らサービス提供者の信頼性を評価する必要がある。

　個人情報保護と同様にITを活用したメディアの利用に際して、再認識しなければならないのは前述した著作権保護である。インターネットによる楽曲の無断配信が著作権者の権利を侵害している。これまで著作権保護は成人を対象とする場合がほとんどであったが、初等中等教育でもインターネット上の情報を使うようになると、この問題に対して子供たちや学校の先生も無関係ではいられなくなった。権利を保護するという社会生活の中では当たり前の行為であるが、それを考えるべき年齢層が大幅に拡大されることになる。コンピュータウイルスも被害を受けるのは企業だけではなく個人にも及んでいる。常時接続が当然になり、コンピュータがネットワークに接続された環境では、セキュリティ対策に対する知識・関心の浅い個人ほどその被害を被りやすい。ウイルスはネットワークを介して他にも広がっていくため、メディアの発達で恩恵を受ける影で、誰もが容易に被害者になり得るし、同時に加害者にもなり得ることに留意する必要が出てきた。

4　将来のメディア進化の可能性

　コンピュータがネットワークにつながることにより、多彩なメディアが誕生した。膨大な情報の高速処理機能とそれを瞬時に送る通信機能の発達が、メディアの進化をもたらした。メディアは人と情報を結ぶ役割を持つことから、メディアが人と人と間に存在するコミュニケーションの障壁を解消するツールとなることに期待したい。言語が異なる人同士の会話を支援する通訳メディア、あるいは手話と音声会話を自動変換するメディア、音声と文字の自動変換メディア、目の不自由な人への自動音読メディアなど"バリアフリーなメディア"の開発も進むことを期待したい。

　人間の五感を伝える"感じるメディア"の登場も生活を面白くしてくれるに違いない。現在は視覚と聴覚を伝えるメディアが実用化されているに過ぎない。メディアの向こうにある品物のザラザラ感、なめらか感などの触覚、香水の香りが感じ取れる嗅覚、料理番組の出来上がった料理の味覚が伝えられるメディアが実現されれば、まさにその場にいる感覚を実感できるであろう。これらのメディアは未だ研究段階に過ぎないが、味や匂いを数値化する研究も進められ、味覚センサーや匂いセンサーの開発も進んでおり、夢物語とは言えなくなった。いずれにしてもメディアの発達に翻弄される生活ではなく、生活の一部としてメディアを捉えていく必要がある。

I-5　これからの生涯学習におけるバーチャルとリアルの問題

1　バーチャルとリアル

　バーチャル・リアリティ（virtual reality）という言葉は、1987年にラニエ（J. Lanier）が使ったのが最初で、1989年にはすでにハード／ソフトとして形をなしていた。これは、電子的表示としては存在するが、具象的には存在しないことをいい、あたかもそこに存在するかのようで実在しないことを指している[1]。また、そのような電子的表示の技術をいうこともある。

　リアリティはふつう日本語では実在だが、実在はまだ解明されていない。実在について、デスパーニア（B. d'Espagnat）は、現れ（現象）の集合としての経験的実在を弱い意味の実在としている[2]。それは実在（強い意味の実在）とは一致せず、人間の意識に依存するところがある。実在については、意識と対象が「向かい合った2つの鏡の像が互いに相手を作り出すように、一方は他方によって作り出される[3]」としか言いようのない状況にあり、科学がそのような実在（ないしは存在）の探究を続けるとすると、科学に完結がない限り、その最終的な答えはないことになってしまうのである[4]。

　ここでは、バーチャルとリアルの問題をそのような実在論に還元せず、事象の次元で捉えることにしよう。

　事象を捉える枠組についてはすでに提出してあるので[5]、ここでは簡単に触れるに留めたい。

　事象は、ごく普通にいえば五感（視、聴、臭、味、触）でとらえられるものごとである。そのものごとには、ものだけでなくできごとも含まれる。ものごとは五感でとらえられ、意識されなければ事象とはいえないことになる。言い換えると、ここでいう事象は、意識が情報を介して何らかの対象をとらえたときのその対象のことである。意識は、五感で対象をとらえる時の心の働きで、情報は対象の中で意識と対象の媒介をする機能をもつものである。

2　事象を捉える枠組

　事象は、意識が情報を介してとらえたときの対象というが、この場合の対象はカテゴリーでしかない。しかし、ある物事を対象と呼ぶ場合には、対象というカテゴリーの中の具体的な内容を指していることになる。この用語法はあいまいである。それでは、情報や意識はどうだろうか。

　事象はものごとすべてであるから、その中には情報も含まれていることになる。したがって、情

報は意識と対象の媒介をする機能をさすこともあるし、対象というカテゴリーの中にある情報のこともある。これでは、ある情報がどちらの用語法の情報であるかわからず、混乱が生ずるだけである。それではおかしい、ということになるに違いない。

また、意識は対象をとらえる側であるし、五感でとらえられないから、事象ではないともいえる。しかし、その一方で意識の内容をその意識の持ち主から聴き出してあれば、それは事象ということができる。これでは、情報と同じように、意識も対象であったり、なかったりすることになってしまう。

どうしてそうなるかといえば、これらの用語が二重の意味を持っているにもかかわらず、それを区別せずに用いているからである。たとえば、意識には対象をとらえる心の働きをさす場合と、意識の内容を表す場合がある。情報にしても、意識と対象を媒介する働きをさす場合の情報と、対象の中から取り出した内容としての情報をさす場合がある。対象も、単なるカテゴリーとしての働きをするだけの場合と、その中の具体的な内容としての物事をさす場合がある。

ここではそれらを区別し、心の働き、媒介する働き、対象を捉えるカテゴリーをそれぞれ意識枠、情報枠、対象枠とし、「事象の内容（contents）」を意識、情報、物事ということにしよう。

このように考えると、意識を意識枠と意識、情報を情報枠と情報、対象を対象枠と物事に分解し、下図のような分析枠組を作ることができる。

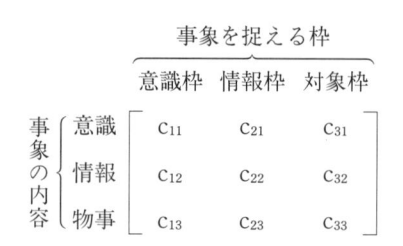

		事象を捉える枠		
		意識枠	情報枠	対象枠
事象の内容	意識	c_{11}	c_{21}	c_{31}
	情報	c_{12}	c_{22}	c_{32}
	物事	c_{13}	c_{23}	c_{33}

この枠組でいえば、我々の問題としているバーチャルは、下図に示したような「情報枠の中にある情報（c_{22}）」のことであり、リアルといっているのは「対象枠の中にある物事（c_{33}）」のことになる。

	意識枠	情報枠	対象枠
意識			
情報	c_{12}	c_{22}	c_{32}
物事			

［バーチャル］

	意識枠	情報枠	対象枠
意識			
情報			
物事	c_{13}	c_{23}	c_{33}

［リアル］

この場合、バーチャルは「対象枠の中にある情報（c_{32}）」でよさそうだが、前述のように対象の中の情報は意識と対象の媒介をする機能をもつもので、その本質を探っていくと実在論に還元されてしまい、わからなくなってしまう。事象論でいえば、意識と対象の媒介をする機能が表出するのは情報枠の中なので、われわれはバーチャルを「情報枠の中にある情報（c_{22}）」と捉えておくことにしよう。

　なお、西垣通は情報についての社会的に認知された唯一の定義はないが、情報は物質、エネルギーと並ぶ宇宙における根源的な概念としている[6]。

3　学習におけるバーチャルとリアル

　事象論でいうと、バーチャルとリアルは事象としては同じであるが、バーチャルはその内容が「情報」、リアルはその内容が「物事」というように、事象内容の種類が違うことになる。

　たとえば、庭の池にいる金魚とパソコン上で飼っている金魚は、事象としては同じである。同じように泳ぎ、餌を食べている金魚である。パソコン上の金魚でも、飼っていれば池の金魚と同じように世話をし、心配もする。しかし、金魚にも和金、出目金といった種類があるように、事象にも種類があり、片方は「情報」としての金魚で、他方は「物事」としての金魚である。それによって、飼う場合でも、飼育の仕方などが異なってくるであろう。

　生涯学習でバーチャルとリアルを扱う場合には、事象としては同じなので両者を融合的に扱う方が学習の可能性は広がる。ただ、「事象内容の種類」は違うので、その点に注意しながらバーチャルを取り込めば、学習資源は飛躍的に増大し、学習もさらに豊かになるに違いない。

　たとえば、公民館講座「美術館巡り」に参加し、実際にいくつかの美術館を巡って日本・西洋の絵画を鑑賞したとしてみよう（リアル）。たまたま近くの博物館にあるバーチャルミュージアムでさらに日本・西洋の絵画を鑑賞し（バーチャル）、下図のように、それらを自分の意識レベルで相互作用をさせるような形で受け入れていけば、かなり広がりのある学習ができる。

```
         意識枠   情報枠   対象枠
意識  ┌                              ┐
情報  │        c₁₂  ←  c₂₂           │
      │        ↑↓                    │
物事  │        c₁₃     c₂₃  ←  c₃₃   │
      └                              ┘
```

また、技術の習得にあっても、よくあるようにシミュレーターによるバーチャルな訓練をし、その後で実地の訓練を行えば、効果的に学習できる分野もある。それは、下図のようにバーチャルで習得した技術をリアルで確認し、さらに足りないところを身につけることなのだが、バーチャルを実際とは違うといって排除するのではなく、リアルとうまく関係づければ、学習の効率はよくなるように思われる。

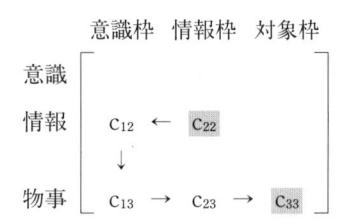

$$\begin{array}{c} \\ \text{意識} \\ \text{情報} \\ \\ \text{物事} \end{array} \begin{array}{ccc} \text{意識枠} & \text{情報枠} & \text{対象枠} \\ \left[\begin{array}{ccc} & & \\ c_{12} & \leftarrow & \boxed{c_{22}} \\ \downarrow & & \\ c_{13} & \rightarrow & c_{23} & \rightarrow & \boxed{c_{33}} \end{array} \right] \end{array}$$

注

(1) 野村淳二「バーチャルリアリティとは」（野村淳二・沢田一哉編著『バーチャルリアリティ』朝倉書店、1997年、所収、1〜2頁）
(2) Bernard d' Espagnat, *In Search of Rearity*、1983（デスパーニア、柳瀬睦男・丹治信春訳『現代物理学にとって実在とは何か』培風館、1988年、293頁。）
(3) デスパーニア、前掲訳書、144頁。
(4) 丹治信春『クワイン』講談社、1997年、208頁。
(5) 山本恒夫『事象と関係の理論』筑波大学生涯学習学研究室、2001年3月。
(6) 西垣通「情報」（北川高嗣・須藤修・西垣通・浜田純一・吉見俊哉・米本昌平編『情報学事典』弘文堂、2002年、所収）

Q & A

Q1 生涯学習にインターネットなどのITを活用する具体的なメリットは？

A1 国民の誰もが生涯のいつでも、どこでも、自由に学習機会を選択して学ぶことができ、その成果が適切に評価される生涯学習社会を具現化するための手段のひとつとして、インターネットなどのITの活用を位置付けることができます。ITの活用により、いつでも、どこでも、誰でも生涯学習に取り組むことができるようになるとともに、学習資源・機会が飛躍的に増えることにより、一人一人の学習需要に適切に対応した学習資源・機会の選択が可能になります。具体的には、次のようなメリットをあげることができます。

■ 地理的制約に対するメリット

インターネットなどを利用することにより、公民館や博物館、図書館などの学習に役立つ情報や地域の様々な情報をはじめ、世界のあらゆる情報などを自由自在に活用した学習を行うことができます。また、在宅で多様な学習を行うことができるようになるなど、地理的制約を受けない学習機会が飛躍的に増え、より自由に選択できるようになります。これにより、高齢者や、病院や自宅などで病気療養中の人々や、障害のために行動範囲が制限されている人々なども、活躍する場が拡大するとともに、自由に学習資源・機会を利用することができます。

■ 時間的制約に対するメリット

いつでも、どこでも、学習資源・機会を利用することができるようになり、たとえば、インターネットなどを利用し、出向かなくても現地の状況を知ることができるようになったり、図書館や博物館の開館時間など時間的な制約を受けずに学習資源を活用することができるなど、時間をかけずに様々な学習に取り組むことが可能になります。また、様々な学習情報をデータとして蓄積し、いつでも引き出すことができるようにすることにより、社会人など時間的な制約がある学習者にとっての学習機会が飛躍的に増加します。

【参考】
生涯学習審議会『新しい情報通信技術を活用した生涯学習の推進方策について（答申）』 2000.11.28.

Q2 青少年がインターネットを使って学習を進める際に気をつけるべき点は？

A2 インターネットを活用した学習においては、他地域に生活するさまざまな人たちと交流できること、だれでも簡単に世界に向けて情報発信ができること、必要な情報収集が簡単にできることなど、多くのメリットがあり、インターネットの特徴をじょうずに活用すれば、学習活動を効果的に行うことができます。しかしその一方で、インターネットを利用している人々の中には、悪意を持って利用している人も存在しています。誹謗中傷による電子メールで精神的苦痛を受けたり、ウェブページで公開した個人情報をきっかけとして、事件や犯罪に巻き込まれたりするおそれもあります。さらに、インターネット上で公開されているウェブページは、すべて有益とは限りません。青少年がインターネットを利用する場合には、こうした危険を回避し、安全に利用できるようにしなければなりません。そのため、教育委員会や学校では、利用に当たってのガイドラインを定め、インターネットを活用した学習が効果的に行われるよう取り組んでいます。

そうしたガイドラインの多くは、おもに次の6つの留意点から構成されています。
① 個人情報の保護
② 著作物の利用と著作権に関わる問題への対応
③ 情報漏洩の防止
④ 違法又は有害な情報の制限
⑤ ネチケット
⑥ コンピュータウイルスとその対策

【参考】
「小・中学生におけるインターネットの効果的な利用と諸問題への対応―『インターネット利用ガイドライン』作成の手引き―」 平成11年11月　栃木県教育委員会事務局義務教育課

Q3 ITによる生涯学習に高齢者が関心を持ってもらうためにはどうしたらよいか？

A3 テレビゲームや携帯世代の若者は、IT機器に対して何のためらいもなく、もはや生活の一部として活用しています。しかし一方では、難解な言葉やめまぐるしく進歩する機器に対して手をこまねき、ITに手を出せない方々も多いのではないかと思います。特に高齢者に、ITによる生涯学習への関心を持ってもらうことは、容易なことではありません。しかし、幸いにも高齢者の生涯学習への関心・意欲は高く、多方面で生涯学習が実践されていますので、こうした生涯学習の中にITを道具として取り入れることがひとつの突破口になるのではないでしょうか。高齢者の生涯学習において関心の高いテーマは、「生きがい探し」「健康づくり」と言われています。生涯学習・社会教育事業を企画する担当者は、こうした高齢者のニーズに即した講

座に、ITのメリットが実感できるように、プログラムの中にITを道具として活用することを試みてはいかがでしょうか。ITスキルの向上を図ることを目的とした講座において、ITに手をこまねいている高齢者に最後まで学習意欲を持続させることは容易なことではありません。あくまでもテーマは、高齢者に関心のある「生きがい探し」「健康づくり」です。こうしたテーマに関することであれば、難解な言葉や操作も苦にならずITへの第一歩を踏み出せることでしょう。このようにITを目的達成のための道具として位置付けることで学習意欲を維持し、自然にITスキルを身に付けることができるはずです。高齢者の学習にとってのキーワードは、「楽しさ」です。ITについても楽しく学ぶことができれば、きっと関心を持ってくれるのではないでしょうか。

　また、今全国で「シニアネット」といわれるものが、増えつつあります。「シニアネット」は、シニアの孤立をなくし、生きがいの創造を図るため、新たな文化的、人的交流の場を提供するとともに、会員相互の研修により情報技術に関する知識向上を図り、さらに世代間の交流による相互理解を促進すること、すなわち高齢者の「生きがい」や「コミュニケーション」の場をつくることを主な目的としたものです。こうしたシニアネットに関する情報を提供し、積極的に参加を働きかけることは、高齢者にITによる生涯学習への関心を喚起する上で有効と思われます。

Q4 国の情報化政策は今後どう進むか。「e-Japan戦略」とは具体的にどのようなものか？

A4 平成12年11月に「高度情報通信ネットワーク社会形成基本法（IT基本法）」が成立しました。これを受けて政府は、平成13年1月に、5年以内に世界最先端のIT国家となることを目標とした「e-Japan戦略」を決定し、行動計画として「e-Japan重点計画」を作成しました。現在は、平成15年7月に、第2期のIT戦略として「e-Japan戦略Ⅱ」が決定され、「e-Japan重点計画-2003」に基づき国のIT政策が進められています。

「e-Japan戦略Ⅱ」では、ITの利活用により、社会的に大きな効果が期待でき、国民にとって身近な7つの分野（①医療、②食、③生活、④中小企業金融、⑤知、⑥就労・労働、⑦行政サービス）において先導的な取り組みを行うことを提案しています。

　7つの分野の中では、⑤の「知」が主に生涯学習に関連する分野です。この中では、ITの利用により、個の学習スタイルを多様化し、個の能力を向上させるとともに、人材の競争力向上を図るために、全国的に双方向の高精細な動画による廉価な遠隔教育を可能とするための設備の整備などを行うことを目標としています。

　このように、今後は、ITを活用することによる多様な学習機会の提供、時間的・空間的な制約を緩和することによる学習活動への参加の促進、地域、個人からの自発的な情報発信など、情報化による新たな生涯学習社会の実現をめざしています。

II　インターネットによる教育・学習の可能性

II-1　インターネットの機能とメディアの特性

　インターネットが驚異的に発展したのは、単なる「線路」というネットワーク網ではなく、インターネットプロトコルという世界標準の規格が作られ、世界中で共通に使える通信技術・情報技術が進歩してきたためである。特にインタネットブラウザという表示技術とそれに整合するソフトウェアの開発により、音声、映像、テキスト、動画やそれらが連動したコンテンツなどが、コンピュータ上で使えるようになり、さらにネットワークに繋がることにより、「共有、協調」という概念が実現され、コンピュータによるコミュニケーションや共同作業などができるようになったことが、急激な普及に繋がっている。

　このように、単なるインターネットという通信回線の発展ではなく、世界共通で使えるアプリケーションソフトウェアや、データ処理技術、高速大容量通信技術などの基盤技術の発達がメディアの特性を大きく変えてきた。本節で捉える「インターネット」には、ネットワークだけでなく、それを支え発展させてきた基盤技術も含まれる。インターネットの機能によって実現可能となったメディア特性を、特に教育・学習の面から概観する。

1　学習のグローバリゼーションを実現するメディア

　コンピュータがスタンドアローンという単体の端末であった時代には、データを端末間で移動する際にも、たとえばフロッピーディスクに格納して、それを別のコンピュータで起動してコピーするなどの方法がとられていた。コンピュータで学習する場合でも、CD-ROMに格納された教材をコンピュータで起動して、CD-ROMの内容で学習するという、まさに独学という学習形態がとられていた。

　ところが、コンピュータがネットワークにつながることにより、データがネットワークを介して

II インターネットによる教育・学習の可能性

■**エンコード、デコード** encode, decode
　映像や音声をコンピュータが処理できるデータに変換したり、人間が認知できる元のデータに戻したりする。データを一定の規則に基づいて符号化するのがエンコードで、元のデータに復元するのがデコード。音声や画像データの圧縮や暗号化とその解読などで使用。

送受信され、利用環境さえあれば「いつでも、どこでも、だれでも学習できる」状況に変わった。ネットワークの向こう側にいる人との協調学習や競争学習という認識が生まれ、個人学習ではありながらも同じ学習を実施している第三者の存在を意識しながら行うようになってきた。

　映像や音声のエンコードやデコード技術の進歩により、データ処理速度と画質・音質の品質が高められ、また、ネットワーク技術の進歩により、大容量のデータ送信の遅延時間を非常に短くできるようになったことから、遠隔からでもリアルタイムで授業を受けられるようになった。さらに、これらの情報はサーバの中に格納することができ、利用者は必要なときにインターネットを介してその情報にアクセスして利用できるようになった。

　インターネットを介して、世界中の人が同じ教材を使って学習できることから、州や国境を超えたeラーニングの発展の可能性が産まれた。特に有職者が働きながら大学で学位や修士号などの取得を可能とするバーチャルユニバーシティが、米国をはじめ、韓国、欧州など世界各地で設立されてきて、自国に居ながらにして海外の大学の卒業資格も取得できるようになった。eラーニングへの注目度の高さや導入効果への期待から、急激にその数を増してきたバーチャルユニバーシティではあるが、運用体制の整備不足や資金、受講者数などの面から様々な課題が見え始め、成功、失敗例も多く出現してきて、見直しも迫られている。しかし、地理的制約のない学習形態が、今後も発展していくことは間違いない。

2　通信教育を超える双方向メディア

　放送が一方通行の配信であるのに対して、通信は双方向のデータ送受信を可能とする。従来、一般的な印刷物を郵送する通信教育では、問題への解答とそれに対する添削のやり取りが手書きや郵送でなされる。ファックスや郵便を使った双方向手段であるため、フィードバックへの時間がかかるという問題がある。これに対して、電子メールを使うと送受信時間はほとんどかからない。インターネットを介して文字会話が可能なチャットを使えば、リアルタイムで質疑応答や意見交換が可能となる。このような双方向性が担保されたことにより、通信制大学ではネットワークを使った学習で単位が取れるようになった。普通大学でも60単位までオンライン学習による単位取得が認められるようになったことは、双方向メディアの賜物といえる。

　双方向というのは必ずしも人と人との双方向通信に限らない。人とコンピュータとの双方向も含まれる。ほとんどのeラーニング・システムの中には、個人学習に対応して、問題の自動採点機能が組み込まれている。予め決められた正解との比較をコンピュータが行うことにより自動採点を実

現しているため、問題形式に○×式、多肢選択式、穴埋め式、並べ替え式など、出題形式が限られてしまう制約はあるものの、受講者は即時に採点結果のフィードバックを受けることができるようになった。

　eラーニングに代表される学習メディアは、学習者が入力した情報を保存できる機能を一般的に有する。それを利用すれば、学習者が誰であるかをIDやパスワードなどから識別することにより、どの学習者が何を学習し、どこまで学習が終了したか、その成績はどうだったかなどの学習履歴を把握することが可能となる。学習成績によって、次に行う学習プロセスや内容を約束事として決めておけば、学習者の成績に応じて必要な学習が提示される、すなわち、学習者とコンピュータとの双方向による個別学習が可能となる。

　双方向性はメディア同士でも可能である。サーバがネットワークを介して接続されているコンピュータを識別できるようになった。これにより、複数台のコンピュータが接続された遠隔学習において、通常の対面学習で行われる挙手動作や指図動作がコンピュータ上で可能となり、質問を要求する受講者に対して遠隔から発言を許可する、あるいは複数の受講者が参加している中で、特定の受講者とのコミュニケーションができるようになった。これにより、授業形式や同時に複数の生徒に異なる指導を行うという従来の対面形式で行われている学習形態が、インターネット技術の進歩により遠隔でも可能となった。これまで先生と生徒との質疑応答は従来の対面学習で行われてきたが、特に、対面学習でさえも難しい生徒間のコミュニケーションが、双方向メディアで実現できるようになったことによる教育効果への期待は大きい。

　最近の双方向メディアはインターネットを介した学習を、より対面学習に近づけてきている。多量の情報を同時に処理して伝送する技術および映像・音声処理技術の進歩により、映像と音声でコミュニケーションをとりながら、コンピュータ画面上で教材を共有し、画面操作がネットワークに繋がった人の間で同期できるようになった。これは単なる遠隔授業に留まらず、たとえば、個人の対面学習の典型ともいえる家庭教師学習がオンライン上で実現できることを意味する。学校から配られた宿題をコンピュータの画面上で生徒と先生が共有して、相手の顔や共有した教材を見ながら音声で質疑応答したり、生徒が宿題に手書き文字を入力して先生が採点したり、また、生徒は先生の映像と手書きで書かれた学習ノートをコンピュータに保存して、後で復習ができる。先生と生徒が同じ場所でマンツーマンで学習することに重要性を感じるのであれば、単に家庭教師をオンライン上で再現するだけでは、ネットワークを使うメリットはないかもしれないし、デメリットが強調されるかもしれない。しかし、大学の近傍に住む大学生と、その大学を志望し、そこの学生に習いたい全国や海外に住む生徒との空間を越えた学習の実現は従来にない利点を生む。家庭教師学習に

留まらず、パソコンソフトの使い方や法律・税務相談など、実物の様式などを画面上で共有しながら学習することができ、生涯学習の個人学習への応用も期待が持て、新しい学習形態の出現が期待される。

3　印刷物を超えるメディア教材

　印刷物の教材は非常に便利であり、これまでの学習では最も多く利用されてきたメディアである。手元に置いて必要な時に見ることができ、携行にも便利であり、電車などの移動体の中でも見ることができ、さらに、必要に応じて、その上に手書きでメモすることができる。ペーパーレス活動がいくら進んでも、消滅するメディアではない。それでは、インターネットの発達によって印刷物はどのように利用されるのか、あるいは印刷物に勝るメディアの利用が新たに可能となるのであろうか。印刷物に書かれたテキストはインターネット上でも最も流通しているデータであり、印刷物の内容をデジタル化することにより、インターネット上での利用は可能となる。教科書や参考書、論文、書籍、各種資料などの印刷物は、書かれた文字を直接キーボードから入力する方法、あるいはもっと簡便な方法として、スキャナーを使って画像形式としてデジタル化できる。

　現在でも不動の地位に君臨する印刷物メディアであるが、インターネットでは印刷物で実現できないメディアを創出・利用できる。それは音声、それからアニメーションなどの動画や映像といったメディアである。これらはラジオやテレビで利用できるものではあるが、インターネットにより、それらを世界規模で、しかもテキストなどの他のメディアと併用して利用できる効果は大きい。

　インターネットで利用可能であることは、いつでも、どこでも、誰でもが利用できることを意味するため、インターネットを利用した学習では、学習者に対して理解を深める教材の提供が可能となる。月の満ち欠けを説明する三次元アニメーションや、操作を間違えると危ない化学実験の映像、数日かかって蝶が羽化する様子を短時間に短縮した映像など、目に見えないものを可視化した教材、体験が困難なものを疑似体験させる教材、時空を意図的に制御した教材などが利用できるようになる。学校教育の内容を児童・生徒が理解しやすいように学習を組み立てあげることや、語学、文化、資格取得などの生涯学習においても、理解の補助となる教材の利用が可能となる。

　さらに、印刷物の利用に比較してインターネット機能で実現可能となる点は、多量のデータから瞬時に必要なデータを探し出すことである。印刷物では見出しを付けたり、それらを分類化したりして整理することにより探し易くすることはできるが、量が膨大になると人間の処理能力を超えてしまい、手に負えなくなる。インターネット上で利用可能なメディアに変換されると、検索機能を

■電子モールサイト
　商店街やデパートのように、電子サイト上に商店が集まっているウェブサイト。利用者はネットワーク上でたくさんの商品を一度に見ることができ、出店する側はアクセス数の多い有名サイトを利用して、消費者にアピールできる。

利用してデータベースの中からキーワード検索やカテゴリー検索により必要とするデータが探せる。予めデータに分類するためのメタデータ（データに付与するデータ）を付与すれば、メタデータの内容を検索することにより焦点を絞った検索も可能である。世界中のインターネット上にある膨大なウェブサイトの検索が可能であるのも、デジタル化されたテキストメディアが定期的な周期で自動的に収集されて、検索システムのサーバ内に格納され、それらが検索対象となることによって実現されている。

　ところが、デジタル化されたデータ検索にも問題がある。確かに検索できるが、データ量が多くなると印刷物と同様に必要とするものが即見つけられるかは疑問である。印刷物が膨大な量になると、人は整理しようとする気持ちが働き、不要な書類等を破棄する行為に出るが、デジタル化されたデータが膨大に膨れたことを視覚で認知できないためか、データベースに蓄積されたデータの整理はなかなか行われない。効果的な検索の実現のためには、データ整理はこれまでの紙メディア使用の場合と同様に考える必要がある。紙メディアはある特定のデータ利用においては有利であるが、膨大で種々のメディアを活用する場においては、インターネット対応メディアに軍配が上がる。

4　プル型メディアとプッシュ型メディア

　ラジオやテレビなどのメディアを利用する場合、チャネルの選択により選局ができるが、たとえば、VTRで映画を視聴しているときに、出演者の情報を見ることや映画の裏話など付加的な情報を見ることはできない。これまでのメディアはプッシュ型で視聴者に情報を送る立場で設計されていた。最近、利用が急激に伸びてきたDVDではこれらの複数の情報が組み込まれているため、視聴者は映画の本編にない情報も見られるようになってはきた。メニュー画面に戻って、そこで見たいものを選択するなど、未だ自由度は低いものの、デジタル化によって視聴者の選択領域が広がり、プル型のメディアが出現してきた。

　インターネット上の情報はどちらかというとプル型が原型であり、逆に、プッシュ型が最近登場してきた。後者の例は、利用者が電子モールサイトをアクセスすると、サーバに蓄積されたその人の嗜好などの個人情報を元に、利用者に対して必要と想定される情報をシステムが提示するサービスがある。eラーニングによる学習フィードバックもプッシュ型メディアといえる。プル型メディアとして代表的なものはハイパーリンクである。これはテキストや画像など、ウェブ上に掲載されたあらゆる情報から、他のリンクされた情報へ飛ぶことができる機能である。たとえば、映画の本編を見ながら、出演者の映像をコンピュータ上でクリックすると、出演者の情報が表示されたり、

eラーニングの学習内容の一部をクリックすると、その詳細な情報に飛べたりする。これらは従来の紙やビデオテープなどのメディアでは実現できていないものである。

　プル型メディアは利用者が自分の意思で見たい情報を選択できる、また、プッシュ型メディアでは個人を特定して必要と思われる情報を提示するというように、いずれも利用者を重視したものとなってきた。

II-2　遠隔学習をすすめる

　経済状況の変化やIT革命の進展など、近年の社会環境の大きな変化の中で、組織・集団への依存とは別に、個人の意思・価値観を重視した選択が増え、その一端として生涯学習活動が盛んになっている。
　しかし、余暇を利用した学習活動が年々増加するシニア層に比べ、働き盛りの世代の学習意欲はこの10年低下し続けており、結果として学習者層の偏り、学習施設利用の偏りが各所で見られる。
　また、「個の時代」と言われる中で、いろいろな場面で組織活動への参加が減少し、コミュニティの衰退がみられ、地域の生活者でありながら「地域」に対する関心が薄れている住民も多くなっている。
　一方、インターネットが家庭にまで広く普及し、政府が進めるe-Japan戦略により、情報通信環境がここ数年の間に飛躍的に向上してきた。このインターネットなどのITを用いた遠隔学習は、個人の学習スタイルとテーマの選択を広げるとともに、インターネットを通じた、新しいコミュニティを生む可能性をもっている。近年、このインターネットを地域の生涯学習活動に取り入れる取組みが始まっており、その実践と効果が注目されている。

1　生涯学習における遠隔学習

　遠隔学習（＝ディスタンス・ラーニング）という「形態」は、学習者と、講師や教育機関が離れている学習形態の全体を意味するもので、従来から広く利用されている通信教育や、放送を利用した学習も、その中に含まれる。
　一方、ITを活用した学習は一般的に「eラーニング」と呼ばれている。パソコンを利用して、講師と学習者が教室等で場所と時間を同じくして学ぶことや、時間と場所を分け、インターネットなどの情報通信を利用して自宅で学習する方法などに分けることができる。これらの中で、インターネットを利用した遠隔学習を狭義の意味で、「eラーニング」と呼ぶことがある。
　eラーニングは、近年、企業内教育などに盛んに取り入れられ、教育コストの削減などの効果を上げている。学習者は、いつでも、どこでも、学習コンテンツを受けることができ（情報伝達性）、また、放送と違って、学習者のペースで、必要なときに、何回でも利用することができたり（学習者主体性）、講師に質問をして、学習者の理解やペースで学習を進めることができる（双方向性）など、教育効果としても有効性が認められている。
　一方、eラーニングを地域の生涯学習に取り入れる際は、これらに加えて、次のような点にも注

Ⅱ　インターネットによる教育・学習の可能性

■CBT, CAI
CBT：Computer Based Training
CAI：Computer Assisted Instruction

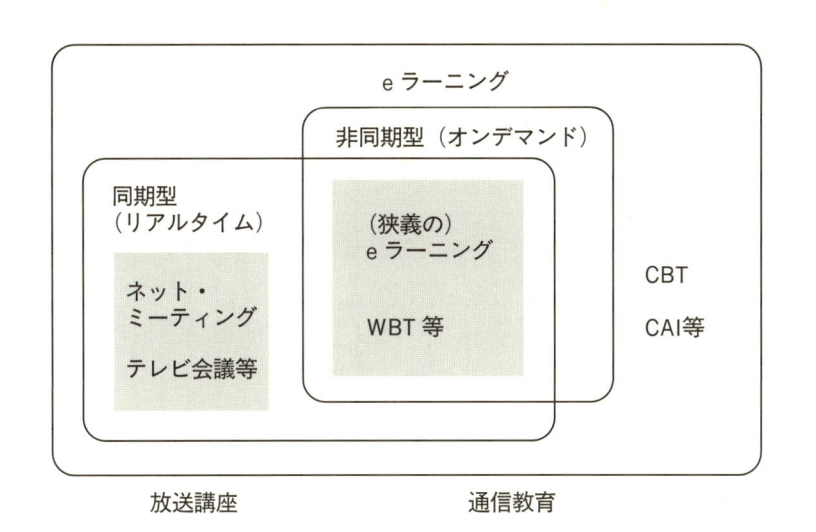

図Ⅱ-2-1　遠隔学習の形態

目して役立てたい。
●双方向性
　企業内教育などと異なり、生涯学習の活動では、学習テーマや学習者の参加のあり方が多様であり、教える側・学ぶ側の関係が固定的である必要はない。受講者の発表によって学ぶことや、市民相互に得意とする分野を教え合う、知の双方向提供も考えられる。
●オープン性
　社会的にオープンな場を作り、組織・団体にとらわれない幅広い参加者による知識提供を集め、共通のテーマをもとにして、学習コミュニティを形成するのに適している。

　このように生涯学習の新しい推進方法を進める際に、そのプラットホームとしてインターネットが大いに適していることから、市民の学習活動を大きく促進させる可能性を持っているといえる。すでに、学習者、講師ともにインターネットの利用が広がっている現在、地域の公民館等が開催する講座事業にも、大いに活用が期待されるところであろう。

2　地域の生涯学習推進における取組み

　各地で生涯学習事業にeラーニングを取り入れようとする試みが始まっている。その多くは、在宅学習講座を開催し、施設での学習に参加しにくい人に学習機会を提供しようとするものである。その中で、富山県では、県・市町村・大学・企業・市民が共同で「富山インターネット市民塾」を運営し、公共インフラとしてのインターネットの上で、生涯学習推進の新しい場を創る取組みが行なわれている。その実践をもとに、インターネットの活用が生涯学習の推進にもたらす、さまざまな可能性について考えてみよう。
　富山インターネット市民塾では、eラーニングを取り入れて、市民が自宅などから学習できるインターネット講座を提供しているが、その開催は地域の企業、大学、NPO、自治体などが企画して行なうものであり、いわばインターネット上で共同利用型の生涯学習センターを運営するような取

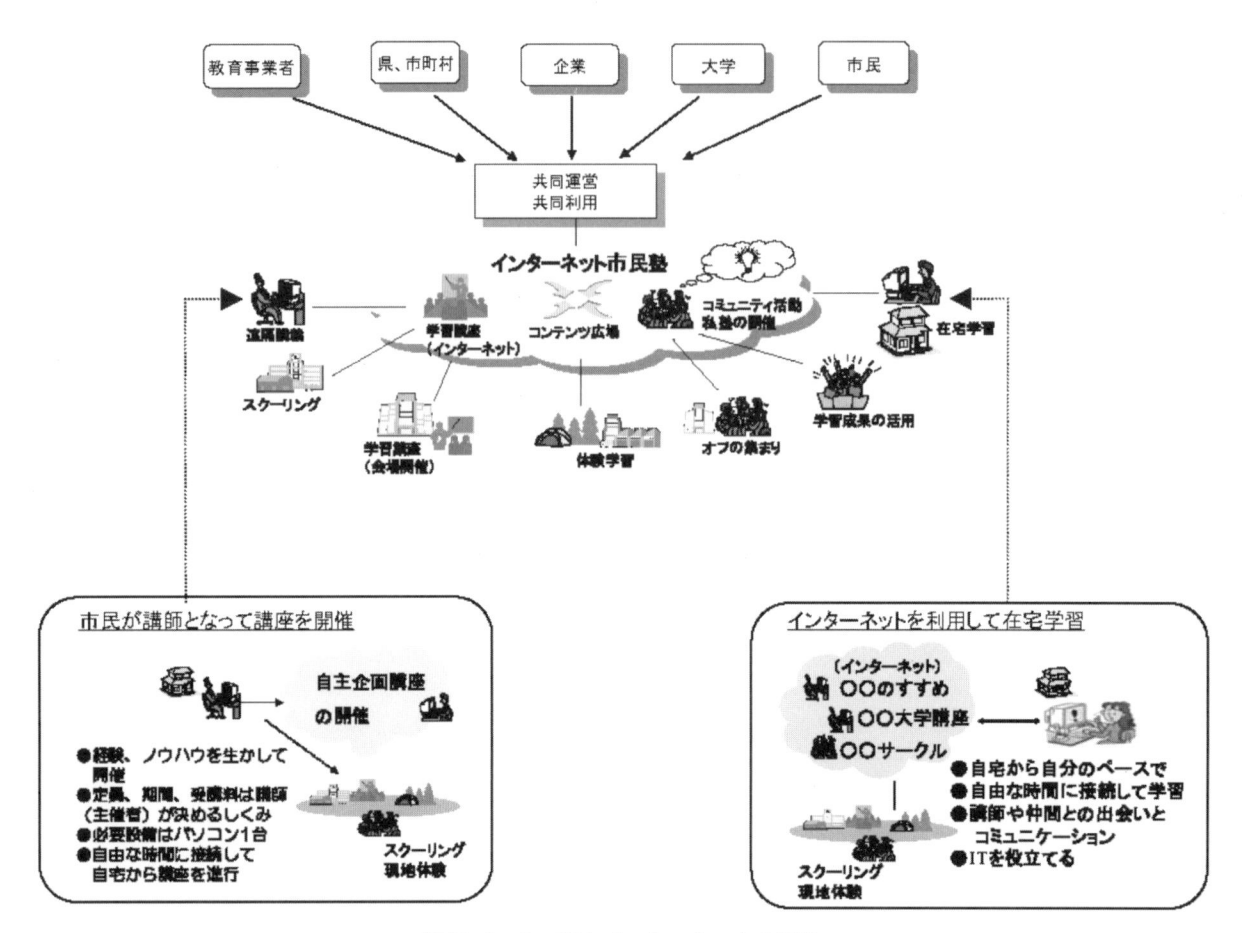

図 II-2-2　富山インターネット市民塾

組みである。事業の大きな特長は、教える側（講師）を支援するためのシステムを整えていることであり、特に市民講師に目線を合わせて、特別なスキルやコストの負担を伴わないよう、さまざまな仕組みとサポートを提供している。また、施設や現地でのスクーリング・体験学習など、地域の既存の機関と連携した開催を進めている。インターネットに接続したパソコン1台で、いつでも、どこからでもインターネット講座を開催・進行することができることから、働き盛りからシニアまで、市民の自発的な講座開催が盛んに行なわれている。

　平成11年度に実験運用を始めて以来、延べ155講座の自主企画講座が開催（平成14年度末）されており、年間延べ利用者は10万人を超える（平成14年度）までになっている。その利用状況から、地域における生涯学習推進の新しい可能性をみることができる。

(1) 新しい学習者層の発掘

　時間的に不規則になりがちな勤労者や、育児・介護に追われるものにとって、公民館等の集合講座への参加に制約を感じている者は少なくない。図 II-2-3 は、富山インターネット市民塾における受講者の年代分布であるが、施設での集合学習（グラフの折れ線）に比べて、男性の30～40代、女性の20～40代が多く、近年学習意欲が低下しているとされている働き盛りの参加を促進し、新たな学習者層を開拓しているとみることができる。

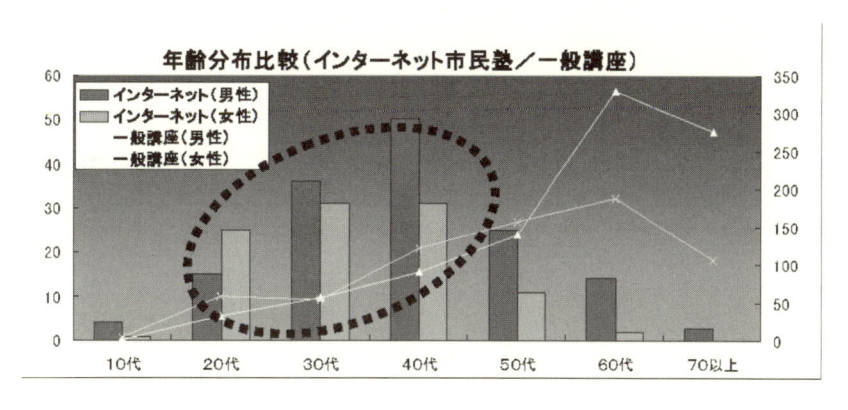

Ⅱ インターネットによる教育・学習の可能性

図Ⅱ-2-3　インターネット市民塾の学習者層(平成11年度実証実験より)

(2) 市民講師を発掘し地域の知識財を顕在化

　インターネットを活用するメリットは、受講者だけではない。講師にとっても、さまざまな可能性を与える。遠隔地であったり忙しい人も、自宅などからインターネットを通じて講座を進行することができる。富山インターネット市民塾の例をみると、神奈川、岐阜など地域を越えてユニークな自主企画講座が開催されている。また、市民講師から触発を受け、受講者が翌年は講師として講座を開催する例もみられる。身近な市民による講座の開催は、受講者にとって同じ市民の目線で積極的な参加を促す。自らの経験やスキルを見つめ、知的資産として発見することを促し、知識の受け手から発信者へと一歩踏み出すきっかけとなる。

(3) シニアの参加

　リタイアに伴って、これまで企業内で生かしてきた豊富な経験やノウハウを、ネット講座として広く提供するなど、シニアの「知の社会還元」がみられる。
　シニアの活動を支援する機関と連携し、ネットを通じた社会活動の場として活用が期待される。
　とかく「ITデバイド」といわれて、シニアの参加を阻害するとみられがちであるが、IT講習会では多くのシニアが参加しており、富山インターネット市民塾では「受講したい」または「講師になりたい」という具体的な目標を持つことで意欲が高まり、その成果を生かした参加が増加している。

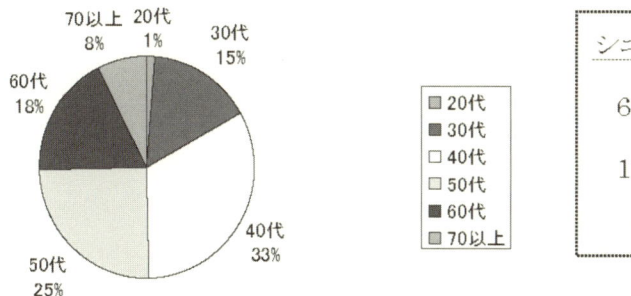

> シニアのインターネット講座の受講者
> 60代以上の高齢者の受講が10%(平成11年)から26%(平成13年)に増加
> (富山インターネット市民塾より)

図Ⅱ-2-4　インターネット講座の受講年代

【参加者の声】（富山インターネット市民塾より）

受講者
- 仕事と育児、家事のため、夜10時以降でないと自分の時間がとれなかったが、これで参加できるようになった。（30代女性）
- 皆さんの知識を共有できるところが面白い。（40代男性）

講　師
- 時間に縛られずに自由な時間に講座を進めることができるので、私のように勤めをもっていて忙しい者にとっては何よりです。（30代男性）
- 昨年からパソコンを始めたばかりで本当にできるか不安でしたが、ほかの市民講師や受講者から応援していただいて始めた。受講者がいることで励まされて無事進めることができた。（60代女性）

ITサポータ
- いろいろな講師との出会いや、講師の方からいち早く学ぶことができ、驚きや感動を感じています。また、自宅から子育てをしながらボランティア活動できることが何よりです。（30代女性）

(4) 地域に根ざしたコンテンツの発掘と活用

市民の自主企画講座には、市民の視点ならではの地域性豊なものがみられ、地域特有のコンテンツを発掘し、広く発信することに結びつく。

富山インターネット市民塾で平成13年9月より始まった「ふるさと塾」は、地域の自然や文化を伝え残そうとする「伝承人」の参加を促進すると共に、地域コンテンツとしてデジタル化され、市民のふるさと学習や、学校での総合学習にも試行的に活用されている。

「佐々成政を往く」（富山市） 　「新湊の曳山」（新湊市） 　「佐石仏とふれあう里」（砺波市）

「ぼくのヴァーチャルトレッキング」（朝日町） 　「立山の修験者から学ぶ」（立山市） 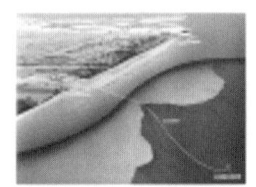　「21世紀の資源　海洋深層水を学ぶ」（入善町）

図II-2-5　「ふるさと塾」のコンテンツ

(5) 教えることは最高の学習

講師になろうとする意欲が、新たな学習への意欲となる。自らの知識・経験を整理し、内容を深めると共に、関連する分野を学ぶ始まりとなる。

(6) 信頼関係がつくる市民の新しいコミュニケーション

不特定多数が利用する、ホームページやオープンな掲示板と違って、富山インターネット市民塾

では、メールや掲示板によるコミュニケーションは一つの講座の中で講師や受講者が限定された中で、行われる。講師への質問や、テーマに基づいた意見交換など、目的がはっきりしている上、教え教えられることによる信頼が、よりコミュニケーションを成立しやすくしている。

(7) 地域への関心を高める

　地域の市民講師による地域に根ざしたテーマの講座は、受講者に地域への関心を持つきっかけとなる。地域を学ぶことは、地域と向き合い、考える機会である。地域に目を向ける市民が増えることで、学習の成果を生かし、学習の仲間と一緒に、地域活動へと展開していくきっかけとなる。特にこれまで地域活動への関心が薄いとされている、働き盛り、子育て中の人や、地域外に通勤している人なども参加することで、新しい視点で地域活動が活発化することが期待される。

3　地域でつくる学びあいの場

　富山インターネット市民塾の取組みは、地域が力を合わせて、新しい学習ソサエティを創ろうとする挑戦でもある。これまでのように、各機関・団体が運営する施設や事業にとらわれない、共同運営にインターネットの持つ公共インフラ性が適している。さらにその双方向性を発展させて、学習機会を提供する側、受ける側という、従来の枠組みを変え、市民や民間にも教える場を提供することで、地域に「知の還流」をもたらそうとするものである。このような流れを興すには、行政・民間のそれぞれの枠組みの中では難しく、それらの連携は欠かせない。また、その連携にインターネットの特性が役立つ。

　「知の還流」がもたらす地域効果を共有しながら、運営コストを地域で支えていくモデルは、地域の生涯学習推進にとって、今後は避けて通れない課題であると考える。かつて、「富山の薬売り」として栄えた江戸時代の富山のように、学びが地域を支え、地域が学びを支えていくことを目指して、それぞれの地域で取り組んでいくことが大切ではないだろうか。

【江戸時代の地域学習システムに学ぶ】

　市民が講師になって人々の学習の場を作ることは、古くから行われていたようで、特に富山は江戸時代には多くの「寺子屋」が栄え、その数は当時の江戸をはるかに上回っていたとされています。その背景には「富山のくすり」を全国の家庭に届ける際に、健康づくりや子育て、農業などを教える「無形のサービス」を行うことで、一軒ごとの信頼関係を築いたとされ、そのために「売薬さん」は自らの読み書き・そろばんはもちろん、教えるためのさまざまな知性と教養を身につけようと、寺子屋で熱心に学んだといわれています。また、各地を回った「売薬さん」が、富山の人たちに幅広い見聞を教えることも大いに行われ、くすり袋のパッケージ・デザインや、置き土産として歌舞伎絵を学ぶ教室など、さまざまな広がりをみせています。

　そして、このような地域の学習活動を当時の藩が応援した結果、全国に信頼とマーケットを築き、産業として藩を支えたとされています。

【富山インターネット市民塾について】

　民間企業（インテック）の提案により、平成10年に取り組みを開始。さまざまな試行研究を経て、平成14年5月に県・市町村、大学、民間企業、市民を会員とする推進協議会を設立し、共同で運営。

　県民教授制度「自遊塾」をモデルとして、市民講師による自発的な講座の開催を支援し、地域の知識財を顕在化させるとともに、インターネットを介して「知の還流」を活性化させている。

　一つのプラットホームを多目的に利用することができ、市民講師以外に県政出前講座、大学公開講座、企業主催講座や社員教育、民間教育事業者なども利用。年間の延べ利用者は10万人を超えている。（平成14年度）

　講座の受講や交流は、だれでも利用登録（無料）し参加することができる。運営を支えている推進協議会の会員は、システム機能・サービスを自由に利用して講座を開催することができ、非会員にはシステム利用料の負担をお願いして開放している。

　また、独自にインターネット市民塾を設立・運営する団体に対し、システム一式をレンタルするサービスも行っており、システム設備や技術者を抱えることなく、事務局に用意したパソコン1台で遠隔運用している団体もある。

〈問合せ先〉
富山インターネット市民塾推進協議会
TEL：076(439)8666
FAX：076(444)8050
E-Mail：info@shiminjuku.com

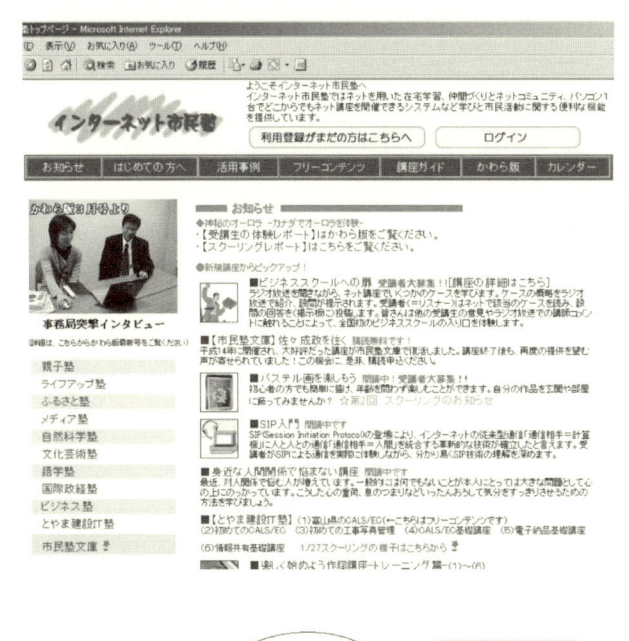

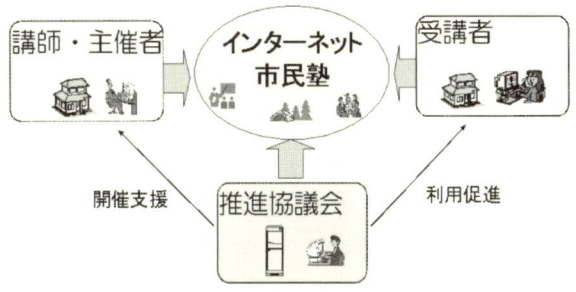

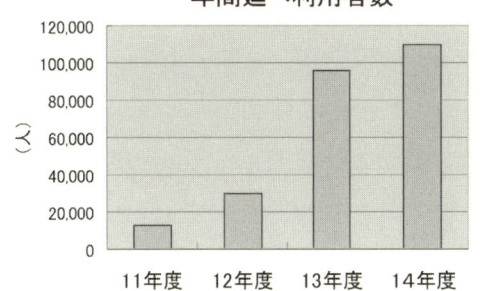

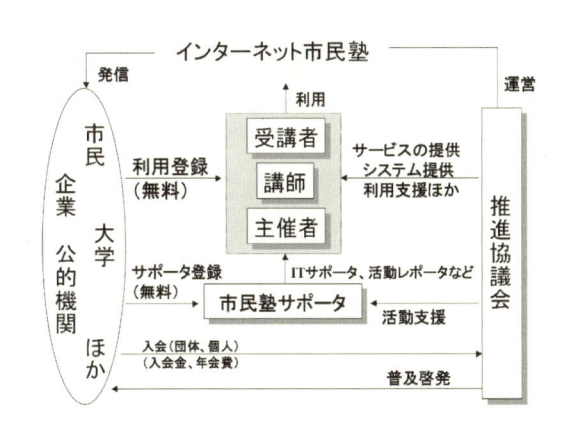

II-3　地域で学習コンテンツづくりをすすめる

1　学習コンテンツとは

　「コンテンツ」とは、いささか耳慣れない言葉かもしれないが、もともとは「中身・内容」を意味し、転じて、近年ではインターネット上のウェブサーバに掲載されているテキスト（文章）やグラフィック（画像）などを指す用語として使われている。そうしたコンピュータ内にデジタル・データとして蓄積されたさまざまなコンテンツの中で、ネットワークによって共有され、のちのち学習の素材や教材としての利用が可能なものをここでは「学習コンテンツ」と呼ぶことにする。

2　学習コンテンツの種類

　一口に学習コンテンツといっても、その内容は一様ではない。まず、一つには学校教育でいえば教科書にあたるような、学習のためのテキスト類が存在する。たとえば、高齢者向けのIT講座の講師役として活躍している仙台シニアネットクラブのホームページには、クラブの実践にもとづいて作成されたシニア向け講習用テキストが掲載されているが、このテキストは、市販の解説書とは違って、特に高齢者が遭遇しやすい疑問やあやまちに関する、きめ細かな対応を特徴としている。
　また、テキストそのものではないが、特定のソフトウェアを使ったときの学習者の反応や動作特性など学習プログラムを運営する際のノウハウや過去の経験をとりまとめたものの中には、後続の学習者に役立つデータも多い。
　続いて、学校でいえば授業、公民館では講座といったものがそのままウェブ上にコンテンツ化されているケースがある。代表的な事例として、鳥取県立生涯学習センターで開設している生涯学習サイト『トリピー放送局』の取組みをあげることができよう。このサイトには、センターが主催する「未来をひらく鳥取学」の講座が逐次デジタルデータでアップされており、学習者は「歴史・文化」、「教育・福祉」、「自然・環境」など自分が希望するテーマにしたがって、好きな時に講座を視聴することができる。
　3つ目の形態は、本との対比でいえば、参考図書・事例集にあたるようなアーカイブである。デジタルアーカイブというと、これまでは博物館・美術館等が主体となって、その収蔵品を画像で公開する形のものが先行していたため、ともすればそうしたバーチャルミュージアム的なものが想像されるが、ここ2～3年、学校教育における総合的な学習の時間の導入ともあいまって、地域にお

けるさまざまな学習素材のアーカイブ化がすすみつつある。先進的な例としては、岐阜県生涯学習センターにおける『「知」のデジタルアーカイブ事業～「雪のくらし」「川のくらし」』などのくらしシリーズがよく知られている。

　また自然科学の分野でも、全国の10の科学館が連携して、セミ、タンポポ、鳴く虫、外来植物の4つをテーマにした「生き物調査」が展開されているが、利用者はこれまでの調査結果をデータで検索できるほかに、自分が見聞した事例をデータベースに登録することもできる仕組みになっている。学習者が受身に情報を与えられるだけではなく、自らも情報の提供者になることができるという点では、双方向型のコンテンツ作成システムとしてユニークである。

3　地域でコンテンツをつくることの意義

　それでは、このようにさまざまな学習コンテンツを地域でつくっていくことには、どのような意義もしくはメリットが考えられるのだろうか。
　まず第1点として何よりも大きいのは、それぞれの地域に固有の学習課題を深め、それを地域全体で共有する途が開かれるということであろう。マスメディアや交通網の発達により、均質化が進んだと言われる日本社会ではあるが、自然環境の差異はもちろん、これまでの歴史的経緯や産業構成の違い等により、それぞれが抱えている地域課題は千差万別である。社会教育の大きな役割の一つが、地域をよりよい方向に育てようとする活動を支援することにあるとするならば、そのための学習プログラムや学習素材を自前でつくっていくことは、むしろ必須の要件であるといってよい。
　2点目には、そうしたコンテンツ作成の作業の中で、地域の新しい人材が発掘され、人的なネットワークが広がっていくことである。一つのコンテンツの作成には、テーマを決め全体の構成を考える人、現地での調査を担う人、既存の資料の確認をする人、デジタルカメラ・ビデオ等の機材を扱う人、ホームページを作成する人、ホームページの運用や更新を担当する人などなど、多種多様なスキルをもった人たちが必要である。これらを施設の職員がすべて担うことは不可能であり、勢い専門家も含めて多くのボランティアの協力が欠かせない。新たな目標は、新たな人材の掘り起こしにもつながるものである。
　3点目は、これまでの講座・講演会等は、いわば1回限りの使い捨てであったものが、学習プログラム、教材等として蓄積されていくことである。各地の生涯学習施設で開催される講座等は、年間で膨大な量になろうが、直接、会場に足を運び参加できる人の数は、定員の関係からも、また開催の場所、日時の制約からも限られたものとならざるを得ない。そのごく一部は、報告書という形

でまとめられることがあるが、それを手にすることができる人もまた限られていた。同じ報告、まとめであってもそれがウェブ上に掲載されることによって、そこにアクセスできる人は、格段に拡がってくる。図書館の本が多数の人よって利用されるのと同じことが、講座記録等についても可能になってきたわけである。さらに、メールや掲示板といった機能が付加されると、質問や意見の交換もできるようになり、バーチャルな学習コミュニティがリアルコミュニティと相互補完的に機能していく可能性も高い。

4　コンテンツ化にあたっての留意点

　このように、地域における学習コンテンツづくりは、単なる学習成果の発表や調査の報告といった次元を超えて、地域コミュニティの活性化も含めた大きな可能性をもつものであるが、そうした可能性を十全に展開するためには、さらにいくつかのポイントを押さえておく必要があろう。

　その際にもっとも重視すべきと思われるのは、学習コンテンツが成果として発信されるに至るまでの過程で参加者のそれぞれが身につける一連のノウハウ、つまりは、方法としての知の獲得である。総合学習の時間が、児童・生徒の中に育てようとしているものも、まさにそうした自ら疑問をもち、自らの課題を解決していこうとする意欲と能力であり、それは成人教育の中でも同様に重要なものである。

　この観点に立つならば、結果としてつくられる学習コンテンツも、かならずしも完璧に出来上がったものである必要はなく、むしろ、利用者が考え、工夫する余地があるもの、多くの利用者の書き込み等によって生成、変化していくものが、より望ましい学習素材であるといえよう。一方的に話を聞くだけの承り型の学習の限界がいわれて久しい。コンテンツの作成では、ぜひこの点に配慮したいものである。

　最後に一言付言しておきたいのは、こうした学習コンテンツづくりは、まったくのゼロのところから新しく始めなければならないものではないということである。各地の生涯学習施設には、すでに長年にわたり地域の文化財の調査を続けているグループや郷土料理に関心のあるグループ、地域の植物に詳しい人材などの活動が把握されているはずである。

　これまでそうしたグループには、自分たちの学習の成果をコンテンツ化しようという発想が乏しかったために死蔵されているものも少なくないであろう。蓄えられた知識や知恵と身近なIT技術が出会うことによって、学びの世界が大きく広がることが期待される。

II-4　魅力ある学習プログラムをつくる

　「社会教育調査」（平成14年度中間報告）によれば、全国の教育委員会・公民館だけでも約5万件以上の、いわゆる「講座」が企画・実施されている。こうした講座にインターネットやITを効果的に活用することで、学習者にとって魅力ある学習プログラムを企画・実施することができる。
　インターネット等による遠隔学習は学習機会の拡充や新しい学習方法・形態の実現化など最も大きな変化を生涯学習にもたらそうとしているが、本稿では公民館等で実際に行われる講座を中心にその活用の視点について解説する。

1　「講座」の前後にインターネットを活用する

　一般に公民館等で行われる講座は数日程度の日程で、ある学習課題について講義等を中心に目的的に構成されている。講座に参加する学習者の事前学習や参加意欲の喚起、講座での学習後に触発された学習ニーズやその後の活動を支援するためにインターネットを効果的に活用できる。あるいは何カ月にもわたって継続的に行われる講座では、次の講座までのフォローアップもできる（こうしたことは学習支援の視点からも重要であったが、アナログ的に対応するには手間や人手が多くかかり、十分な対応が難しかった）。同時にこれは、実際に実施する講座自体の魅力や学習効果を高めたり、一過性で終わりがちな学習をその後の学習の活性化へ結びつけることができる。青少年を対象とした事例では愛知県扶桑町教育委員会（http://bishi.no-ip.com/~fusokodomo/）の「そば打ち体験講座」（種蒔きから刈り取り、そば打ち、試食まで）がある。子どもたちが自分で種蒔きをした「そば」の成長の様子を定期的にデジタルカメラで撮影、ホームページにアップすることで、遠隔地からもそばの成長の様子を確認でき、次の講座（直接体験）への興味をかきたてた。
　こうした発想を取り入れることにより講座完結主義ではなく、参加前の準備、講座での学習（体験）、参加後のフォローアップといった一連の活動全体を視野に入れたプログラム化ができるようになる。たとえば、青少年には直接体験の意義を重視して参加後のフォローアップを大切にしようとか、成人には参加者の知識や意識を共通にするために講座に関する事前準備の情報提供や事前学習など、実際の講座との役割分担を図ることで弾力的な講座企画が期待できる。

■**子ども放送局**
　独立行政法人国立オリンピック記念青少年総合センターが行うエル・ネットを活用した子どもたち向けの体験活動番組。平成15年度からは番組コンテンツをインターネット放送する事業も開始。

2　「講座」自体を「面白い」ものにする

(1)　参加型の学習プロジェクト

　実際に実施する講座等の中で積極的にITの活用を図り、学習体験を面白くすることができる。ここでいっているのは講義者がパソコン等を使ってビジュアルにわかりやすい講義を行うといった教育方法・技術の弾力化のことではない。今のケータイやデジタルカメラ、パソコンやインターネットを使って様々な学習を行うことができる。かつて「カメラ＝万年筆」（ゴダール）という言葉があったが、ITは「個」のメディアとして、学習者が主体的に学習を進める際の、重要な道具となる。

　たとえば、最近、ボランティア等の協力を得て地域の様々な文化・伝承について調べ、デジタル化する取組みが進んでいるが、学習者がデジカメ等を使って気軽にこうしたプロジェクトに参加することができるようになった。この取組みでは地域文化の保存・継承という目的が第一にあるが、学習者にとっては「地域学」について識者の講義を聞くような座学よりも学習の意味を実感できる「参加型の学習プロジェクト」となっている。千葉県館山市では市民の参加・協力による「ふるさと百科　たてやま大事典」づくりを進めている（http://furusato.awa.jp/）。この事業では地域学講座としての「ふるさと講座」を中心にデジタル化ボランティアの養成や地域史に関する取材方法に関する講座も併せて行っている。「デジタルアーカイブ」を起点に実際の講座やネット上での作業などを目的的にリンクすることで拡がりのある学習プロジェクトが展開され、その結果個々の講座自体の目的もより明確になり活性化することとなる。

(2)　ネット上のコンテンツを活用する

　ネット上で入手ができるコンテンツはその内容・形態等実に多様である。その中には教材や学習利用を直接意図したコンテンツもあるが、重要なのはそれをどう講座に活用するかという企画者の発想だろう。エル・ネットで毎週放送されている体験情報番組である「子ども放送局」（http://cs.kodomo.nyc.go.jp/index2.html）は従来的な意味でいえば単なるテレビ番組にしかすぎない。この番組を公民館に来館する子どもたちの漫然とした視聴にまかせるか、一つのコンテンツとしてどう活用するかを考えるかでその後の展開が違ってくる。神奈川県秦野市立北公民館では「子ども放送局」の工作・ものづくり番組（「チャレンジ教室」）の放送時に併せて講座を開設し、東京のスタジオと一緒になって工作等に取り組んでいる。うまくいかないことや疑問に思ったことは即、ファックスやメールで連絡するとすぐ講師が教えてくれる。新しい体験に敏感な子どもたちには好評で、

公民館活動の活性化につながっている(同公民館は平成15年度優良公民館として表彰された)。また、北海道千歳市では実際の講座での子どもたちの指導を担当する「子ども活動支援ボランティア」が活躍している。同ボランティアは子ども放送局の録画素材を活用した出前講座も行っている。同じエル・ネットによる「オープンカレッジ」(Ⅳ-1参照) も同様である。高度で専門的な学習コンテンツから何ができるかを発想することも大切ではないだろうか。メディア、特に今日のITは「人」に利用の枠を固定的に提供するものではないし、「人」の関与によって利用形態やメディア自体も変化していく（たとえば、ここ数年の「ケータイ文化」）。規模の小さな市町村や公民館単独でネットによる学習サービスに取り組むことがなかなか難しいとき、このようなネットワークコンテンツを柔軟な発想で活用することも有効だろう。

3　生涯学習での「IT 講座」の意味

　上記のことが効果的に展開されるためには、学習者自身がITについて基本的なことを知り、ある程度使えることが当然必要となるが、加えてITによる学習を面白がれる環境をどう作っていくかが重要となる。現在、地域では「IT講座」の取組みが進んでいるが、ポスト「IT講習」として単にコンピュータを使えるようになるための知識・技術の段階から、ITでどのような学習の世界が拡がるかを具体的に見せ実感できる講座を企画することが重要となる。ネットショッピングやオークションの流行をみるまでもなく、何か実際上の目的（潜在的であっても）があって初めて「人」は「飛びつき」一般化する。先述の「参加型の学習プロジェクト」の例のように、学習目的があってその学習が参加者にとって魅力があるとき、ITは学習の「道具」として大いに生かされるはずである。生涯学習の文脈からは「IT講習」はデジタル・デバイドの解消にとどまるものではない。

　このためには、まず講座の企画者である社会教育主事等がITを面白がり、その活用に意欲的であってほしい。「IT講習」が終わったからといってパソコンを倉庫にしまっていては何の意味もない。

　（なお、事例編で紹介する「PushCorn」は、誰もが自由に簡単に使える学習のためのデジタルツールだが、このように「道具」から何ができるかを中心に講座を企画する方向も重要な視点であろう）。

II-5 「学習者」のネットワークをつくる

1 知的活動としてのコミュニケーションの難しさ

　インターネットは膨大な情報が日々生成・消費される情報ネットワークであると同時に、「人」と「人」をつなぐコミュニケーション・メディアである。一回で終わるコミュニケーションもあれば、(不)特定多数が自由に情報交換するネットコミュニティといわれる「場」もある。インターネットが普及し出した当初は、学習者がネット上で(既知であるかどうかを問わず)多様な他者とのコミュニケーションを進めることで、自身のアナログ的な行動だけでは把握できない有効な情報や新鮮な知見が得られるとか、ネットに参加する多数者の共同作業によって新しい知的活動が行われるだろうといった予測があったし、行政側からも電子掲示板等の試みが学習サービスとして提供されてきた。

　しかし、現実にはこれまでのところうまく機能している例はあまり聞かれない。そもそも「書き込み」がほとんどないとか、最初だけで後が続かない例が多い(一方、「2ちゃんねる」(http://www.2ch.net/2ch.html) は若い世代を中心とした巨大完全「匿名」電子掲示板（300万人／月のアクセス）であるが、そこにみられるのは他者に対する誹謗中傷・悪口雑言の羅列で、これらのコミュニケーションが知的活動とはとても思えない)。

　ネットによって即時的で双方向のコミュニケーションが可能といっても、直接的なコミュニケーションにある非言語（表情やしぐさ等）的要素が当然捨象される（数回会った程度の知人から親しげなメールを受け取った時の違和感）。実際の知人や友人であれば、ある程度の相互信頼と共通言語（意味の了解）の獲得がなされ、創造的コミュニケーションに結びつきやすいが、別な立場からは「匿名」だから身近な他者には意見表明できないことも可能だという考えもある。いずれにせよ、インターネットが提供するコミュニケーション手段を使ってどのように振る舞えばよいか、どのように「コミュニケーション文化」として定着するかは未だ途上にある。

2 情緒的つながりを強めるコミュニケーション

　インターネットによる新しいコミュニケーションには、直接的な他者との接触を減少させ人間関係を希薄化するという指摘とともに、むしろ人間関係を緊密化・濃密化するという指摘がある。当初は前者に対する危惧が大きかったが、実際には家族や友人・知人といった親和的な関係をより強

める傾向がみて取れる。本来他者とのコミュニケーションに積極的な者の方がネットによるコミュニケーションにも積極的という指摘もある。

また、筆者や同輩の経験からいえば「かえるコール」ならぬ「かえるメール」をせっせと打っている。また高校生の「ケータイ」はおしゃべりからメールにあっという間になった。こうしたお互いの情緒的なつながりを確認し強めることを目的（強く意識はされていないが）としたコミュニケーションもネットで行われている。

ネットは既存のアナログ・ネットワークを代替するものではない。むしろその関係を強めるものであり、ハード等の情報インフラとともにこのようなアナログ・ネットワークが、ネット上で創造的なコミュニケーションを成立させる拠り所となると考えることができる。

たとえば「人と人というのは、デジタル・ネットワークでつながることによって、顔を合わせなくてもいい社会をつくるわけではありません。そうしたネットワークがあることで人と人とがよりアナログ的に会話ができるようになって、楽しい関係や助け合いの関係を築けるようになる」[1]という地域NPOの代表者の発言が端的に示すように、リアルなネットワークがまずあって、それを補完し活性化するものとしてインターネットがあるともいえる。

3　学習者のネットワークをつくるということ

結局、デジタル・ネットワークを中心に考えるか、現実の学習者のネットワークを活性化させることを目的とするか、どちらに重心を置くかで当初の取組みが違ってくる。ネットワーク自体が動き出せば、どちらに軸足があるかはあまり意味がなくなる。両者の相乗効果によって学習者のネットワークが自律的に成長し始める。

(1)　ネットコミュニティを保証する条件

前者の試みがある程度成功するためには、関心領域や知的バックボーンが共有されていること、参加者に互いに自分の持っている情報の積極的な発信やネットコミュニティの充実発展に関する能動的態度・意識が担保されることが最低必要であろう。これらの条件を相互確認するためにネットコミュニティを会員制とすることも考えられる。会員制にすることで、「見知らぬ他者」であっても相互の信頼醸成が可能となり、無責任な態度を抑制することもできる。

具体的には公民館で実施する特定の講座の参加者を会員とする取組みが想定できる。講座の内容が専門的で参加者に一定の知識・技術の共通化がみられる場合は取り組みやすいが、「一般成人」が

参加する教養的な講座が多い現状で、どこまで上記のようなことが担保されるかという問題もある。もちろん、情感的交流を中心にこうした会員制サイトを運営することもあるが、その場合は継続的なコミュニケーションを維持していくことが難しい（参加後の２、３回の挨拶程度の「書き込み」で終わり）。

　むしろ、こうした会員制サイトは学校教員や社会教育主事等の指導者の情報交換・資質向上に大きな効果が期待される。ネットのスケールメリットを生かした多角的な情報を得たり、同じ問題を共有する他者と意見交換を行うことも「共通の基盤」があるため円滑にいきやすい（すでにいくつかの事例がある。そうしたサイトに参加してみることも有効である）。

(2) 地域における学習者のネットワーク

　「学習者」をつなぐことを仮想的にネットだけで完結ことは現実には難しいが、別な観点からいえばアナログ・ネットワークがあれば予想を越えた「拡がり」が期待できる（地域NPO代表者の発言）。地域における公民館等のまわりには学習会・グループやお互いに顔馴染みの学習者の集まりといった小さなアナログ・ネットワークが必ずあるだろう。

　こうした学習グループの活動をどう支援していくかはもともと、地域における生涯学習・社会教育の課題の一つだった（社会教育主事に求められる「組織化援助の能力」）。学習グループ等のアナログ・ネットワークにインターネットを掛け合わせることで、新しい動きを作り出すことができる。情感的交流を中心とした講座参加者によるネットは実際の学習活動とリンクするから意味があるし、学習グループの活動状況がネットでの交流の充実に反映される。

　新潟県加茂市公民館では利用団体である学習グループの人々に自分たちのホームページを作ることを提案し、希望者に技術講習会を実施した。各グループがアップしたホームページには「サークル部室」として公民館のサイトからリンクできる。各部室の「賑やかさ」は各グループ参加者相互の親密さや実際の活動の状況如何であることがよくわかる。(http://www.city.kamo.niigata.jp/kominkan/rink.htm)

　なお、こうした取組みがうまくいくためには地域での学習グループの活動がどれだけ「暖まっているか」、より大きな前提としては（行政的表現をすれば）、地域に自律的・主体的な学習者がどれだけ育っているかが重要となる。近年よくいわれる「ワークショップ」とは、「参加者が自ら参加・体験し、グループの相互作用の中で何かを学び合ったり創り出したりする、双方向的な学びと創造のスタイル」で、様々なワークショップに共通する特徴としては「参加」、「体験」、「相互作用」の３つと指摘されている[2]。

「ワークショップ」は学習者が現代的課題等を自らの問題として受け止め、主体的な問題解決を模索する参加型の学習法とされ、学習者の主体性を育む有効な手だてとして注目されているが、地域における学習者のネットワーク（アナログにせよデジタルにせよ）を醸成するための中心的な方法論ともなるだろう。

注
(1) Eジャパン協議会編『eコミュニティが変える日本の未来』 2003年1月　NTT出版　pp.63-64
(2) 中野民夫『ファシリテーション革命』 2003年4月　岩波書店　p.40

参考文献
・新井紀子『ネット上に学びの場を創る』 2003年9月　岩波書店
・荷宮和子『声に出して読めないネット掲示板』 2003年12月　中央公論新社　他

II-6　社会教育指導者の能力を高める

1　社会教育指導者の養成に関する提言

　指導者の能力を高めることは、常に社会教育の課題となっており、社会教育審議会成人教育分科会報告『社会教育主事の養成について』（昭和61年）、生涯学習審議会社会教育分科審議会『社会教育主事、学芸員及び司書の養成、研修等の改善方策について』（平成8年）により、指導者養成の充実が図られてきた。

　それ以前にも、社会教育審議会答申『急激な社会構造の変化に対処する社会教育のあり方について』（昭和46年）で、市町村の社会教育主事には、「社会教育に関する高度の専門的知識・技術」が必要であり、「地域における社会教育計画の立案者および学習の促進者として重要な役割を果たさなければならない。」と提言されている。

　また、生涯学習審議会答申『社会の変化に対応した今後の社会教育行政の在り方について』（平成10年）の中では、「社会教育委員、社会教育主事の機能を強化すること、公民館の専門職員等の能力の向上を図る」ことが必要であるとされ、社会教育主事の新たな役割として「学習活動全般に関する企画・コーディネート機能といった役割をも担うことが期待されている」と提言されるとともに、公民館職員の資質向上のために、「種々の研修機会を利用して専門性のある職員としての資質を向上させていくことが必要である」と述べている。

　平成11年の同答申『学習の成果を幅広く生かす』でも、同様のことが指摘されており、平成12年の同答申『新しい情報通信技術を活用した生涯学習の推進方策について』（平成12年）では、生涯学習行政に携わる職員等の研修を充実し、「幅広い情報リテラシーを身につけることが必要」であると提言された。

　こうした例を引くまでもなく、目まぐるしく変化する社会の中では、社会教育主事などの社会教育指導者が常に知識や技術を更新し、多様化する住民のニーズに応えていくことが必要である。

2　社会教育主事の研修の機会について

　しかし、国立教育政策研究所社会教育実践研究センター（以下、国社研）が行った「社会教育主事の教育的実践力に関する調査研究」（平成13年度）では、社会教育主事の研修の機会が十分とは言えない現状が明らかにされている。

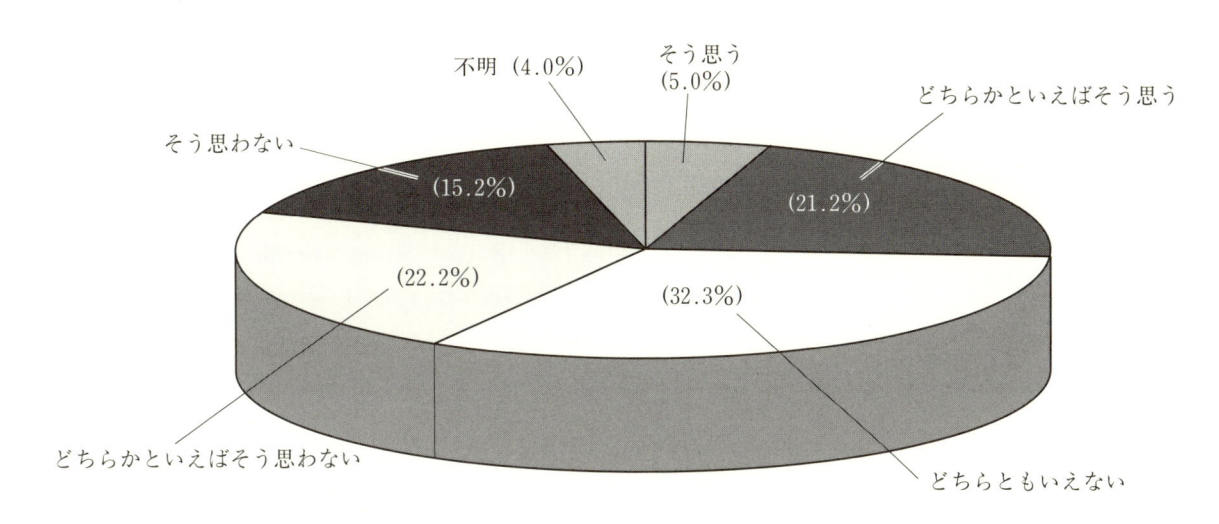

Ⅱ　インターネットによる教育・学習の可能性

「社会教育主事の教育的実践力に関する調査研究」2001　国立教育政策研究所社会教育実践研究センター

図Ⅱ-6-1　社会教育主事には研修の機会が十分確保されている

　調査の結果では、社会教育主事の研修の機会は、図Ⅱ-6-1のように、十分とはいえないという否定的回答が肯定的回答を10ポイント以上上回っており、社会教育主事は、研修機会が十分確保されていないと考えていることがわかる。

　研修旅費についても、厳しい予算削減の中で他の事務的経費と同様に一律にシーリングの対象となっている場合もある。このため、研修派遣人数を減らしたり、派遣回数を減らすなどの措置をとらざるを得ないという実態がある。

　こうしたことから、国社研では、これまで、様々な研修ツールを開発してきたが、現在は特に遠隔研修の開発に努めている。以下にビデオ教材の開発やエル・ネットを用いて全国に発信している事業、現在開発しているeラーニング・システムによる社会教育研修プログラムについて述べることとしたい。

3　ビデオ教材

　ビデオ教材については、次のようなものを作成している。

⑴「学習プログラムの立案」（VHS　30分　平成13年度製作）
　学習プログラムとは何かということから、個別事業計画（学習プログラム）立案までの流れを、わかりやすくドラマ形式で解説している。

⑵「始めよう！通学合宿　－いしかり・子ども宿の活動－」（VHS　28分　平成14年度製作）
　「通学合宿事業」を企画立案するための担当者の研修資料や、「通学合宿事業」の参加者、協力者への説明資料として活用できる。
　上記の2本とも、全国の都道府県教育委員会や生涯学習センター等に配布されており、視聴でき

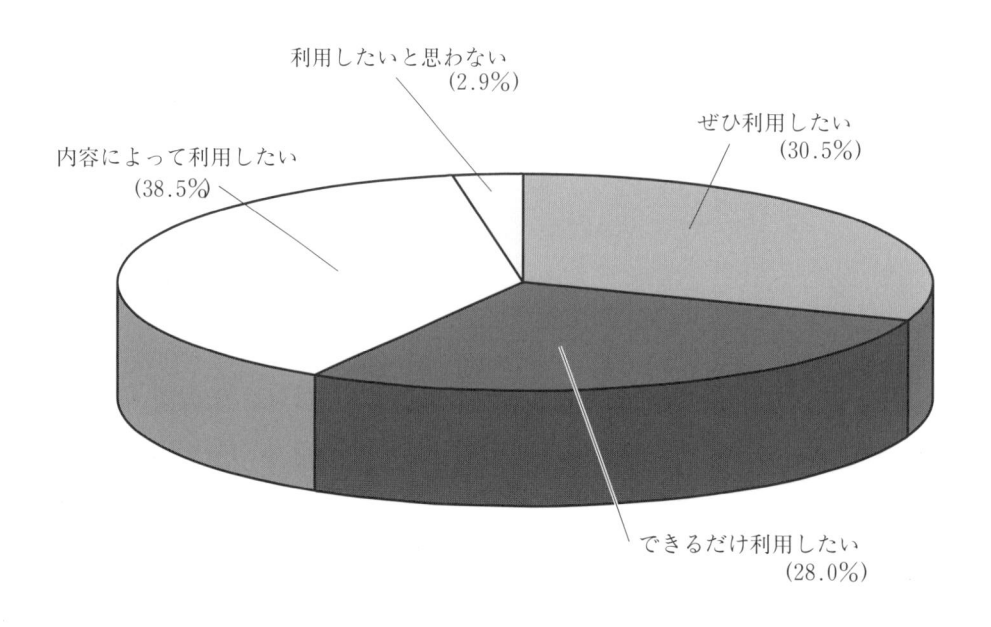

利用したいと思わない (2.9%)
内容によって利用したい (38.5%)
ぜひ利用したい (30.5%)
できるだけ利用したい (28.0%)

図 II-6-2　eラーニングの利用希望（n=276）

るようになっている。

4　エル・ネットによる社会教育研修番組等の配信

　国社研では下記のような番組をエル・ネットで配信しており、全国の社会教育施設、学校等約2,200か所のエル・ネット受信局で視聴することができる。

(1) 社会教育主事講習など

　国社研で実施している研究セミナー、文部科学省との共催で実施している図書館司書専門講座、博物館職員講習などの社会教育指導者養成講座の主な講義について、エル・ネットで放送するとともに、文部科学省の委嘱により実施している「社会教育主事講習B」については、「生涯学習概論」（30時間）、「社会教育計画」（30時間）、「社会教育特講」（45時間）の講義をすべて放送している。

(2) 社会教育情報番組「社研の窓」

　社会教育では実践事例などが参考になることも多いので、国社研では全国の特色ある実践事例の紹介、国社研の講座・セミナーや調査研究の成果等の最新情報などを、エル・ネットで毎週水曜日午後2時15分から15分間程度放送している。

5　eラーニングによる社会教育研修プログラム

　これからはeラーニングによる研修も日常化すると考えられるので、国社研でもその開発に着手した。

Ⅱ　インターネットによる教育・学習の可能性

```
学習プログラムの企画立案   199
学習情報提供、学習相談    161
社会教育計画の立案       128
社会教育調査の方法       111
その他             6
```

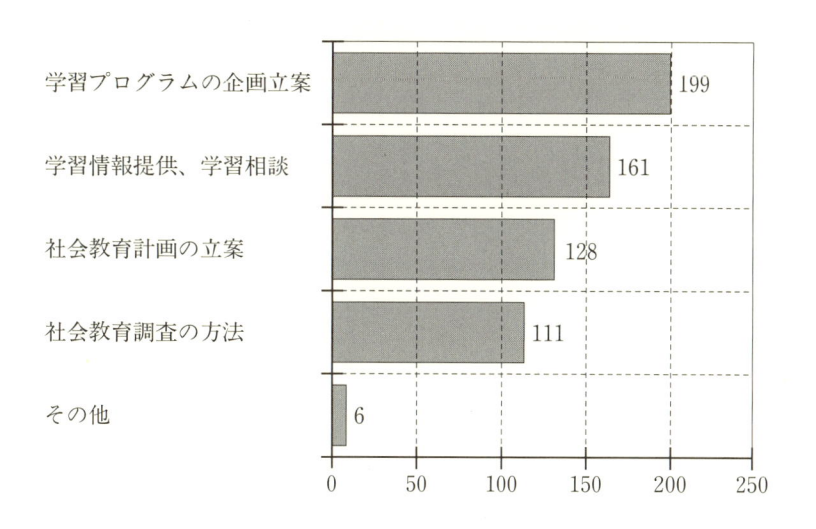

図Ⅱ-6-3　希望する内容(複数回答)

(1) 研究開発の経過

　国社研では、都道府県や市町村の社会教育指導者の知識・技能・技術を向上させることを目的に、平成15年度から、「遠隔社会教育研修・学習支援に関する調査研究委員会」を設置して、都道府県や市町村の社会教育担当者が遠隔地や在宅での学習・研修を可能にする、WBT(Web Based Training)による社会教育研修プログラムの開発をスタートさせた。

　それに先立ち、岐阜県と北海道の社会教育主事等の関係職員276名を対象に、プレ調査を行ったところ、ｅラーニングによる社会教育研修に対する関心は、非常に高いものであることがわかった。

　まず、ｅラーニングによる社会教育研修の利用希望について聞いたところ、約97％の人が何らかの形で利用を希望した。（図Ⅱ-6-2）

　また、どんな研修内容を希望するかについては、「学習プログラムの企画立案」が最も多く、「学習情報提供、学習相談」「社会教育計画の立案」の順となっている。（図Ⅱ-6-3）

　このため、国社研では、平成15年度のテーマを「学習プログラムの企画立案」として、ｅラーニング用の研修プログラムの開発を進めることとしたのである。

(2) プログラムの概要

　平成15年度に研究開発を行った「学習プログラムの企画立案」研修教材の概要は、次表のようになっている。

1 開発プログラム名	CD-ROM 版「学習プログラムの企画立案」
2 対象者	社会教育主事等の社会教育指導者
3 教材コンテンツ	動画と音声による講義（約90分）を CD-ROM 内に格納。①研修ガイダンス、②研修編「企画立案の基本を学ぶ」、③特別講義編「企画立案のプロセスを学ぶ」、④資料編、など。
4 学習管理機能	ログイン・アウト、自己評価チェック、受講状況確認などの管理を LMS サーバで行う。
5 受講者サポート機能	メールを利用して課題の添削指導を行う。

　これは、CD-ROM を見ながらインターネットで質疑やレポート作成の相談を行う仕組みであり、いずれはすべてをインターネットで行えるようにすることを目指している。
　今後、このeラーニングによる社会教育研修プログラムの試作をもとに、様々なプログラムを開発していく予定である。

6　国社研ホームページによる情報提供

　上記の他に、国社研のホームページには、調査研究報告書、生涯学習・社会教育事例集、研修用資料などを掲載しており、ダウンロードして活用することができる。
　http://www.nier.go.jp/homepage/syakai/index.htm

Q&A

Q5 現在、大学・企業などでどのようなeラーニングが行われているか？

A5 平成13年頃からADSL回線や光ファイバーによるインターネット・ブロードバンド環境が都市部より整備されはじめ、eラーニングという言葉とともに、これまで衛星通信やテレビ会議システムによる講義の配信をストリーミング[1]という技術を使ってインターネット上でやってしまおうという動きがでてきました。インターネットが高速化する以前からも文字や静止画をベースとしたeラーニングは大学研究機関や企業において実践されていました。たとえばWebCT[2]といったWBT開発ツールにより、通常のビジネスソフトを使うような感覚でeラーニング教材を作成できるようになってきました。

現在では、それらの開発ツールが進化し、動画も扱えるようになっています。たとえば、講師がカメラとマイクのついたパソコンの前にすわり、開発ツールの録画ボタンを押し、プレゼンテーションソフトを起動する。そしてプレゼンテーション画面にそって説明をし、最後に開発ツールの終了ボタンを押せば、数分後にはプレゼンテーション画面と、講師の動画像、解説音声がリンクしたファイルが完成します。これをインターネットに接続された配信用のコンピュータに登録すればよいというものです。これらの開発ツールにはテスト作成や課題提示、受講生の管理などの機能も付加されています。このシステムの最大のメリットはシステムを導入してしまえばコストがあまりかからないということです。しかし、こうしたeラーニング・システムが大学や企業で成功しているとしても、それをそのまま公民館のインターネット講座に導入できるかというと、まだまだ手探りの状況であると言わざるを得ません。やはり公民館では学習グループの活性化を主眼としたインターネットの活用を第一に考えるべきでしょう。

注
[1] ストリーミング：配信用のコンピュータに登録されたデジタル動画を、インターネットを通じて送信し、パソコン上で視聴できる技術。
[2] WebCT：カナダのブリティッシュコロンビア大学で開発されたWBTシステム。インターネット上で安価に提供されており、カナダおよびヨーロッパの大学など、非常に多くの高等教育機関等で使われている。
WebCT社ホームページ（英語）　http://www.webct.com/

Q6 学校教育との連携・融合にITはどう活用できるのか？

A6 学校は、「開かれた学校」として地域との連携を深めようとしています。施設設備、指導者など、学校には魅力的な資産がたくさんあります。学校教室を使ったパソコン教室も各地で開かれていますが、学校管理の面から簡単に教室が使えるわけではなく、教員も多忙なことから、まず学校との協力関係を築く条件整備が必要です。管理面での交渉や条件整備を先に進めた上で、学校にとっても魅力的な計画を立てます。公民館や学校で行われるパソコン教室は、学校の先生にとっても地域の人々と触れ合うよい機会になると同時に、生徒とは違った指導を行うことから得られるものも多くあります。情報技術は急速に発展していることから、地域の人々に学校の指導のお手伝いしていただく方法もあります。社会教育には、そうしたコーディネートを行うことが求められます。

「総合的な学習の時間」により、子どもたちが地域で学ぶ機会が増えていますが、単発的に行われる施設・職場訪問などが、継続した情報交換につながっていくよう電子メールや電子掲示板などが有効です。まとめたことをホームページで発信し、情報のキャッチボールが進めば、地域への帰属意識が育まれます。総合的な学習は、情報ボランティアにとって活躍の場ともなります。

Q7 デジタル化する学習資源を見つける際の視点は？

A7 学習資源として、図書館、美術館、歴史資料館などの施設の資料や地域資料を始め各種の資料の情報化、学習機会、人物などの情報を総合的に蓄積し、それらを生涯学習で利用するためにデジタル化することが大切です。特に生涯学習において今後充実すべき学習資源として、地域資料のデジタル化があります。この地域資料をデジタル化するときに、毎年大きく変化しながら、流れていく風景を視点にすえた地域の生活を対象としてはどうでしょうか。

ネットワーク社会といわれ、この世には情報があふれているといわれながら、意外に知らないのが自分の生まれ育った地域です。地域にあるさまざまな事物をデジタル化してみることにより、これまでに気付かなかったさまざまなものが、地域情報を通して見えてくるようになります。このような地域素材は、それが多くの人の間で共有できるようになると、地域全体の文化形成、地域文化の未来永劫に渡る継承という、さらに意義深い社会的共有財となります。

このような、地域資料のデジタル化には、地域の人々の参加が必要となってきます。特に、地域の資料収集、情報化には、地域の実情に応じた活動が重要です。この視点に立ち、情報収集にあたり、各機関・関係市町村の担当者や住民から地域の情報提供の協力を受け、また静止画情報のカメラマンとして、地域の人々に積極的に参加していただくことが大切です。

技術編

Ⅲ 「eラーニング」の導入手順とチェックポイント
Ⅳ インターネット活用の発想とさまざまな学習サービス
Ⅴ メディア活用を進めるための基礎知識

III インターネット講座の具体化とチェックポイント

III-1　地域の公民館とインターネット講座

　平成15年に告示された「公民館の設置及び運営に関する基準」（昭和34年基準の全部改正）では、「公民館は、地域の学習拠点として講座等の開設を自ら行うとともに、学校や社会教育施設、NPO等と連携して多様な学習機会の提供に努めること、加えて地域住民の学習活動に資するよう、インターネット等の活用等による学習情報の提供に努める」、となっている（第3条）。また、同基準の告示についての生涯学習政策局長通知では、全部改正の背景として地方分権の推進とともに、「多様化、高度化する学習ニーズや国際化、情報化等の進展に伴う現代的課題への対応」をあげている。一方で生活圏の広域化に伴い、地域の実情に応じて広域的、体系的な学習サービスの充実も期待されている（「社会の変化に対応した今後の社会教育行政の在り方について」（平成10年生涯学習審議会答申）も参照のこと）。

　同告示は各地域の実情に応じた公民館の発展を確保するため、これまでの定量的・画一的な基準を弾力化したとされているが、換言すれば公民館が現在共通して直面している諸課題について提示しているし、また近年の関係答申や施策の中心課題でもあった。これらの要請にどう主体的に応えていくかが、各地域の公民館の役割となる。本稿では地域における今後の学習サービスとIT活用の方向性について公民館を中心に解説する。

1　これまでの取組み

　公民館の講座のほとんどは「一般成人」を対象に数日間のプログラムを編成する「既製品」になりがちで、学習者の多様化・個別化する学習ニーズにきめ細かく対応することが難しい。「学習メニュー方式」（山本恒夫）は地域で行われ受講可能な講座等のプログラムを分割・整理・一覧化するもので、学習者は主体的に最適な学習機会を選択し自分なりの学習プログラムを作成する。学習情報

■生涯大学システム
　文部省が中心となって平成7年度より進められた地域（都道府県単位）における広域学習ネットワーク事業のプロジェクト名。「地域における生涯大学システムの整備について」（文部省生涯学習政策局、平成10年）。

の提供や学習相談はこの学習プログラムの作成を援助する役割を担う。学習者が自分の学習をカスタマイズするわけである。
　一方、多様化・高度化する学習ニーズや現代的課題の学習支援を地域の一市町村・一公民館単位で十分に行うことには自ずと限界がある。このため、公民館等の学習機会を提供する関係機関・施設の広域的な役割分担と連携協力によって地域全体として、こうした課題に対応することが模索されてきた。一般には市民大学・カレッジ（政策的には「生涯大学システム」）といわれているが、主に県域の大学・学校、公民館等の社会教育施設、民間教育事業等の参加を得て、学習機会の提供、学習情報の提供・学習相談、学習成果の評価・活用支援を含めた「仕組み」を参加機関等が共有することでバーチャルなシステムを立ち上げる広域的な学習サービス網の構想である。機関・施設は他の学習機会との役割分担や連結性を意識して講座等の重点化や連携による学習機会の開発ができ、学習者はこの仕組みのもと自らの学習目的に応じて多様な学習機会の中から最適なものを選択し学習を進めるという具合である。
　この構想は後の「ネットワーク型行政」（平成10年生涯審答申）にもつながった。これからの公民館の在り方を考えるとき、館単独の発想ではなく地域全体の中でどのような役割を担い、他の関係機関・施設との連携による学習サービスをどう拡充するかが重要となる。
　ネットワーク社会の特性は端的に「自律・分散・参加」といわれ、生涯大学システムやネットワーク型行政の発想に相通じる。ITによってどう地域の学習サービスの仕組みをつくるか、これまでの取組みを踏まえ構想化することが課題となる。

2　公民館と「eラーニング」

　一見すると公民館基準ではインターネット等のITは「学習情報の提供」に活用せよといっているように思われるが、インターネットを活用した遠隔講座や教材としてのデジタルコンテンツなど、「多様な学習機会」の一つにITが提供する学習が大きな位置を占めつつある。特にeラーニングは、遠隔地の学習機会と学習者がネットワークで結ばれることで、時間的・地理的制約なしに効率的・効果的に学習を進めることができる。これまで広域的な学習といっても実際には学習者が物理的に行くことのできる「地域」内でという前提があったが、今後は同じテーマの講座を受けるなら遠隔地からのeラーニング講座を受けた方がよいという選択にもなる。
　それでは、こうしたeラーニングが社会に定着すれば公民館等の講座は必要なくなるのだろうか。学習者の選択の結果として公民館等の講座に参加が少なくなることはあっても事前の論理としては

あまり意味がない。eラーニングは一般には一定の知識・技術の習得に適していると言われているが、公民館等が提供する講座の内容がそれと同質・同系統のものであれば代替されてしまうかもしれない（現在、eラーニングで行われているのは企業研修は別として大学教育や資格取得講座など専門的な学習領域が中心となっている）。

公民館等の講座は方法・形態としては「集合学習」である。「集合学習」は知識・技術の習得を越えて参加者である学習者の相互啓発・情報交換、その後の継続的な学習や社会参加への意欲とパートナーシップの醸成など個人学習にはないメリットがある。この「集合学習」の意義を再度認識する必要があるだろう。もちろん、ネット上でも「仮想的に」集合学習の形態を採用することは可能であるが、別稿でも再三指摘されているように「見知らぬ他者」とのコミュニケーションは実際にはなかなか機能しない。

これからの公民館にはネット上で提供される学習機会との役割分担と連携を図りながら、自ら企画する講座の重点化や座学中心ではない方法論の検討が必要であるとともに、一方で「集合学習」、実際に学習者が公民館に集まる意味を重視した取組みを進めることが期待される。

3　「インターネット講座」の目指すもの

1では地域における学習サービス網の考え方とIT活用、2ではeラーニング時代における公民館の役割と「集合学習」の今日的な意義について解説した。

本章で紹介する「インターネット講座」は、これらの課題に対応し地域における学習コミュニティを形成する実践である。地域におけるネットによる学習と実際に集まる「集合学習」の意義を融合させるもので、eラーニングが個人学習中心の発想とするなら、インターネット講座は地域全体の学習の活性化にその目的がある。

従来の考えではインターネット等のITは時間的・地理的制約を越えることに大きなメリットがあり利便性や効率性が強調されたが、インターネット講座は実際に学習者相互が会うことのできる地域で実践され、地域における学習者のネットワークづくりを支援する。学習者をつなぐことはネットだけではなかなか難しく、アナログ的な関係が実は重要である（Ⅱ－5参照）。

富山県の「インターネット市民塾」は基本的に県域を対象とした仕組みである。講座の企画者も受講者も県民である。ネットで学習するだけではなく、実際に講師、受講者が集うオフラインの学習がある。人と人がネット上でつながり、実際に会うことで「気持ち」を共有し仲間として一緒に次の学習に取り組む。これらの連鎖の結果が学習コミュニティの形成に大きな役割を果たしている。

III インターネット講座の具体化とチェックポイント

富山県の例のように広域的な展開だから可能なのではない。(複数の)市町村や公民館においてもこの仕組みは有効だろう。本章では様々なノウハウが披瀝される。是非参考にしてほしい。

Ⅲ-2　インターネット講座の類型と基本的な考え方

　インターネットは、市民の生涯学習を大きく促進させる可能性を持っている。ブロードバンド等の通信インフラの飛躍的な向上や、インターネット利用の普及により、学習活動を行っている市民や講師の間にも、インターネットの利用が広がっている。このような状況の中で、大学や民間教育事業者によるｅラーニングだけでなく、地域の公民館等における事業の一部に取り入れて、学習講座を開催することは、地域の中で大いに期待されるところである。

　地域の生涯学習講座にインターネットを活用することとしては、学習機会の提供のほか、受講者による交流、発表なども考えられる。これらのインターネットを活用した学習講座を、「インターネット講座」として捉えることにする。

　市民が学ぶ生涯学習講座には、さまざまなテーマや学習方法がある。講座の類型毎に学習の特徴を整理し、従来の学習方法の課題やインターネット利用の可能性を考えてみよう。

　検討にあたっては、趣味性の強いものや逆に実用性の高いものといったテーマ面での差だけではなく、学習者の参加のあり方（受動的に講義を受けているのか、それとも、積極的に発表していっているのか等）の違い、さらには、既存のメディアを利用しての生涯学習活動との関係についても検討していく必要があろう。こうした「利用のされ方」のバラエティを考えた上で、インターネットを効果的に活用することが大切である。

1　学習テーマからみた類型

　学習者の生涯学習への関わり方としては、純粋に興味を持っている／面白いから参加する、といったレベルから、家庭生活／職業生活のために役立つ知識や技能を身につけたいという実用面でのニーズ、あるいは、人生／地域コミュニティなどが直面している課題に対して何らかの対応をしていきたいという思いなど、様々なパターンが存在している。

　こうした学習者の生涯学習への関わりの違いに基づいて、各学習のテーマをおおまかに以下のように分類してみる。

- ●趣味・教養系

　　各人の興味／知的好奇心を満足させるもの。自然科学／人文科学／社会科学その他一般教養に関する講座、芸術・文化関係の座学や実習、郷土の社会や歴史に関わる講座、各種の趣味に関わる講座など。

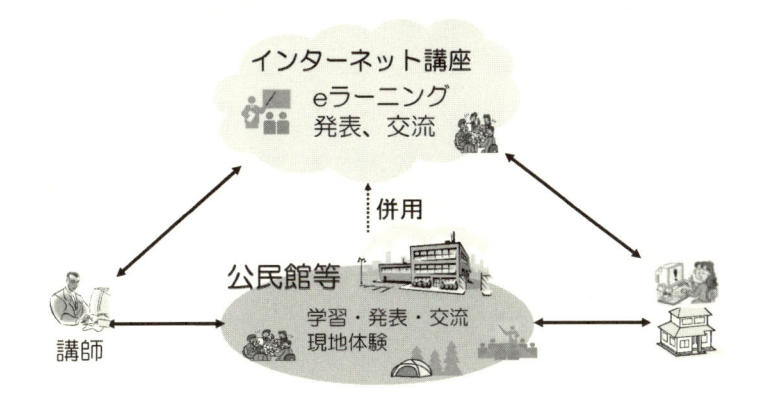

III インターネット講座の具体化とチェックポイント

図III-2-1 インターネットを活用した学習講座

- ●実用系
    何らかの技能や資格の習得を目標とするもの。生活上の知識（消費生活、安全、子育て、介護、福祉その他）、語学、職業教育／リカレント教育、情報リテラシー（パソコンやインターネットその他）、資格取得（簿記、栄養士、ケア・マネージャー、不動産鑑定士、スポーツ・インストラクター、情報関係その他）など。
- ●課題解決系
    個人、地域、社会の抱えている課題解決に役立てるもの。生き方に関する各種の講座やワークショップ、地域・まちづくり、人権・男女共同参画問題、福祉・介護、ボランティア・NPO・NGO、環境・リサイクル・安全、その他の社会問題。

これらの類型ごとにみた学習の特徴と課題、その中でのインターネット活用の可能性を整理してみると、表III-2-1のようになる。

2 学習者の参加のあり方からみた類型

学習講座のスタイルでは、講師が一方的に知識を伝達するという講演会的なものから、学習者側でさまざまな演習等をするもの、あるいは、学習者が逆にイニシアティブをとって、さまざまな活動を行い、レポートを発表していくものなど、多様なパターンが考えられる。こうしたパターンを大まかに整理してみると、以下のようになる。
- ●講義型
    講師による講義、解説が中心で、受講者の参加は、多少の質疑応答程度に限られるパターン。
- ●演習型
    講師による講義、解説の後に試験や実習が行われ、その評価（試験、添削等）の過程に大きなウエイトが置かれるパターン。実用系の講座に多くみられる。
- ●ワーク型
    学習者による各種の発表等が中心となり、講師はナビゲーター／コーディネイターとして位

表 III-2-1　類型ごとにみた学習の特徴と課題

(趣味・教養系)

学習の特徴	集合学習中心の学習形態における課題	インターネットの活用の可能性
・興味の視点が多様 ・各人の興味の度合いが異なる ・参加者によっては、テーマそのものより、同じテーマのグループ活動に意味を持つ場合がある	・講師と学習者のコミュニケーションが重要な役割を持つ ・一人一人のレベルやペースに応じた個別指導に限界がある ・学習者の興味・意欲を継続させるため、集合時以外にも何らかのコミュニケーションが望まれる ・各人の興味が優先するため、必ずしも集合での学習を望まない場合もある	・講師と受講者、受講者間のコミュニケーションを図るメディアとして期待できる ・時間、場所を選ばず、思い立ったときに、いつでも学習を始めることができる

(実用系)

学習の特徴	集合学習中心の学習形態における課題	インターネットの活用の可能性
・学習の目標が明確 ・学習の実効性が問題となる ・知識やノウハウをきちんと身につけられるプロセスが重要	・多人数での開催の場合、一人一人の進度に応じた個別指導が難しい ・学習の継続のために、講師や仲間の励ましが重要	・講師からの個別指導、受講者間のコミュニケーションを図るメディアとして期待できる ・自分のペースで、繰り返し学習することが可能となる

(課題解決系)

学習の特徴	集合学習中心の学習形態における課題	インターネットの活用の可能性
・求める課題解決に対して、学習テーマが選択される ・最初は学習テーマが明確でない場合もある ・ほかの参加者の発言により触発を受けるなど、グループによる学習が内容を深めることが多い	・組織・集団の立場や、上下関係により、発言や質問を行いにくいことがある ・講座参加者以外に多様なネットワークを柔軟に組んでいくことが難しい	・組織や立場を超えてフラットな参加がみられるインターネットの特性を生かすことができる ・テーマに応じた専門家や幅広い参加者による柔軟な学習を実現できる可能性を持っている

置づけられるパターン。
- ●実地体験型

　スポーツ、アウトドア、工芸・美術・音楽など、学習者が実地にやる活動が主となり、座学のウエイトが低いパターン。

これらの類型ごとに、既存の集合講座中心の生涯学習のあり方との整合性を整理してみると、表Ⅲ-2-2のようになる。

3　生涯学習へのインターネットの応用のあり方

　インターネットの持つ情報伝達性は、どこにいても、学習コンテンツの配信を受けることができ、しかも放送メディアと違って、いつでも、必要な時に、学習者のペースで、何回でも利用することができる（オンデマンド）特徴を持っている。同時に双方向メディアであることから、講座の進行や学習コンテンツに、学習者も参加することが可能となる。

　さらに、電子メールに象徴されるように、インターネットは、極めて便利なコミュニケーションの手段であり、一対一から複数対複数まで、また、電話のようなリアルタイムでのやりとりから、手紙やファックスのような非リアルタイムなやりとり、放送のような一斉配信など、多様な形でコミュニケーションをサポートすることができる。

　こうしたインターネットの特徴は、さまざまな面で学習活動をサポートしていく可能性を持っている。

　まず、学習者からみたインターネットの応用効果を以下のように挙げることができる。

- ●学習機会が拡大

　インターネットを通じて在宅での受講が可能となり、時間／距離面での制約がなくなることで、今まで学習ニーズを持っていたにも関わらず、参加ができなかった者も参加できるようになる。

　また、「思い立った時に」すぐに学習が可能になるという点も、インターネットでの在宅学習の大きなメリットの一つである。

表Ⅲ-2-2　集合学習中心の学習形態のメリット・デメリットおよびインターネット活用の可能性

講　義　型	○会場で一堂に会して行うため、受け身的なものであっても、ある程度、学習者の集中力の維持が期待できる ×会場に集合することが前提であるため、時間・距離的に参加が限定されてしまう 　→時間、距離、定員等の制約を受けない遠隔学習への活用が期待できる 　　受け手の状況に応じて、コミュニケーションが可能となる
演　習　型	○会場で一堂に会して行うことにより、緊張感を持続できると共に、ある程度の個別指導が可能 ×学習者一人一人が自分のペースで演習をこなしていくことが難しい 　完全な個別指導が難しい 　→一人一人のペースによって個別学習することにインターネットの活用が期待できる
ワ　ー　ク　型	○対面での交流をもとに、意識づけ、共同作業などを行っていくことが可能 ×教室に場が限定されてしまうため、発表、ディスカッション、交流、各種の連携活動などの機会が限定される 　→離れた場所にいながら幅広い人が柔軟に参加し、コミュニケーションをとって協調学習を行なうなどの可能性を持っている 　　課題や成果をネットワーク上で共有し、学習を進めることができる
実地体験型	○実際に会場に集合することによって多種多様な実習、実地体験が可能 ×実地体験に伴うレクチャー（座学）では、講義型と同様に、時間・距離的に参加が限定される 　→自宅などで事前学習したり、学習者の交流・ディスカッションを行なうことで、現地での学習を深めることが期待できる 　　事後のまとめや交流の継続に役立てることができる

III　インターネット講座の具体化とチェックポイント

● 自習活動のサポート
　編集・加工等が容易なデジタル化された教材を使うことにより、学習者個人での自習活動(演習問題の実施／モデルを使ったシミュレーションなど、デスクトップでの実験活動／各種の演習やオリジナルのノートづくり／レポート作成など)が、より効果的かつ魅力的なものとなる。

● 各人の能力に合わせた学習進度の設定
　個々の学習者が能力にあわせて学習を進めることが可能となる。
　次々と新たな課題に挑んでいくことも、同じ課題を十分に理解できたと納得できるまで何度でも繰り返すことも、他の学習者の状況に左右されずに、やることが可能となる。

● 講師／学習者間のコミュニケーションのサポート
　リアルタイム／ノン・リアルタイムの各種の通信手段を用いることによって、質問／回答、意見交換、レポート等の発表、各種試験など、講師／学習者間のコミュニケーションをより密接に行うことができる。

● 学習者相互のコミュニケーションのサポート
　学習者相互をネットワークで結ぶことにより、各人が発表し、コメントしあうワークショップ形式の学習が容易になると同時に、学習意欲の向上・持続に欠かせない学習者相互の交流を深めることができる。

　多くの学習講座にみられる集合学習は、物理的に会場を確保しなければならず、また、講師にとっても、学習者にとっても、時間的な制約が前提となってしまう。他方、マス媒体を利用した場合には、コストが高く、学習プロセスにとって必須な双方向性が確保されないという欠点がつきまとう。この点で、インターネットは、極めて身近なメディアとして、低料金で、しかも生涯学習への新たな参加と、新しい形の事業展開を行なえる可能性を持っており、地域にとっての波及効果も期待できる。

表 III-2-3　従来の講座事業と比較した期待効果（参考）

従来の講座開催	インターネット講座
受講対象者について ○60〜70代に偏りがち ○毎回会場に集まることができない人が多い ○地域内の人に限定せざるを得ない ○会場までの距離に左右される ○会場の広さに合わせ、20〜30名の定員とすることが多い （過不足による調整に苦労する）	●30〜50代の働き盛り、子育て中の市民が受講できる 　☆これまで参加が少なかった学習者層を発掘できる 　☆新しい学習者層を対象とした新しいテーマの講座を開催することができる 　☆スクーリングが必要な場合でも回数を少なくできる ●地域出身の人や縁のある県内外の人も受講できる ●広く県内外の人へも受講を開くことができる 　☆地域にちなんだテーマで広くPRすることに役立つ ●定員は少数から100人以上まで柔軟に対応できる 　☆施設の制約を受けない
講師について ○遠距離から毎回足を運んで頂くことは難しい （回数を限定せざるを得ない） ○柔軟なテーマで講師を探すことが難しい	●地域の働き盛りの人も講師の対象とすることができる 　☆市民の学びあいを促進 ●広く県内外の講師も対象とすることができる 　☆幅広いテーマで開催することができる ●経験豊富なシニアが行動の制約を超えて講師となる 　☆社会活動の新たな方法、生きがいづくりに役立てる
波及効果について ○IT講習の受講者には、具体的な活用機会を得ないままの人が多い ○貴重な伝統、文化を伝える人が高齢化し、次の世代を担う人に伝える機会が少なくなりつつある	●IT時代に対応した生涯学習の推進に最適 　☆ITを学ぶ、ITを活用して学ぶ、ITを活用して教える ●県内外へ地域をPRすることに役立ち、観光、滞在の増や、まちおこしの契機として期待できる ●IT活用、市民の情報発信を促進する 　☆IT講習のフォローアップとして役立てる ●地域の歴史、文化等の無形資産をデジタルコンテンツとして蓄積し、学校教育や社会教育で役立てる 　☆学校教育の中でも活用が期待できる

III-3 インターネット講座導入の考え方

1 既存の学習方法との連携

インターネット講座の導入方法としては、すべての学習をネットを通じた在宅学習にすることだけではなく、集合学習（実際に会場に集まっての座学や演習、実習）との組み合わせも考えることができる。実習や実地体験が必要なテーマはもちろんのこと、座学が中心のものであっても、講師や他の学習者とのフェイス・トゥ・フェイスでの接触は、学習意欲の向上・持続に大きな力を持つ。また、会場での講座だけでなく、放送など他の媒体との併用も考えられる。集合講座のメリット、インターネット活用のメリットの両者を考慮し、既存の学習方法と組み合わせていくことが、よりよい学習環境を確立するうえで重要な点である。この意味からも、既に行われている会場での講座や、エル・ネット「オープンカレッジ」などとの連携のあり方は重要なポイントになる。

こうした、既存の学習活動との連携のパターン、及びそのメリットを大まかに整理してみると、以下のように考えることができる。

● 並行開催型

　既存の講座にインターネットからの受講コースを並行して設置するタイプ。

　インターネット講座の受講者は、実習などが必要な場合にのみ、スクーリングを受ける。

　従来の集合講座には参加できなかった層への受講機会の拡大が行えるとともに、集合講座を開催するほどの時間的余裕がない講師も参加が可能となる。

〈学習者のメリット〉
・施設会場へ参加しにくい市民の生涯学習機会の拡大（育児・介護従事者、勤労者など）
・人気の講座の抽選漏れから参加できない申込者への機会提供
・各自の状況に合わせた時間配分、ペースで受講が可能

〈学習関連機関側のメリット〉
・定員（会場の広さ）等の制約を超えた柔軟な開催
・講師が在宅で活動することができ、負担が軽減
・学習コンテンツの利用拡大（再利用）
・費用対効果の大幅な向上

■エル・ネット「オープンカレッジ」
　文部科学省の教育情報衛星通信ネットワークを利用して、全国の大学公開講座を、公民館等の社会教育施設で受講できるもの。平成14年度は、53大学が57講座116講義を提供している。

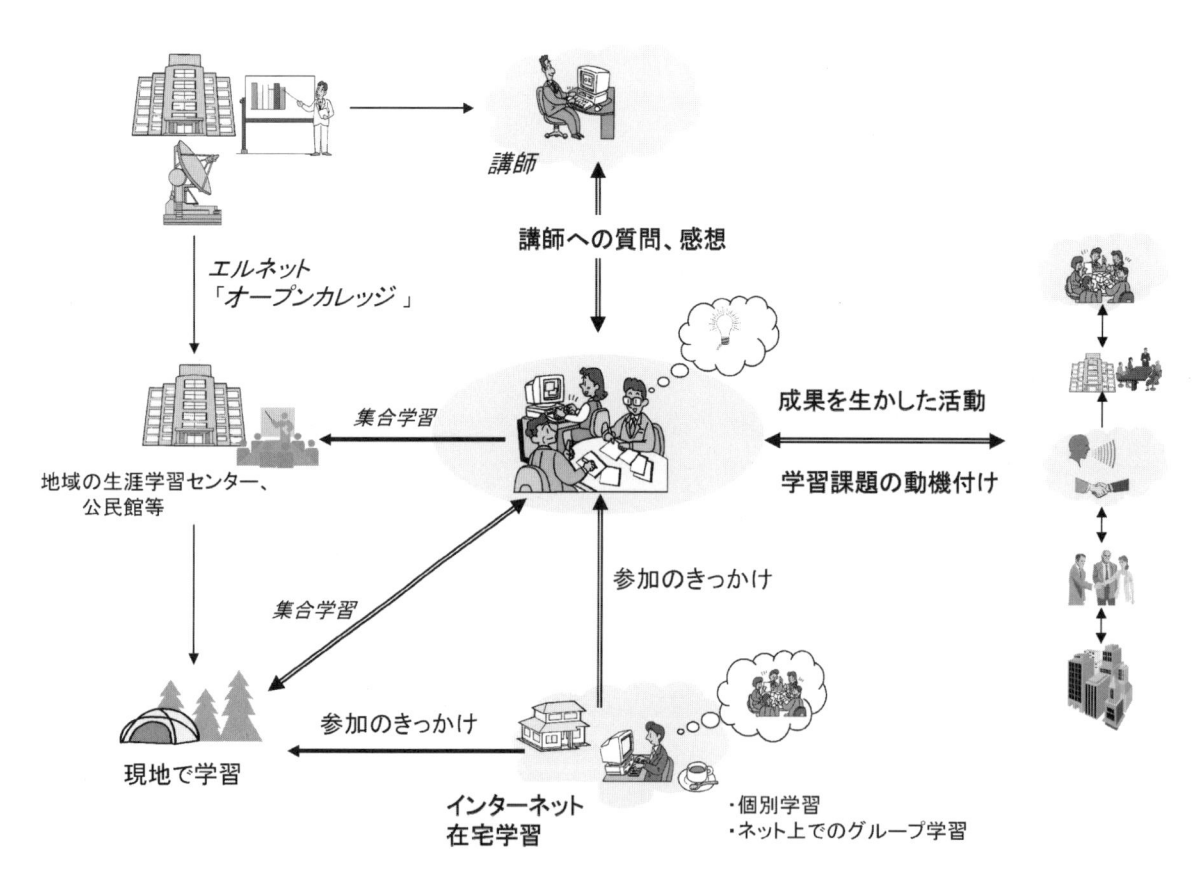

図Ⅲ-3-1　既存の学習方法とインターネット講座との連携

●組合せ開催型
　　　最初の何回かはオフラインでのレクチャーを行い、その後は、インターネット講座による学習を基本としていく。または、現地体験／実習などは集合学習（スクーリング）で、座学部分はインターネットを通じて行っていくタイプ（資料の配布・事前学習、事後レポート提出などは在宅で行い、それ以外はスクーリングで実施するイメージ）。

〈学習者のメリット〉
・参加に制約がある市民の機会拡大
・途中の欠席も在宅でカバーし、以後の受講をスムーズに継続できる
・会場／実地での内容を深めることができる
・ワーク型、演習型の授業を密度高く行うことができる

Ⅲ　インターネット講座の具体化とチェックポイント

図Ⅲ-3-2　並行開催型　　　　　　　　　図Ⅲ-3-3　組合せ開催型

〈学習関連機関側のメリット〉
・講師が在宅で学習者の質問やレポートに対応することができ、負担が軽減
・会場利用の効率化など、費用対効果の向上に寄与する

　●ネットコミュニティ型
　　オフラインでの講座／実習を基本とし、講師と生徒との意見交換、生徒同士の意見交換やコミュニケーションをインターネット上で行うタイプ。学習機関ごと、あるいは、地域全体での学習者相互の交流などにも役立ち、学習活動における「人との出会い」という側面での魅力度アップを狙う。

〈学習者のメリット〉
・ネットを通じて（特定の会場や時間に制約されることなく）様々な人との出会い、交流を楽しむことができる
・上記の交流を通じて、学習意欲の向上を図ることができる

〈学習関連機関側のメリット〉
・講座終了後も、受講者間の交流を継続することにより、施設を拠点とした活動の活発化に繋げられる（友の会組織、ボランティア組織へと育成が可能）。

　●蓄積活用型
　　受講機会の拡大を目途として、施設の集合講座などで行われた講義記録などについて、デジタルコンテンツとして登録し、講義に参加できなかった人がネット上から後で内容を学習できるようにしておくタイプ。

〈学習者のメリット〉
・開講時期にとらわれず、学びたいときにすぐに学習できる
・参加に制約がある市民の機会拡大
・人気講座に時間がある時にあらためてアクセスが可能

〈学習関連機関側のメリット〉
・学習コンテンツの利用拡大（一回限りの集合講座から、いつでも何度でも利用してもらえる形態へ）

ネット上からいつでも受講できる

コンテンツサーバ　　　在宅受講者
講座・学習コン
テンツを蓄積

蓄積活用型

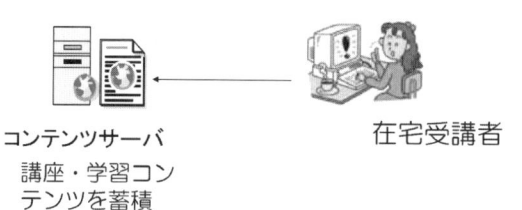

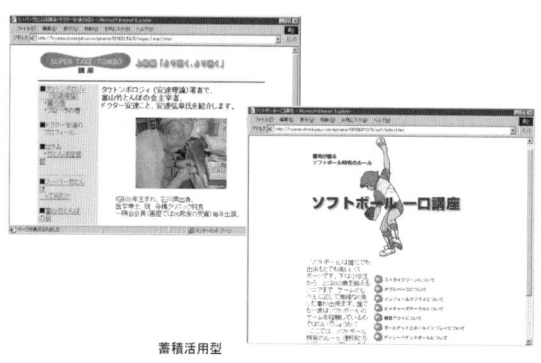

図Ⅲ-3-4　蓄積活用型

ウェブ
テキスト

スクーリング
ミーティング

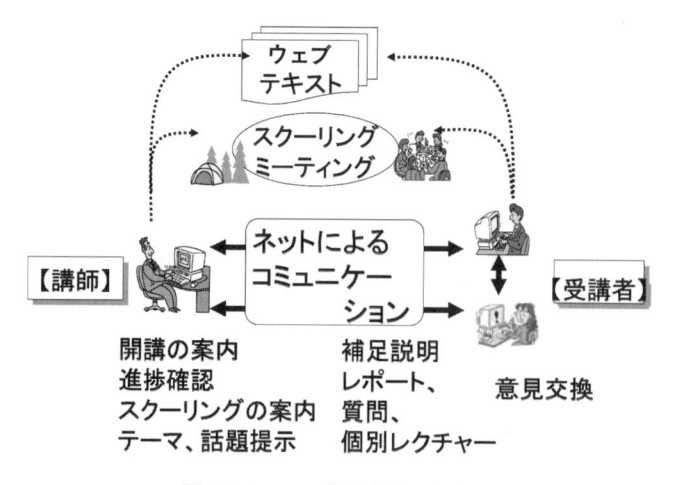

【講師】　ネットによる　【受講者】
　　　　コミュニケー
　　　　ション

開講の案内　　補足説明
進捗確認　　　レポート、　　意見交換
スクーリングの案内　質問、
テーマ、話題提示　個別レクチャー

図Ⅲ-3-5　学習手段の組合せ

2　インターネット講座の課題を考える

　インターネットの利用には、利用者の情報リテラシーを前提とするという課題のほか、学習方法そのものについて、講師と受講者が場を同じくしていないことからくる、留意すべき点がいくつかある。この課題を整理してみると、以下の3点を指摘することができる。

●動機付け／モチベーションの維持
　　実際に教室に集合して講座を行う場合、教室の熱気が伝わり、また、少人数であれば、講師との間にきめ細かなコミュニケーションが生まれることが期待できる。こうした場の雰囲気は、

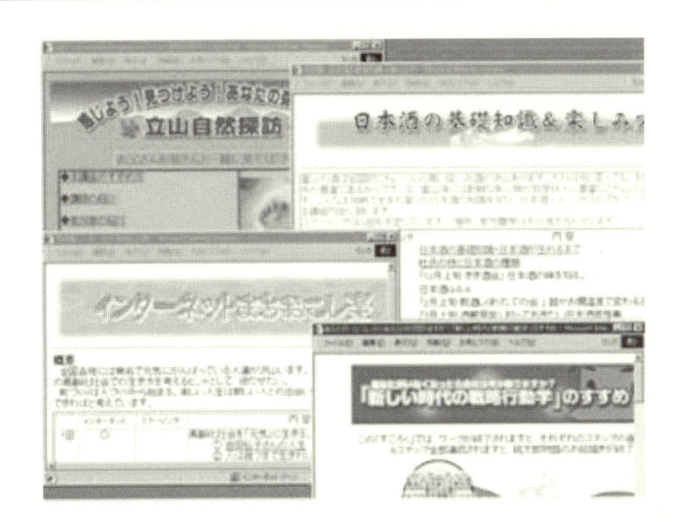

III インターネット講座の具体化とチェックポイント

図III-3-6　インターネット講座集合学習の例

学習者に対するモチベーションを維持し高めるうえで大切である。

　インターネット講座の場合に、どのようにこの「雰囲気」をパソコンのディスプレイを通じて感じさせるかが大きな課題となる。メール、電子会議室、チャット、ホワイトボード機能その他のコミュニケーションツールを利用した密度の濃いやりとりを行い、パソコンの向こうの講師から学んでいるという形を作ることが求められる。

●学習者の動向の把握

　実際に教室で向き合っていれば、講師は学習者の様子をみて、適宜質問を投げかけたり会話することで、学習者の理解の状況を把握することは容易である。この点、インターネット講座の場合は難しくなる。

　学習者の参加状況や進度を、講師側で随時把握していくためのシステムを用意し、個別指導できるようにする必要がある。

●学習者相互の交流

　集合学習の大きな魅力として、教室で出会った受講者の交流が芽生えていくことがある。学習者にとって、モチベーションの維持だけでなく、コミュニティへと発展するきっかけにもなっている。

　インターネット講座においても、学習そのものだけではなく、学習者相互の出会い交流をサポートするコミュニケーションツールの提供が重要となってくる。

　既存の集合学習にはそのメリット／デメリットが、また、インターネット講座についても、また独自のメリット／デメリットが存在する。したがって、インターネットの導入は、今までの放送講座やビデオ講座の導入の場合と同様に、全面的に既存の手法を代替するというのではなく、あくまで組み合わせということになっていく。まずは部分的な利用ということから検討していくことが自然である。具体的には、講座の内容に応じ、座学部分や簡単な演習への応用、資料の配布、集合学習や学習サークル活動での日常的なコミュニケーションなど、インターネットが得意としている部分を既存の講座事業に組み込んでいくということが現実的であろう。

　こうした部分的な導入と合わせて、インターネット講座独自の学習プログラムを検討し、新しい講座開催事業を進めることが考えられる。

　ただし、この場合でも集合学習がなくなるわけではない。インターネット講座のスクーリングとして、さらに活発に展開されていく。

Ⅲ-4　講座の企画・実施の具体的な手順

　地域の公民館等が、実際にインターネット講座を開催する際の仕組みや、開催の手順、従来の講座開催と異なる点、留意点について考えてみよう。解説にあたっては、これまで多くのインターネット講座が開催されている、富山インターネット市民塾の実践例を基にする（富山インターネット市民塾の概要については、［Ⅱ-2］を参照）。

1　インターネット講座の開催イメージ

　まず、インターネット講座の具体的な開催イメージを捉えておく。
　図Ⅲ-4-1の通り、インターネットに接続したサーバに、講師や受講者の情報、学習テキスト（以下、ウェブテキストと呼ぶ）、電子メールや掲示板などの仕組みを持った、インターネット講座を運営するためのシステムを利用して開催することになる（インターネット講座運営システムの具体的な構成等については、Ⅲ-5「学習システムとしての導入の要点」を参照）。
　講座の開催にあたり、ウェブテキストをサーバに登録しておき、受講者はインターネットを通じてアクセスしながら学習する。また、電子掲示板やメーリングリストなどを利用して、講師へ質問を行なったり、受講者による意見交換、交流等を行なう。これらのアクセスやコミュニケーション

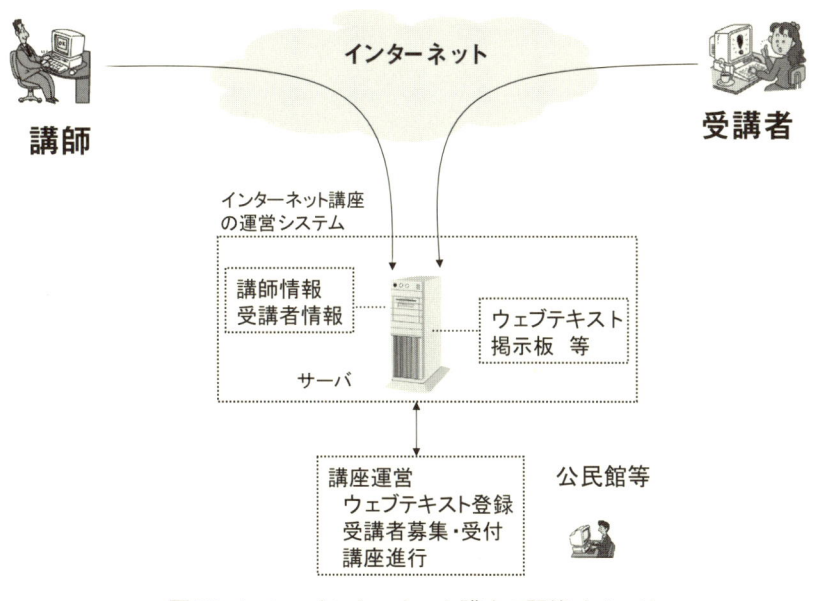

図Ⅲ-4-1　インターネット講座の開催イメージ

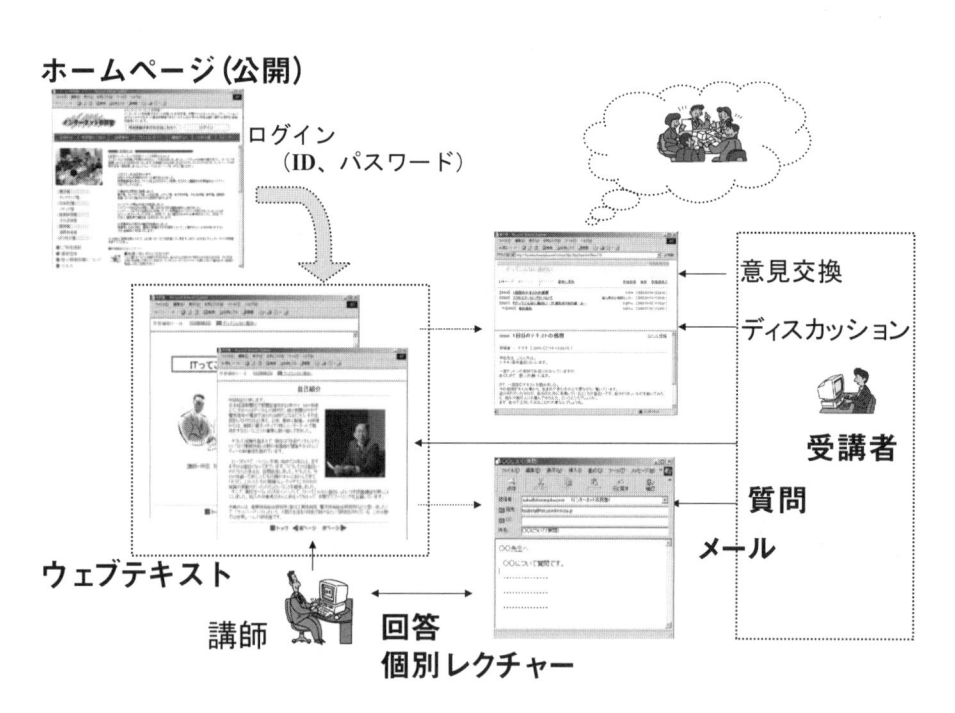

図Ⅲ-4-2　インターネット講座受講の仕組み

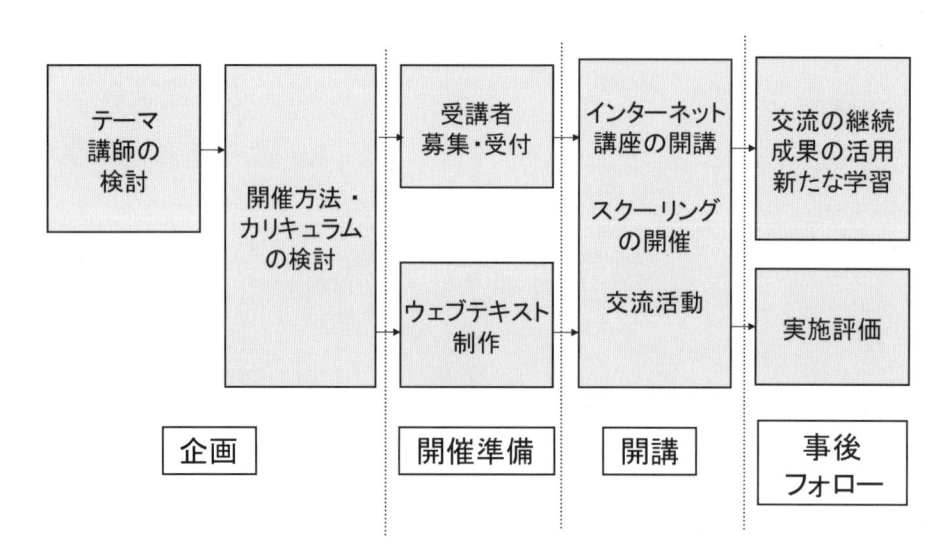

図Ⅲ-4-3　インターネット講座の開催手順

は、不特定多数に開放されることではなく、通常は受講登録された者しかできないように、IDとパスワードで確認される仕組みになっている。施設での集合学習と同様に、インターネットを介しながらも、講師や受講者がはっきりしていることが大切である（自由に利用できる学習コンテンツとして提供されるケースもある）。

インターネット講座開催の手順は、基本的にこれまでの講座事業と同様に、「講座の企画」、「開催準備」、「開講」、「開催後のフォロー」の流れで進めていく（図Ⅲ-4-3）。

2　テーマ、講師の検討

講座開催の企画にあたって、何をねらいとして、だれを対象に、どのようなテーマで開催するか、また、そのテーマにふさわしい講師はだれかなど、講座開催の意義や可能性について検討する点では、これまでと同様である。

その際、インターネット講座を取り入れることで、新しい講座開催の可能性や、既存の講座開催を効果的にできる可能性についてぜひ検討してみたい。

- これまで対象とできなかった、あるいは、参加者を集めることが難しかった世代（子育て中や働き盛りの世代など）に向けた講座など、新しい講座開催の可能性を検討する。
- これまでの開催と組み合わせることで、一人一人の学習目標やペースなど、学習者の参加のあり方を拡大し、開催効果を高めることができる可能性を検討する。
- 遠方などの理由で、これまで依頼することができなかった人を、講師とすることができる可能性を検討する。

一方で、講師や受講者に、IT活用のスキルを求めることについて、配慮が必要であろう。
特に講師を引き受けていただく際には、具体的にどのような作業と、どの程度の負担があるかについて、事前の説明が必要となる。

- 一定期間の継続的な講師……講座開催期間
- ウェブテキストの制作に係る作業……会場での講義資料に相当する部分
- 受講者からの質問、レクチャーの対応……集合講座よりきめ細かな対応が求められる

これらの作業量、負担の度合いは、前述にある講座の類型や、テーマ、学習目標などに大きく依存する。逆に、これまで毎回会場に足を運ぶところを、ネットの学習に代えることで、移動時間や日時を固定した拘束から開放され、負担が軽減する効果が期待できることについても、あわせて講師に説明し理解を得るようにしたい。

　比較的講師の負担を少なくする開催方法として、受講者・講師ともに参加時間を固定せず、それぞれのペースに合わせてネット上の教室に入る「オンデマンド型」が、多くの場合に利用される(同時参加の「リアルタイム型」と比較して)。

　受講者からの質問への対応やレクチャーについても、即座に対応するものではなく、一定時間以内(たとえば2日以内を目安にするなど) に対応することで、負担感が大きく緩和されるであろう。

　講師の依頼にあたっては、ウェブテキストの制作を講師に引き受けていただけるかどうか、以下のような確認をしながら、可能性を検討してみる。

- ウェブページの参照や検索などを利用しているか。
- 電子メールを日常的に利用しているか。
- 自宅や研究室など、比較的多く所在する場所で、インターネットを利用できる状況にあるか。
- ウェブページを自身で制作、または自身のホームページを公開しているか。

　インターネットが広く普及してきたとはいえ、自らホームページを制作している人は、それほど多くない。また、初めてインターネット講座の講師を経験する人がほとんどであろう。ウェブテキスト制作にあたっても、工夫次第で負担感を軽減することができる。

- 講義型の講座では、講師の既存資料を活用したり、スクーリングでの講義を組み合わせることで、ウェブテキストを新たに制作する負担を軽減することができる。
- 地域のITボランティアに参加を求め、ウェブテキスト制作やネット上の進行に協力して進めることが考えられる。
- ワーク型では、少ない分量のウェブテキストで講座をスタートし、課題に取り組む受講者の成果を掲載しながら、適宜解説を加えながら進めることが考えられる。

　インターネット講座として開催している例には、講師自身がITを一切利用せず、講師とITボラ

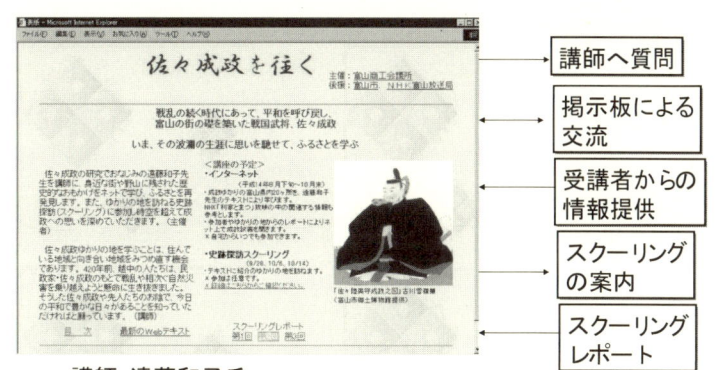

III インターネット講座の具体化とチェックポイント

講師：遠藤和子氏
ウェブテキスト制作、講座進行：ITボランティア（4名）
構成：インターネットによるテキスト学習、スクーリング3回
受講者からのレポート、受講者による交流

図III-4-5　インターネット講座の開催例

ンティアのチームワーク、さらに受講者参加型で効果的な講座を開催している例もみられる（富山インターネット市民塾「佐々成政を往く」平成14年9月開催）。

これらの点を踏まえて、最終的には自身の意向や意欲を確認し、講師の委嘱を行なうことになろう。

3　開催方法とカリキュラムの検討

前述の「類型と基本的な考え方」を参考に、講師を交えて講座の開催方法やカリキュラムの検討を進めていく。

- ●学習方法
  テーマと開催のねらいに応じて、講義型、演習型、ワーク型、実地体験型などの学習方法を決める。
- ●開催方法
  既存の実施事業と合わせて並行開催するケース、施設や実地体験などと関連付けて組み合わせて開催するケースなど、いずれの開催方法とするか、検討する。

また、既存の事業の一環として実施するか、新しい事業として単独で実施するかについても関係する。

さらに、
- ●スクーリングを実施するか、実施する場合、どのような位置づけで実施するか。
  例：意識付け、課題の共通認識、交流、体験など。
- ●演習を行うか／課題を提出させるか。
  学習者の理解を確認する点で有効であり、モチベーションを高めることができる一方、学習者に負担感を与える恐れもある。

表 III-4-1　講義型の講座におけるページ構成の例

インターネット講座企画書

平成　年　月　日

作成者：＿＿＿＿＿＿＿＿＿

連絡先：＿＿＿＿＿＿＿＿＿

講座タイトル			
講座の概要 （35文字＊5行）		開催の動機とねらい （対象）　住民　・　学校　・　県内外	
ふりがな		E-mail	
講師氏名 または団体名		連絡先	
講座主催等	（名称）　　　　　　　　主催・共催・後援等 （名称）　　　　　　　　主催・共催・後援等 （名称）　　　　　　　　主催・共催・後援等	プロフィール（20字＊10行）	

講義日程（案）		インターネット	スクーリング	内　　容
	1			
	2			
	3			
	4			
	5			

定　員	名	受講料（希望）	円

開催方法 （複数選択可）	□テキスト・資料をウェブに掲載 □インターネット講座 　（メール、掲示板等による講師からのレクチャー、参加者との意見交換、交流等） □現地体験（　　　　月頃） □集合学習（　　　　月頃） □関連イベントとの連携・開催（　　　　　　月頃） □その他（　　　　　　　）
ITサポート 利用の意向 （複数選択可）	□講座テキスト作成ソフトの提供（無料） □講座テキスト作成アドバイザー紹介 □講座テキスト制作の委託（有料） □メール、掲示板等の講師アシスタント紹介 その他（　　　　　　　　）
素材の状況	1.デジタルデータ等　　2.ホームページ　　3.その他（　　　　　　　　　　）

Ⅲ　インターネット講座の具体化とチェックポイント

(参考：講座開催例)

「立山自然探訪」
　親子で自然観察を行う学習講座に、インターネット講座を取り入れたケース。
　インターネットで事前学習を行うことで、感動や発見など観察会の内容が深まる。
　また、観察の記録を発表し交流する場をインターネット上に設け、一緒に学んだ子供たちが、当日だけではなく離れていても継続的に交流する機会を提供する。
　　対象：小学生を含む親子
　　講師：ナチュラリスト、富山大学教育学部教授ほか

〈ウェブテキスト〉	〈電子掲示板、電子メール〉	〈スクーリング〉
●第一講 ・オリエンテーション 　講座の進め方 ・立山の自然と自然観察のノウハウを学ぶ（親子で学習）	・参加者の自己紹介 ・自然の不思議についての質問	
●第二講 ・一人一人が課題を見つける素材資料を掲載	・スクーリングの連絡、参加者の確認	・自然観察スクーリング 　立山弥陀ヶ原高原1泊2日 　一人一人がデジカメとメモ帳を使って記録し、夕食後みんなで学ぶ
●第三講 ・ホームページの作り方		・発見したこと、感動したことを、観察記録としてまとめ、ホームページを制作し発信
●第四講 ・参加者のまとめた自然観察記録	・参加者の制作した観察記録をもとに意見交換 ・新たな疑問にはナチュラリストに答えていただく	・学校や地域での発表

「佐々成政を往く」

　地域に点在する史跡をもとにして、ふるさとの歴史を学ぶ講座にインターネットを活用し、地域住民による参加型で開催するケース。

　地元商工会議所が作成したパンフレットをもとに、最初はごく簡単なウェブテキストを掲載し、学習を進めていく中で、参加者から寄せられる史跡の情報を加え、講師の解説とともに共有するもの。

　高齢の講師を、地域のITボランティアが協力してインターネット講座として開催。

　講師：遠藤和子氏（地元の作家、歴史研究家）

〈ウェブテキスト〉	〈電子掲示板、電子メール〉	〈スクーリング〉
●第一講 ・オリエンテーション　講座の進め方 ・佐々成政と時代背景 ・治水・土木事業の偉業	・参加者の自己紹介 ・大河ドラマの中の「佐々成政」（NHKからの情報提供）	
●第二講 ・各地に残る偉業のおもかげ(1) ・参加者の投稿により各地の情報を追加掲載 ・スクーリング参加者による写真、感想の追加	・参加者への情報提供の呼びかけ（地域の史跡、語り部） ・スクーリングの案内 ・Q&A	・史跡、ゆかりの地域を訪問
●第三講 ・各地に残る偉業のおもかげ(2) ・参加者の投稿により各地の情報を追加掲載 ・スクーリング参加者による写真、感想の追加	・参加者への情報提供の呼びかけ（地域の史跡、語り部） ・スクーリングの案内 ・Q&A	・史跡、ゆかりの地域を訪問
●第四講 ・各地に残る偉業のおもかげ(3) ・参加者の投稿により各地の情報を追加掲載 ・スクーリング参加者による写真、感想の追加	・参加者への情報提供の呼びかけ（地域の史跡、語り部） ・スクーリングの案内 ・Q&A	・史跡、ゆかりの地域を訪問
	・各地の参加者による交流	・蓄積されたウェブテキストを資料に、地元市民が案内

Ⅲ インターネット講座の具体化とチェックポイント

●学習者とのコミュニケーションをどの程度行うか。
　テーマや開催のねらい・方法によって大きく変わる。ウェブテキストおよびスクーリングとの比重の置き方によって、補助的手段の場合や、逆に、ウェブテキストを資料程度とし、コミュニケーションを主体に講座を進めるケースもある。
●定員を設けるか／何名にするか。

次に、講座内容とそのカリキュラムを、具体的に詰めていく。
●何回構成にして、何をどう教えていくか。
●カリキュラムごとに学習の内容を割り振る。
●教材、資料の種類を列挙する。
●カリキュラムと教材・資料の種類に応じて、利用メディアの組合せを検討する。
　（ウェブテキスト、CD-ROMや出版物、資料集の送付、放送講座の組合せなど）
●利用機能（画面）を決定する。

これらの企画内容をまとめ、開催関係者の中で再度評価を行い、開催準備へと進めていく。

4　ウェブテキストの制作

　ウェブテキストは、講座のテーマやねらい、学習方法によって、さまざまな目的で活用される。講師から受講者に、テーマに関する知識を教授する一方向的な利用だけでなく、学習者が自らの理解を確認しながら進めることや、学習者の課題解決のための参考資料の提供、参加者の学習成果をまとめ、共有することにも利用される。これらの目的やスクーリング・体験学習、ネット上のコミュニケーションなどとの役割関係によって、ウェブテキストの内容や分量は大きく変わる。
　また、一斉に参加するリアルタイム型の遠隔学習の場合と、自由な時間に個別に参加するオンデマンド型とは、ウェブテキストの役割も変わってくる。
　以降は、オンデマンド型の講座を念頭に説明してく。
　講義型の講座では、従来の集合講座において配布される資料に加え、講師の解説を盛り込んだものを用意することが多い。その場合でも、必ずしもすべてをウェブ上で提供することにこだわる必要はない。出版資料や放送講座を併用したり、印刷資料やCD-ROMの郵送などによって参加者に届けるなど、既存のメディアを組み合わせることが効果的であることが多い。

【ウェブテキストの構成例】

1．講座概要
講座のねらいや概要、受講のすすめ方など、講座全体について説明。

（講座概要）

2．講師紹介
講座を担当する講師の自己紹介のページ。顔写真やイメージ画像など、受講者にとって講師を身近に感じることに役立つ。
この講座への意気込みなど講師からのメッセージも効果的。

（講師紹介）

3．目次
講座のスケジュール（ネット／スクーリング）、講座の進行と内容を確認できるもの。
講義を進めていく毎に、目次から各回のウェブテキストにリンク。

（目次）

4．ウェブテキスト本文
文字による解説と写真や映像を組み合わせ、シンプルな画面構成とする。
一つの解説毎に区切りを設け、長文にならないよう留意する。
途中にコラムなどを入れ、受講者のモチベーションを保つ工夫も有効。
用語解説をまとめて作成し、本文の中からリンクすることも考えられる。

（本文 第1章）

5．確認ページ
ウェブテキストによる解説だけでなく、コミュニケーションを取りながら進行するため、本文の途中や最後にクイズやアンケートのページを組み込む。
アンケート結果は掲示板に掲載し、受講者の参加意識を高めるとともに、ほかの受講者の意見から学ぶことに効果的。

（アンケート クイズ）

6．まとめ
各回のまとめとして、参加者から寄せられた質問・意見などを要約し、さらに学習を深めることに役立てる。

（まとめ 第1章）

III　インターネット講座の具体化とチェックポイント

■テンプレート
　文章やデザインなどの設定済みのパターンをテンプレートと言う。ホームページ作成においては、テンプレートを使用し予め用意されたデザインをもとに、楽に作業を進めることができる。

HP-Maker
インターネット市民塾が開発したウェブ学習テキスト簡易作成ツールです
自己紹介から本文、テスト出題、アンケート表など双方向型コンテンツをテンプレートを使って簡単に作成していきます

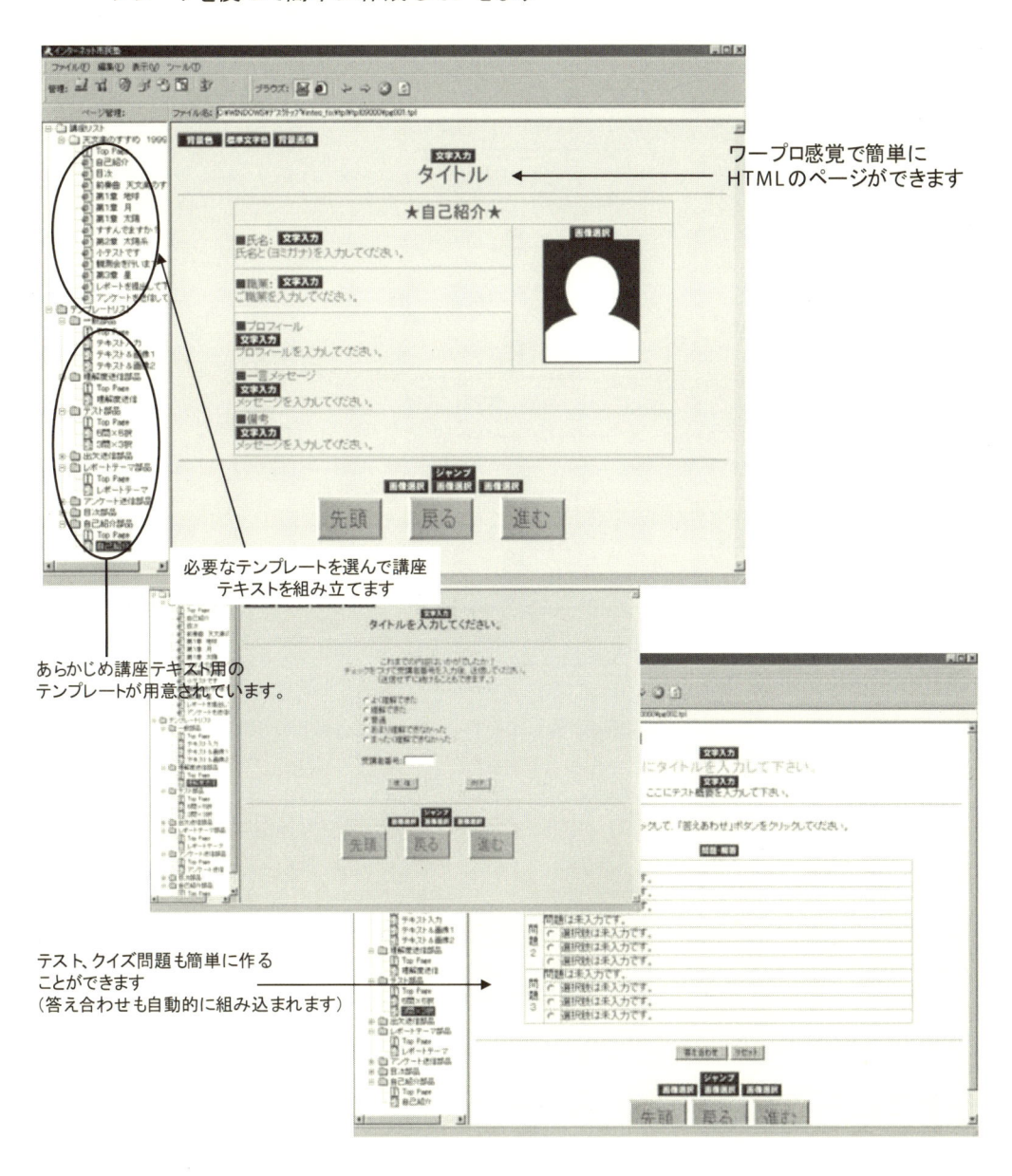

ワープロ感覚で簡単に
HTMLのページができます

必要なテンプレートを選んで講座
テキストを組み立てます

あらかじめ講座テキスト用の
テンプレートが用意されています。

テスト、クイズ問題も簡単に作る
ことができます
（答え合わせも自動的に組み込まれます）

図III-4-6　「ウェブテキスト制作ソフト」例

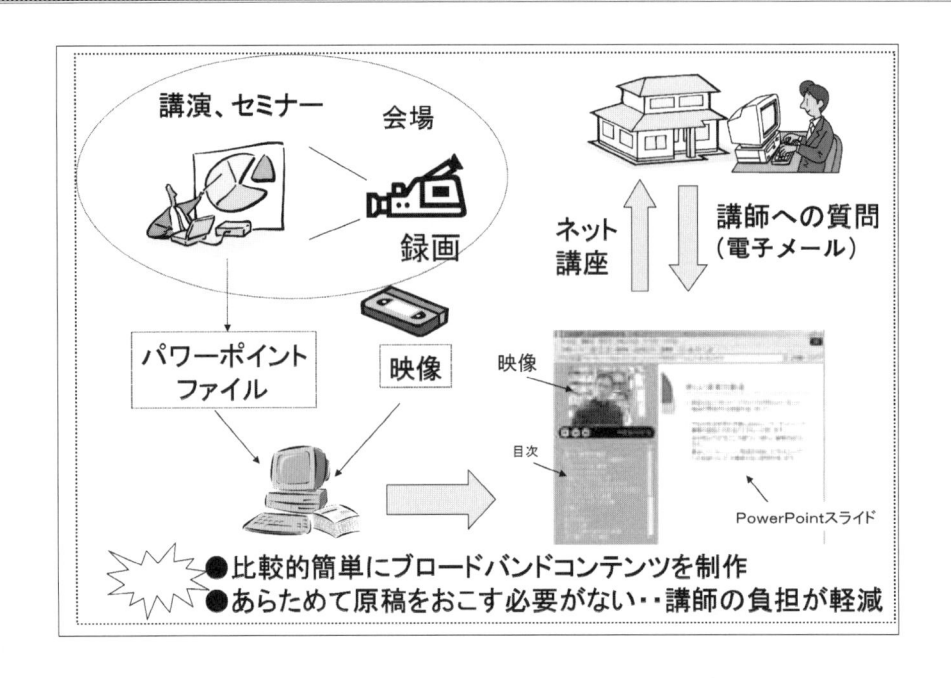

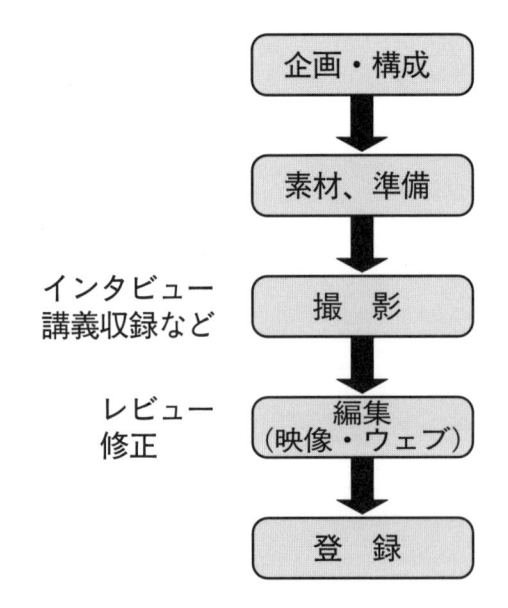

図III-4-7　映像を取り入れたウェブテキストの制作

　インターネットの利用効果を生かした、ウェブテキストの制作が考えられる。インターネット上には、学習テーマに関連してたくさんのウェブページが掲載されており、これらを必要に応じてリンクすることは、効果的なウェブテキスト制作に役立つ。
　ウェブページを制作するために、各ページの種類に応じてデザインしたテンプレートをあらかじめ用意した、「ウェブテキスト制作ソフト」も提供されており、HTMLによるウェブページの制作経験がなくても、簡単に制作することができる。
　近年、情報通信ネットワークが飛躍的に高度化しており、映像を取り入れたブロードバンドコンテンツとすることで、ウェブテキストの文字情報をキーワード程度に大幅に簡略化しながら、わかりやすいものにすることも可能となってきた。

Ⅲ インターネット講座の具体化とチェックポイント

　公民館等で開催している集合講座や講演会を収録しておき、比較的簡単に、インターネット講座のウェブテキストとして、活用することができる状況になっている。

5　受講者の募集、受付等、開催担当の準備

　受講者がインターネットを利用できることを前提としたインターネット講座であることから、受講者の募集にあたっては、インターネットによる受付を利用する。従来の郵送、電話、ファックス等による事務処理に比べて、効率的に進めることができる。
　講座の受講申し込みをする際、インターネットを通じて、講座の内容やレベルを把握できるように、サンプルコンテンツを掲載し、一部を体験できるようにすることが望まれる。

講　師	開催担当
・募集用サンプルコンテンツの制作 　（または原稿作成） ・講座内容についての問い合わせ対応	・募集用ウェブページの掲載 ・受講申し込み受付 ・IDの発行 ・問い合わせへの対応 ・募集締め切り、（抽選）、通知 ・受講料の収受

6　講座の開講と進行

　ウェブテキストが整い、受講者を確定すると、いよいよ講座の開講となる。開講に先立って、講師にはインターネット講座特有の留意点を説明しておく必要がある。
　前述のように、講師と受講者が場を同じくしていないことから、受講者の動機付け／モチベーションの維持を図るために、工夫が必要である。
　そのために、まず、受講者の参加状況、ペースなど、動向を把握しておくことが求められる。
　また、知識修得のための個別自習型の講座を除き、インターネットを介しながらも、受講者は、講師から学ぶ実感を持つことができるように、講師と受講者の間のコミュニケーションが、十分図られるように配慮することが望ましい。また、受講者相互の交流を育てることも、モチベーションの維持に有効である。その方法の一つとして、講師、受講者の全員が同時に利用できる「ホワイト

■ホワイトボード

　電子会議やチャットとともに使われ、キーボードによる文字入力や音声だけでは伝えにくい情報を、ホワイトボードに図を描いていくような感覚で入力する。複数の人々が共同で作業をするような用途に向く。

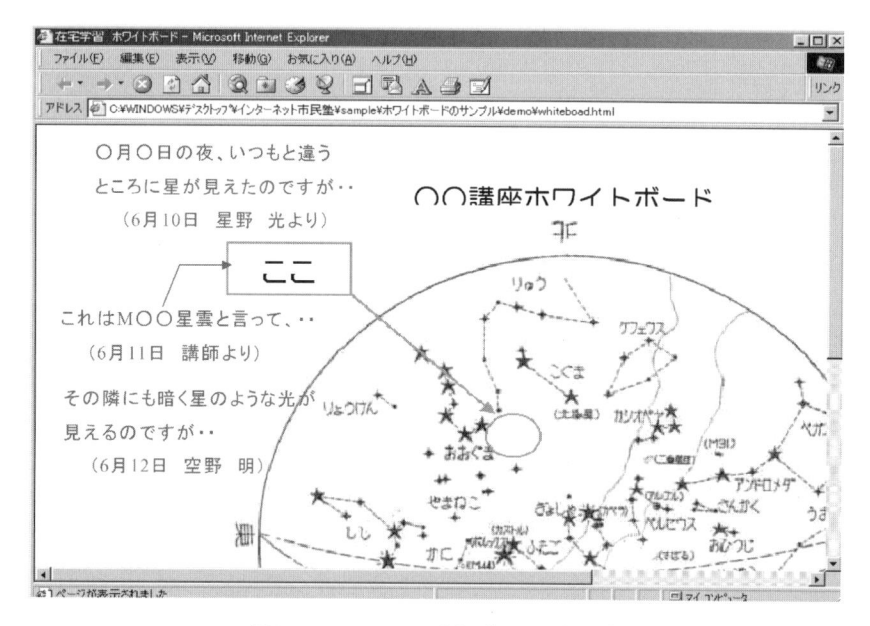

図 III-4-8　ホワイトボードの活用例

図 III-4-9　電子メールの活用例

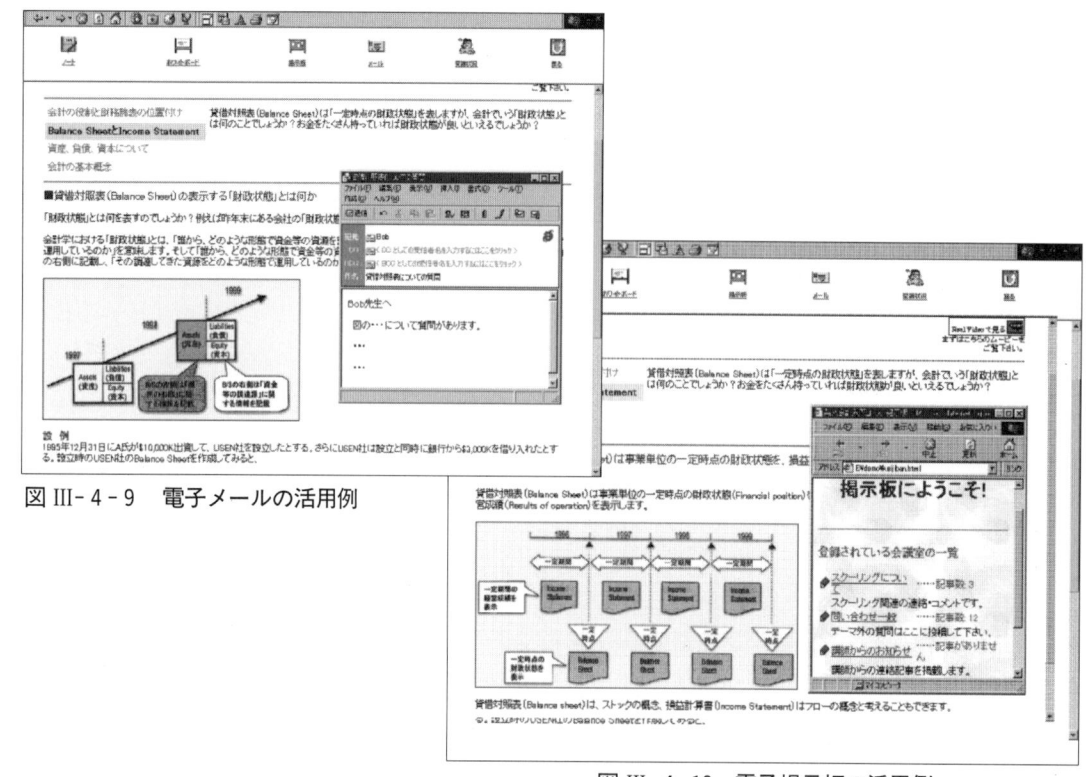

図 III-4-10　電子掲示板の活用例

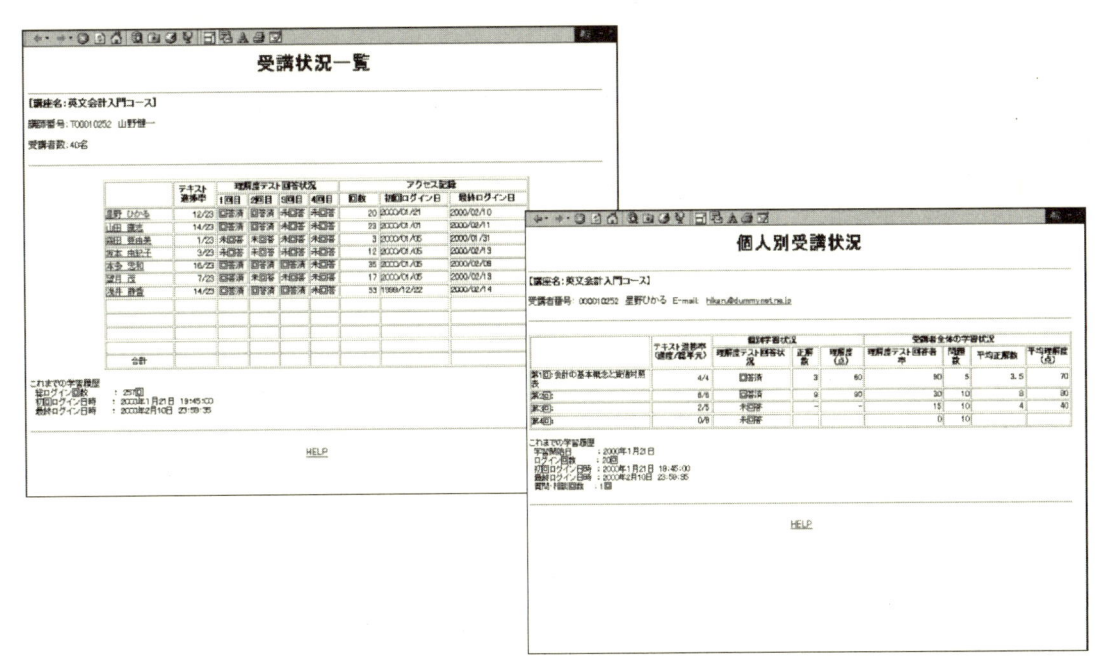

III インターネット講座の具体化とチェックポイント

図III-4-11 受講状況の確認画面例

ボード」を活用している例がある。

　講師と受講者とのコミュニケーションの手段としては、電子メールや電子掲示板などを効果的に活用したい。受講者が必要に応じて、ウェブテキストを見ながら、これらをいつでも利用できる機能を提供している例もある。

　講師は、電子メールや電子掲示板を通じて、受講者の参加状況や学習のペースを把握し、必要に応じて電子掲示板に話題やレクチャーを追加したり、電子メールを通じて個別または一斉に呼びかけを行なう。多くのeラーニング・システムでは、受講者の参加状況を、講師から確認する方法を提供している。講師はこれらを活用して、受講者の参加状況を把握しながら、講座を進めていく。

　講座開催担当は、講師の講座進行の様子や、受講者の参加状況を、随時確認し、必要に応じて講師へアドバイスを行なったり、受講者への案内を行なうなど、支援する役割が望まれる。

講　　師	開催担当
・受講参加者の確認 ・開講の挨拶、受講者への呼びかけ ・各単元毎に、ねらいとまとめを説明 ・講座の進行 ・質問への対応、補足レクチャー ・受講状況の把握 ・スクーリングの実施	・講座の進め方について、講師へ事前説明 ・開講の案内 ・進行状況の把握 ・受講者のフォロー

　これらの講座進行は、インターネット講座では、講師や受講者への案内、連絡等は、メール等を利用して行なうことで、従来の講座開催に比べて効率的な運営を行なうことができる。

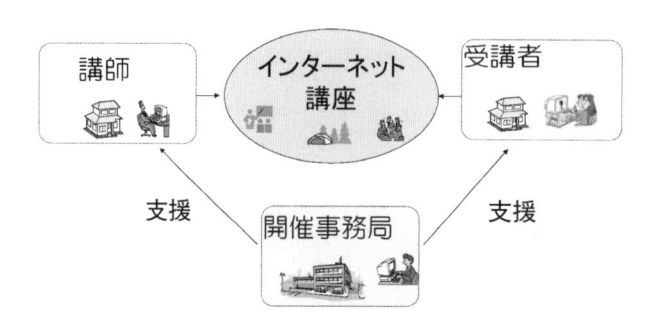

図Ⅲ-4-12　講座開催担当者の役割

7　閉講とフォロー

すべてのカリキュラム工程が終了すると、受講者に閉講の案内を行なう。講座によっては、修了認定を行い修了証を発行する。

講　　師	開催担当
・受講状況の確認 　（修了レポート提出案内、回収、添削） ・閉講の挨拶、今後の展開の案内	・アンケートの実施（講師、受講者） ・事後フォローについての案内 ・講座実施報告の取りまとめ

　インターネット講座では、従来の集合講座と異なり、閉講後もさまざまなフォローを比較的容易に行なうことができる。講座開講期間を通じて一緒に学んできた受講者には、ぜひ交流を継続できる場を提供したい。また、ウェブテキストや、受講者が発表した成果をウェブ上に掲載し、一定期間参照できるようにしておくことで、成果を生かした活動へと発展することも期待でき、公民館等の施設が、その活動の拠点として大いに活用されるであろう。

III-5　学習システムとしての導入の要点

　インターネット講座を実施するために、必要な学習システムについて検討してみよう。
学習システムとして運営するためには、サーバ等のハードウェアネットワーク設備、遠隔学習支援等のソフトウェアシステム、教材、講義映像等のコンテンツ、およびこれらを利用してインターネット講座を運営する運営体制が必要となる。

1　導入のねらいと目的を明確にしよう

　インターネットを利用すると、必ず効果的な講座を開催できるとは限らない。一方、新しい講座を企画しても、働き盛りの世代の参加が少ないなど、これまでなかなか解決できなかった課題に、インターネットの活用が大きな効果をあげている例もみられる。
　解決すべき課題は、それぞれの地域・施設によってさまざま考えられるであろうが、インターネットを活用した学習システムの導入にあたっては、どのような課題に、どこまで、どのように役立てたいか、導入による評価の視点を明確にしておくことが大切である。
（例）
- 学習参加者の偏り・固定化を解消したい。
- 市民の自発的な学習活動とコミュニティを育てたい。
- 趣味・教養の蓄積だけでなく、地域づくりに役立てる学習を促進したい。
- 市民のIT活用を促進し、地域からの情報発信を促進したい。

　さらに、どのような人に、どのようなテーマで、どのような形で参加していただくか、実施する講座のねらい、目的をできるだけ具体的に検討することが望まれる。

2　学習システムに必要な設備等

　eラーニングに代表される遠隔学習システムは、近年、国内外のさまざまな事業者から提供されており、それらのシステムは大まかに以下のような構成に分けることができる。
- サーバ、ネットワークシステム
　　インターネット（またはイントラネット）接続を通じて常時アクセスできるようにする設備。

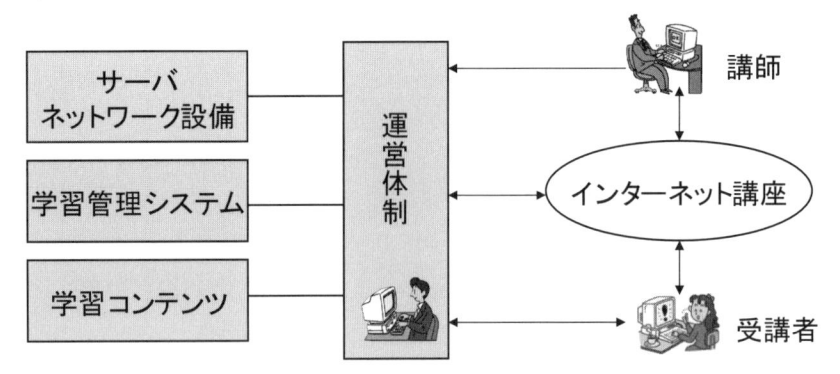

図III-5-1　インターネット講座の運営体制

- 学習管理システム（LMS＝Learning Management System）
  学習者の学習画面を提供し、一人一人の学習状況を記録管理するシステム。
  システムベンダから、さまざまなシステムが提供されている。
- 学習コンテンツ（教材）
  ウェブテキストや講義映像などを収録・編集したもの。
  コンテンツベンダから、既成の汎用的な学習コースを提供している。
  システムベンダからセットで提供している例もある。
  学習管理システムと関連付けて制作されたコンテンツは、単独では利用できなかったり、異なる学習管理システムの上では利用できないケースもあるので注意が必要である。

このほかに、講師と受講者を映像通信回線で結び、遠隔講義を行なうために、テレビ会議システムなどを利用するものもある。

これらのシステムは、多くは企業などの導入を対象とし、その組織内の人材育成を目的としたものが多くみられ、1種類のコンテンツで比較的多くの受講者を対象とし、また、継続的に活用する中で、導入の費用対効果が得られる考え方となっている。

地域の公民館等において、事業の一部にインターネット講座を取り入れる場合は、これらのシステムを大がかりに導入することなく、簡易な方法で実施することも検討したい。

たとえば、特に専用の学習システムを導入することなく、施設の既存のホームページサーバにウェブテキストを掲載しておき、電子メールによって講座を実施するなど、簡易な方法でインターネット講座を開催することも考えられる。

一方で、不特定多数の市民を対象に、インターネット講座を運営することになるために、次の点を留意して検討する必要がある。

- 運営支援システム
  施設の開催担当者を支援するシステムである。講座の募集から受講申し込みの受付、受講料の案内・収受の処理、開講から閉講までの講師や受講者への案内など、学習管理システムでは考慮されていない、各種の業務処理を、効率的に進めるためのシステムが望まれる。

Ⅲ　インターネット講座の具体化とチェックポイント

■**ベンダ** vendor
ソフトウェアやハードウェアなどの製品やコンテンツの制作・提供などを行うメーカーや販売会社、代理店を指す。

●セキュリティ管理
　不特定多数の受講者の申し込み情報を扱うため、情報の漏洩や外部からの侵入防止に十分配慮する必要がある。

また、企業の人材教育と異なり、テーマや学習参加のあり方、担当する講師が多様であることや、ウェブテキストだけでなく、講師によるコミュニケーションを重視した学習方法も大切であることから、

●講師支援機能
　ネットを通じていろいろな場所から講師を担当していただくことが考えられることから、講師がいつでも、どこからでも講座の進行ができるよう、支援する機能が望まれる。

●コンテンツ制作支援機能
　ITスキル学習や資格取得講座など、汎用性の高い講座は既成の学習コンテンツを活用することが考えられるが、地域の市民を対象とした学習テーマは多様である。インターネット講座を開催するにあたって、独自に学習コンテンツを制作することが必要となる。コンテンツ制作に、特別な仕様やスキルを求めることなく、できるだけ労力とコストをかけずに制作できる支援機能が望まれる。

学習システムの導入方法としては、いくつかのケースが考えられる。
●システム設備を新たに単独で導入
●施設や関連機関にある既存のサーバシステムに組み込んで導入
●専門事業者の提供する、学習システムのレンタル・サービスを利用
　サーバシステムや学習管理システム、学習コンテンツを蓄積するファイルなどを一式利用することができる。

設備の設置環境の確保や、管理にあたる技術者の確保に追われることなく、遠隔から単独で導入したシステムと同じように利用できるサービスがある。

多くの公民館等の施設では、限られた予算と体制の中で、工夫しながら事業を進めている。その中で、学習システムの導入にあたっても、「必要なときに、必要なだけ利用できる」レンタルなど、少ない費用で効果的に活用できる検討が必要であろう。講座や実施期間が限られる場合、これらの

ことも検討したい。

3　運営体制

　インターネット講座の運営担当者は、開催を企画し全体を推進する事務局的な役割を担うとともに、学習システムを利用して、ウェブテキストを登録・管理したり、受講者の受付・管理などを行なう。学習システムによっては、これらの処理をほとんど画面上から簡単に行なうことができ、特別なスキルや経験は必要ない。ただし、独自に学習システムを導入している場合は、技術的な管理も担うことになり、専門の研修を受けることが必要な場合も考えられる。
　コンテンツの著作権に関するチェックや、開催中に掲示板等で参加者の不適切な発言がないか確認するなど、複数の人によるチェック体制を持つことが望まれる。
　また、ウェブテキストの制作や講座の進行に協力する、ITボランティアの参加が、運営の支援力となることが大いに期待できるので、これらの育成と運営への参加について、積極的にすすめたい。

4　導入のステップ

　インターネット講座の導入にあたっては、段階的に進めていくことが考えられる。最初は既存の事業に部分的に導入し、導入効果を確認するとともに、運営の流れを確立していく。その場合でも、講座内容を単にウェブページや講義映像に置き換え、一方的に受講者に提供することは避けたい。集合学習など既存の方法と組み合わせ方や、講師と学習のきめ細かなコミュニケーションによる学習など、インターネットの利点を生かした検討と試行が大切である。それらの試行期間を経て、徐々に利用を拡大していくことが望ましい。

III インターネット講座の具体化とチェックポイント

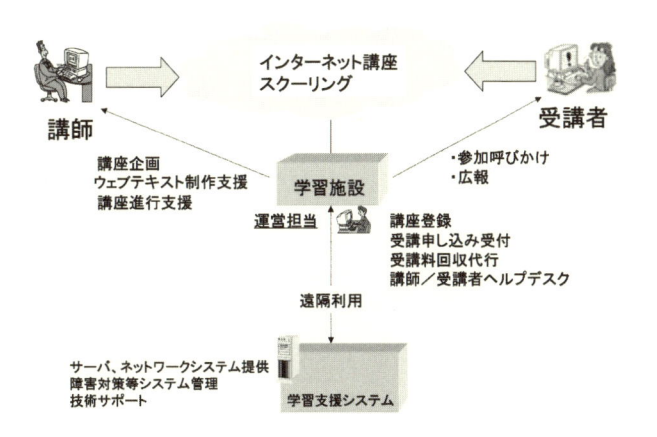

図III-5-2 インターネット講座の学習システム

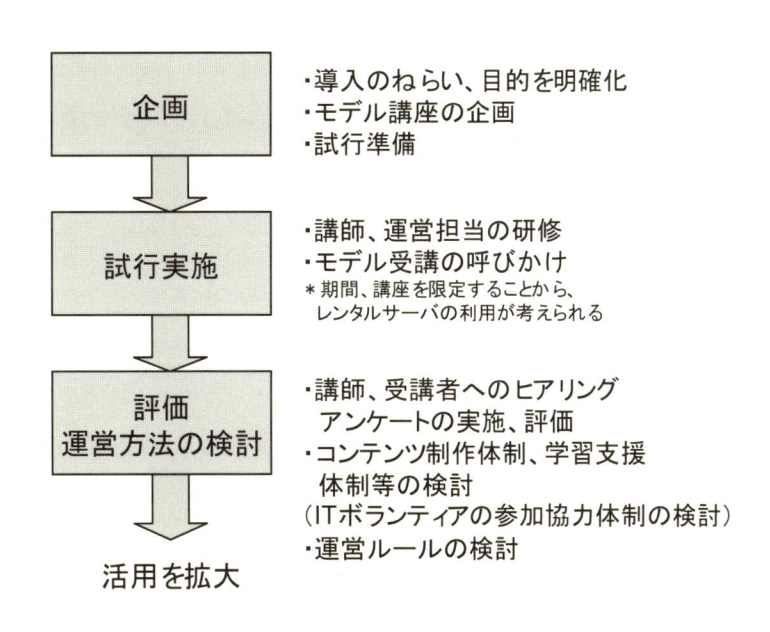

図III-5-3 インターネット講座導入のステップ

Ⅲ-6　インターネット講座のメリットと課題

　これまで、公民館がインターネット講座を開くためのチェックポイントを「富山インターネット市民塾」のノウハウから見てきた。それはインターネット市民塾が、生涯学習におけるインターネットの効果的活用という点で先行しているからである。しかし、実践事例編にもとりあげているように、ほかにもインターネットの機能を生かして成果を上げているケースもある。

　ここでは、地域でインターネットを活用している生涯学習講座を広くインターネット講座ととらえ、メリットと課題、その対応について、これまでとは少し違った視点から整理してみる。それは、いかにITやメディアを活用して生涯学習を進めるかということである。つまり、メディアの効果的な活用に関する知見を視野に入れた検討も加えてみたい。

1　インターネット講座のメリット

　インターネットの特徴は、グローバルな広がりと、情報の蓄積性、利用の双方向性にある。インターネットを通じて学習者は地域や時間の壁を超えて、好きな時に、好きな場所で、好きなことを学べるようになる。また、他者とインタラクティブに交流することもできる。

　つまり、インターネットに接続されているコンピュータがあり、学習者がウェブを見ることができれば、そこに蓄積されている教材を用いて、いつでもどこでも、自分のペースで理解度に合わせて学習することができる。また、これまでは近隣の限られた公民館等での講座しか受講のチャンスはなかったのが、インターネット講座では、より多くの講座が提供され、学習の機会が増える。さらに、受講者がメールができれば、講師に直接質問できる（対面講義でも質問は可能だが、時間と場所に左右されない点ではよりメリットがあろう）。講師との質疑応答により、学習の深まりや新たな学習への発展も期待できよう。加えてウェブで提供されるテキストは、文字、静止画、動画、CG等を組み合わせた資料提示により、学習者にとって理解しやすく、学習効果がより期待できる。

　一方、インターネット講座は、講師にとっても時間と場所を選ばない点で大きなメリットがあるといえる。また、ウェブに提供する内容を、絶えず最新の情報に更新できるということ、実際の講座受講者だけでなく、インターネットを通じて、より多くの受講者に利用してもらえる可能性があるといったこともメリットにあげられる。

III インターネット講座の具体化とチェックポイント

■CMC
Computer Mediated Communication (CMC) は、コンピュータネットワークを介した人間のコミュニケーションを指す。電子メール、メーリングリスト、電子掲示板、チャットなどが利用される。

2 インターネット講座の課題

逆にインターネット講座の課題はどんな点にあるのだろうか。これも学習者の側、講師の側からみていく。

遠隔教育による学習では、学習者は不安になりがちになる。講師がそばにいないことで、すぐにフィードバックが返ってこなかったり、身近に学習仲間がいないため、自分がどの程度、学習目標を達成できたかわからず不安になる[1]。インターネット講座がウェブ上のみで展開されると、学習者はこういった状況に陥り、学習への参加意識が低下し、学習が行き詰まり、学習放棄しやすくなる。これがインターネット講座の最大の課題である。

講師や公民館の側では、ウェブ上に提供する教材の作成や、サイトの運営に多大な手間や経費がかかることがあげられる。加えて、学習者の意欲を喚起しつづけるために、きめの細かいサポートが必要であり、提供する側にとっては負担となる。

3 課題への対応

これらの課題へ対応していくには、どんなことが考えられるだろうか。まず第1に学習者に不安を与えないように、インターネット講座の目的と学習コースの内容を明確にすることが求められよう。たとえばインターネット市民塾では、その講座紹介のパンフレットに講座のねらいやスケジュール、ゴールが明確に示されている。このことは、いつも指導者が身近にいることのない学習者が安心して学習に取り組んでいくための前提となる要件であろう。

第2に、学習者の意欲を喚起するために、コンピュータを介したコミュニケーション（CMC：Computer Mediated Communication）をフルに活用して講座を進めることが求められる。

CMCについては、大学教育におけるWBT (Web Based Trainning) で実践が進んでいる。CMCは学生の参加を促し、学生間、学生と教員間の相互交渉を改善して、個人学習を促進する。また、グループ学習やプロジェクトワークを支援するのにも有効な手段である。電子メールは個人間のコミュニケーションには適しているが、グループ・コミュニケーションにはニュースグループ、メーリングリストが適している。また、チュータが議論を構造化するには掲示板が適しているなど、それぞれがどのようなコミュニケーションに適しているか知見を提供している[2]。生涯学習におけるインターネット講座でも、CMCを含め、さまざまな方法で学習者の意欲を喚起していくことが肝要であろう。

4　学習者の意欲を高める講座の事例

　インターネット講座に実習や演習を組み込むことも1つのアイディアだろう。たとえば、遠隔講義でも、作品を完成させるという目標は学習への意欲を強く継続させる。また複数の学習者が協働で課題を追求したり、学習者同士が役割を分担して学習をすすめながら、互いに励まし合って行くことで、学習を盛り上げ継続させていくことができる。この時でも講師やチュータは絶えず学習者に適切な指示やアドバイスを提供していくことが必要である。

　文部科学省が運用するエル・ネット「オープンカレッジ」では、衛星通信による公開講座の配信を行っているが、静岡大学講座『やきもの考古学』では、エル・ネットの双方向機能を使い、やきもの出土品の復元作業を実習として行った。実習の方法について静岡県総合教育センターにいる講師が説明し、香川県教育センターにいる受講生は事前に用意されたやきもの片と、復元材料を用いて作業を行った。実習作業を行うことで、受講者は受け身にならず、積極的に講師に質問する姿が見られた。この講座でも講師は講座内容を事前に解説する教材を作成し、インターネット上に公開している[3]。

　徳島大学の公開講座「ホノルルマラソンをインターネット中継しよう！」は、IT学習の目標として、同じく「ホノルルマラソンを走ろう」の講座に参加したランナーが、ホノルルマラソン大会を走る様子を、モバイルコンピュータでインターネットライブ中継するという実習を組み込んだ講座であった。マラソンを走るという目標と、それを地元にインターネット配信するという目標が融合し、お互いが協調して学習が展開され、継続学習の輪を広げることに成功している。そこでも受講生が受け身にならないように、現地に取材にいくグループと、日本でそれを支援するバックアップ班など役割を分担し、日常的にメーリングリストによる受講者間のコミュニケーションを活発にさせるための雰囲気づくりに、講師やスタッフが力を入れていた[4]。

5　ITボランティアの養成と維持

　このようにみてくるとインターネット講座の運営には、講師や公民館の側に多大な負担がかかるのではないかという見方が出てくる。教材の作成から受講者へのサポート、システムの管理運営など、すべてのことを講師や主催者が行うことは、潤沢な資金があって外部に委託しないかぎり不可能である。

　インターネット講座の主体となる公民館がとるべき方向として、ITボランティアを養成し、これ

Ⅲ インターネット講座の具体化とチェックポイント

■**ストリーミング** streaming
 回線速度に対して映像や音声のデータ量は大きいため、全てのデータを受信してから再生するのではなく、受信しながら同時に再生を行う技術。再生するまでの待ち時間が短縮される。

らの業務を彼らに手伝ってもらう、または主体となって活動してもらうことが最も近道であると思われる。ITボランティアの養成については、いくつかのパターンが見られる。IT基礎技能講習会から発展して、教え合いのグループを経てボランティアグループとなっていくケース、公民館がホームページなど地域のコンテンツを作成するにあたり、ボランティアを募集してできるケースなどである。駆け出しのITボランティアが、インターネット講座の教材開発にすぐに参加できることはまれであろう。インターネットの特性を十分に把握し、学習者にわかりやすい画面デザインやインタフェース、コンテンツ構造について習得し、さらに講師の意図を汲み取り、ウェブに表現していく企画力や、映像制作に関する知識や技能、著作権や人権に関する知識も求められよう。こうしたITボランティアの能力を育成していくために、ITボランティア養成講座を実施していくことが行政に求められているといえよう。

 また、ボランティアのモチベーションを常に維持していくことはむずかしい面もある。プロジェクトごとに期限を決めてボランティアを集めるということも1つの方法である。「せんだいメディアテーク」（仙台市）では、地域の映像作品を制作する「メディアボランティア」が活動している。ここでは、プロジェクトごとに参加者を集め、離合集散を繰り返し活動を続ける、「活動のマーケット」をめざしている[5]。

6 ブレンディングの必要性

 最近では、企業のeラーニングの欠点を補うためにウェブのみでなく、従来型の集合学習を取り混ぜた、いわゆるブレンディドラーニングを指向し、実践しているケースが増えてきている。また大学の通常の授業でもオンサイト（伝統的授業）とリモートサイト（インターネットストリーミング）を組み合わせて実施するケースが出てきている[6]。こうした中でコンピュータによる学習と対面授業を取り混ぜた学習スタイルをすでに取り入れてきているのがインターネット市民塾である。

 学習者をコンピュータ画面にのみ向かわせるのではなく、スクーリングや実習などで生身の講師に接し、課題発表や協同作業による成果発表を通じて、学習意欲を喚起していくことが重要である。その際、メールやメーリングリストなどでの受講者への細かなサポート、情報提供や学習へのエンカレッジも大切な要素となる。これらの学習者へのケアや、ウェブ教材の作成を継続していくには、ボランティアの養成が不可欠である。インターネット講座を進めていくプロセスでは、学習者を孤独にさせないで、学習を活発に進めていくためにも、講師や学習者が集う場として地域における公民館の役割は重要である。

7　地域の知を発信するインターネット講座を目指して

　ブレンディングの手法やITボランティアのサポートなどにより、公民館を舞台としたインターネット講座が目指すことはなんであろうか。それは地域の知、郷土の知を発信していくことではないだろうか。そこに地域の学習者のニーズもあろう。
　実践事例編でとりあげた愛媛県の「ふるさと面白塾」、岐阜県の「デジタルアーカイブス」、秋田県の「民話デジタル化事業」、仙台市の「仙台弁プロジェクト」などでも見られるように、地域固有の内容をインターネット講座として発信していくことが求められている。自らの地域のことを発信することによって、他の地域からの反応や、他地域との交流が生まれ、自らの地域をさらに知ることにつながる。また、外部から評価されることで、新たな活動へとつながっていくことも期待できよう。
　しかし、地域の知を語れる人物を探して、インターネット講座として作り上げていくためには、人のネットワークが不可欠である。ここでもインターネット市民塾の例が参考になろう。市民塾では、自分の得意とする分野で知識と経験を持った多くの市民講師が活躍しており、この仕組みは受講者が自らの学習を通じて市民講師になっていくことを可能にしている[7]。どの地域でもインターネット市民塾と同じ仕組みで展開することはない。地域によっては郷土の知に関する専門家グループや研究グループがある場合もあろうし、講座としてインターネットに乗せることについても、地域の実情にあった方法で、できるところから始めることが現実的ではないだろうか。ウェブ上に教材を作成する手がなければ、最近、操作性が向上し低廉化してきたインターネットテレビ会議システムを使ってみてもよいだろうし、チャットによる講座でも可能性はある。
　どんな方法を使ったとしても、地域の知を発信するインターネット講座を目指すことが、学習コミュニティ形成への近道であろう。

Ⅲ　インターネット講座の具体化とチェックポイント

引用文献
(1) 佐賀啓男「海外教育事情」『視聴覚教育　通巻667号』日本視聴覚教育協会　2003年　8頁
(2) 佐賀啓男「海外教育事情」『視聴覚教育　通巻664号』日本視聴覚教育協会　2003年　14頁
(3) 高等教育情報化推進協議会『エル・ネット「オープンカレッジ」について（第4年次　報告書）』高等教育情報化推進協議会　2003年
(4) 吉田敦也「モバイルメディアの活用」山地弘起・佐賀啓男「高等教育とIT」玉川大学出版会　2003年　81～92頁
(5) 佐藤　泰「IT活用型生涯学習事業のプランニング」『視聴覚教育　通巻672号』日本視聴覚教育協会　2003年　60～61頁
(6) 玉木欣也・小酒井正和・松田岳士「eラーニング実践法」オーム社　2003年　31頁、74頁
(7) 柵　富雄「「知の還流」を！」『視聴覚教育　通巻672号』日本視聴覚教育協会　2003年　52～53頁

参考文献
・浅井経子『生涯学習概論』理想社　2002年
・先進学習基盤協議会『eラーニング白書2003／2004年版』　オーム社　2003年

Q&A

Q8 公民館でホームページを作る際のポイントと具体的方法について

A8 ホームページを作るには、まずその目的を明確にすることです。公民館のホームページを作る場合は、公民館の役割をPRするとともに、交通アクセス、施設設備案内、利用手続き、利用状況や開館・休館日のお知らせ、活動団体の紹介の他、その施設独自のユニークな情報などがコンテンツとなりますが、特にどの部分を充実させるか、またホームページを公開するメリットは何かについて充分に検討する必要があります。

ホームページの即時性、蓄積性などを有効活用するには、予算、作成・更新・対応担当者、更新頻度などについての計画を立てなくてはなりません。ホームページは、開設したら終わりではなく始まりです。ホームページを管理するということは、情報を最新に保ち、メールでの問い合わせなどに迅速に応えることです。情報を更新する際の決裁方法はその都度行うのではなく、あらかじめ更新のルールを決めておくなど煩雑にならないようにします。ホームページに係る作業のために、本来の業務に支障が出てしまっては長続きしません。利用者が求める情報（たとえば利用状況や主催事業、団体情報など）をタイムリーに公開することがアクセス数を増やすポイントとなり公民館のサービス向上にもつながります。

著作権・肖像権やプライバシーに留意しながら、既存の資料を再利用するのも一つの方法です。ワープロソフトで作成した資料も、ホームページ（html）形式で保存したり、PDFファイルにすることによって公開できます。しっかりとしたデザインにしたい場合は、ホームページ作成ソフトを使用します。たくさんの種類がありますので、使い方に自信がない場合は、使い方を教えてくれる人と同じものを選ぶのがよいでしょう。インデックス（表紙となるページ）は、ホームページの顔となりますので、デザインとともに機能的かどうか、しっかりと考えましょう。

実際に運用する場合には、市町村が管理するサイトを使用しますが、本庁舎との物理的距離等で使用できない場合は、外部のプロバイダを利用します。ホームページに広告がつきますが無料で作成できるサービスを使って、テスト運用もできます。コンテンツ作成等については、ボランティア等、地域の方々と共に進めることでネットワークが広がります。

Q9　eラーニング・システムを構想する際、まず何から始めたらよいか？

A9　とかく、eラーニング・システムを導入するにあたってはハードウェアやソフトウェア、ネットワークなど、いわゆる入れ物の選定に目が向きがちです。でも、ユーザである学習者の希望や気持ちを反映したものでなければ、利用されないシステムとなってしまいます。そのためにも、公民館に核となる学習グループが存在しているかどうかが、利用されるシステムを構築するカギになります。もし、学習グループが定着していなければ、それを育てていくことが担当者の第一の仕事でしょう。エル・ネット「オープンカレッジ」を活用して学習プログラムを展開し、学習グループの定着を図ることも1つの方法です。

　次に、講座を提供する側（公民館職員や講師）と学習者の側にITのスキルがあるかどうかということです。ここでいうITスキルとは、インターネット上に教材や講義を提供し、インターネットを通して、それらから学ぶことのできる技能です。講座を提供する側、学習者の側ともに一定のITスキルがあるとすれば、インターネット講座を開始する環境は、すでに整っているといえるでしょう。講座を提供する側にITスキルがなかったり、不足している場合、ITボランティアの養成が望まれます。ITボランティアと講師を結びつけ、インターネット講座を提供するわけです。学習グループは存在するが、ITスキルがないという場合、実践事例編で紹介されているPush-Cornの実践にみられるように、自らの学習をインターネット上にまとめていく過程を通してITスキルを養っていくことも可能です。また、IT関連のNPOやIT学習サークルとの協業（コラボレーション）を図ることも考えられます。千葉県館山市では、学習グループが自立的に調べた「ふるさと館山」の情報を、ふるさと百科『たてやま大事典』として、地域でインターネット上に取りまとめようという試みもあります。まずは、学習グループありきの発想が必要でしょう。

Q10　システム構築に係る経費と業者を選定する際のポイントは？

A10　eラーニング・システムの構築に係る経費は，サーバの構築，WBT開発ツールや管理ツールなどのソフトウェアの導入とカスタマイズ，教材開発者へのトレーニングといった作業に対して発生します。つまりハードウェアとソフトウェアの代金に加えてコンピュータ技術者やスタッフの1日単価に稼働日数を掛けた金額が構築経費となります。さらに運用に際しては，サーバのホスティング（維持管理），プロバイダへのインターネット接続料といったランニングコストが発生します。またハードウェアやソフトウェアに重大な障害が発生した場合に，即座に対応してもらえるようにサーバやネットワークの保守契約を結んでおくことも必要でしょう。こうしたトラブルを避けるためにサーバをプロバイダや開発業者に置いてもらうことも一案です。

　独自のeラーニング・システムを構築するには相当の経費がかかります。コストをかけずにシステムを運用するには，ASP（Application Service Provider）を利用することもよいでしょう。プ

ロバイダが提供するソフトウェアを使って教材等を作成し，プロバイダのサイト内で，eラーニング・システムを展開していく，いわば前者のオーダーメイドに対して，既製品のシステムといえるでしょう。

　業者の選定については，産官学の連携をポイントにおきたいものです。せっかく地域のeラーニング・システムを構築するのですから，教育委員会だけの取り組みではなく，地域の大学等の研究機関と連携をとりながら，地域の企業にとっても研究開発，あるいは地域への社会貢献といった点でメリットがでるコンソーシアム形式が望ましいでしょう。

Q11 「インターネット講座」等の学習者の経費負担についてどう考えればよいか？

A11　「インターネット講座」の受講経費の負担については、いろいろな考えがあります。具体的な事例をご紹介しますと、「富山インターネット市民塾」では基本的に講師が受講料を決めていくという方法をとっています。これまでの事例では①知識やノウハウを提供することの対価として決める場合(これぐらいはほしい)、②システムや会場の使用料が賄える程度を負担してもらう、③自分の学習成果を生かしたい、受講者とともに学び合いたいという動機から無料にする、などに分かれるようです(具体的には無料から2000円前後が多い)。市民塾事務局はランニングコストに充てるため、別途講師または複数の講座を開催する主催者からシステム使用料を徴収しています。また、エル・ネット「オープンカレッジ」のモニター調査では講義1回あたりの金額は、500円から1000円というのが妥当な金額のようです。

　公民館等で実施する場合にはテキスト代等の実費、システムの運用経費、ボランティアの活動経費など勘案すべき条件がありますが、受講者のコスト意識がまだまだ低い状況で、そのすべてを受講料に反映すべきかどうかは十分に検討する必要があります。

　当たり前ですが何のためにやるのかという目的こそ重要なのです。たとえば、学習コミュニティの活性化を考えた場合、受講料は受講生一人一人が決定するとか、そのコミュニティだけで運用されるエコ・マネーで支払うとかさまざまなアイデアがあるはずです。

　受講者は単なる学習サービスの享受者ではありません。ともにシステムを支えているという参加意識をもってもらうことが重要です。その視点から受講料の問題も検討するべきでしょう。

IV インターネット活用の発想と様々な学習サービス

IV-1 エル・ネット「オープンカレッジ」の活用と学習プログラム

1 エル・ネットとは

　エル・ネットは、文部科学省が運用している教育情報衛星通信ネットワークである。衛星といっても、いわゆるBS放送やCS放送とは異なり、独自の衛星通信網によるネットワークを構成している。現在、全国の社会教育施設や学校など約2100か所が受信局として整備されている。

　エル・ネットの番組を受信するには、デジタルCS通信受信機、パラボラアンテナ、そしてテレビ等のモニターを整備することが必要となる。さらに、受信機にコンピュータを接続することで、教育情報資料等のデータ配信を受けることもできるようになる。

　エル・ネットの番組には、「オープンカレッジ」のほかに、「文部科学省ニュース」「子ども放送局」「学校教育・社会教育研修」等が定期的に放送されている。

2 オープンカレッジで何が学べるのか

　エル・ネット「オープンカレッジ」(事務局：高等教育情報化推進協議会)は、全国の国公私立大学の特色ある公開講座の中から、年間120講義を放送している本格的な遠隔公開講座番組である。平成15年度のオープンカレッジには30大学が参加している。

　オープンカレッジでは、家庭生活、家庭教育、地域社会等に関する身近な内容から、大学の一般教養、専門的な内容まで広い分野にわたって講座を提供している。放送されている講座内容は、ホームページで確認できる [http://www.opencol.gr.jp/]（図IV-1-1）。

図Ⅳ-1-1　エル・ネット「オープンカレッジ」のホームページ

Ⅳ インターネット活用の発想と様々な学習サービス

北海道医療大学

テキスト(PDF)		リクエスト		講師への質問	

FAXでの質問については、テキスト(PDF)最終ページをご覧ください。

実施機関および放送予定時間等	
放送日	2004年1月10日(土)
放送開始時刻	15:00　　放送終了時刻　16:50
講座レベル	初級：入門編
分類	医療・治療・医学・健康・心理学・食事・生活・遺伝 福祉・介護支援・高齢者・高齢社会・バリアフリー・ボランティア 生活・暮らし生き方
講座名	高齢者のパワーアップ講座－北国でたくましく生活をするために－
講座内容	積雪寒冷地では、除雪や雪道歩行、寒冷などによって身体への負担が増えるのに加え、身体活動量が減り、運動不足の傾向が強まって、様々な健康障害を引き起こすことが考えられます。北国の生活に根ざした体力づくりについて、克雪・利雪・親雪という発想の転換や、健康に関連する体力づくりの推進という共通の認識に立ち、健康度や体力をますます向上させるための理論や実践についてお話します。
講義名	**脚腰弱っていませんか**
講義内容	太ももの筋肉は、運動を行わないでいると30歳から1年で1%ずつ弱っていくとされています。脚腰の能力を高めるための手軽な運動の紹介とその実践などを行います。
講義コード	0201620030101
講師名(プロフィール)	モリタ イサオ　森田 勲　　所属・役職　北海道医療大学助教授
放送チャンネル	2　　質疑応答方法　FAX、掲示板
著作権契約レベル	「AB」　　著作権期限
参考文献	

講座の内容、放送の日時は変更されることがあります。ご了承ください。

↑HOME

Copyright 1999. 高等教育情報化推進協議会 All right Reserved.
お問合せは info@opencol.gr.jp まで

教育情報衛星通信ネットワーク el-Net

図Ⅳ-1-2　エル・ネット「オープン・カレッジ」講座の例（北海道医療大学）

写真Ⅳ-1-1　ロビーでの受講風景　　　　写真Ⅳ-1-2　研修室での受講風景

■BS放送、CS放送
　BS(Broadcasting Satellite)放送衛星による放送。NHKBSやWOWWOWなど。
　CS(Communication Satellite)通信衛星による放送。スカイパーフェクTVなど。

■高等教育情報化推進協議会
　「オープンカレッジ」は参加大学と関係団体、有識者から構成される同協議会（会長・井内慶次郎）が文部科学省の委託を受けて推進する調査研究事業である。本節では同協会平成15年度事業を例に解説している。

3　エル・ネット受信設備の状況

　社会人向けの番組であるエル・ネット「オープンカレッジ」を受講したいと思う人は、公民館や図書館などの社会教育施設へ出向くのが一般的である。エル・ネットの受信施設のうち、こうした社会教育施設等が約8割を占めている。
　社会教育施設での典型的な受信設備の設置例をみてみると、
　①施設のロビー等のオープンスペースに設置（写真Ⅳ-1-1）
　②施設の研修室や会議室内に設置（写真Ⅳ-1-2）
の2つのタイプがみられる。受信施設が公開講座を開こうとした場合、②のように施設の研修室や会議室内にエル・ネットの受信設備を設置してあることが必要である。あるいは、地域の学習者がエル・ネット「オープンカレッジ」の番組を、個人的に、またはグループで視聴したいと申し込んでくるケースも考えられる。この場合、①の施設でも対応は可能である。②の施設では、受信設備のある部屋が、すでに他の学習グループに貸し出されていれば対応はできない。後述するが、この場合には番組を録画をしておき、テープを貸し出すという方法もある。

4　取り上げる講座を決定する

　エル・ネット「オープンカレッジ」の講座番組については、パンフレットやホームページで見ることができる。この中から、受信施設は利用したい番組を選び、学習プログラムを企画していく。
　1つの講座は3回〜4回の講義から成っており、1回の講義は50分の講義、10分の休憩、50分の講義で、計110分で構成されている。講義によっては、これより短いものもある。平成15年度の新規収録講座では、4回シリーズの講義が標準であるが、1回の講座や、2回または3回の講座もある。また、講師も4回の講義を1人の講師が受け持つ場合もあれば、1回の講義を数人の講師で受け持つ場合、司会者をおいた対話形式のもの、対談形式やパネルディスカッション形式のものなど、さまざまな形式の講義が行われている。こうした講義情報は、ホームページの講義詳細画面で得ることができる（図Ⅳ-1-1）。
　エル・ネット「オープンカレッジ」は、火曜日〜土曜日まで定期的に放送しているので、この放送日時に合わせて施設での公開講座を設定してもよい。あるいは、放送を録画して、後日、公開講座として開く方法もある。
　エル・ネット「オープンカレッジ」の放送は、10月から翌年2月まで、当年度の新規収録講座が

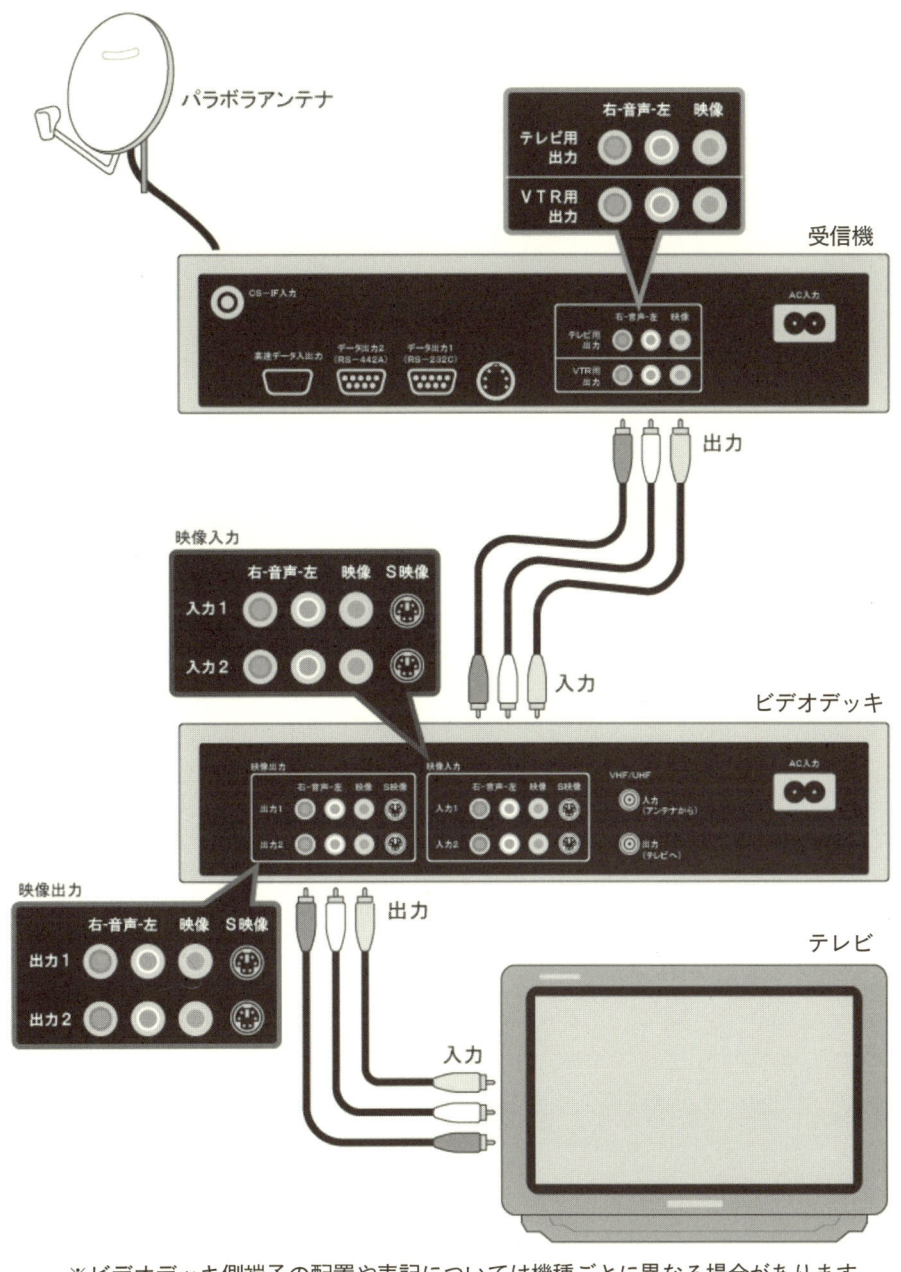

Ⅳ　インターネット活用の発想と様々な学習サービス

※ビデオデッキ側端子の配置や表記については機種ごとに異なる場合があります。
　機器に付属の取扱説明書をご参照ください。

図Ⅳ-1-2　受信機、ビデオデッキ、テレビの接続

放送される。3月・4月は年度の切り替わりのため休止となる。そして5月から9月までは、前年度の講座が再放送される。再放送をうまく活用して公開講座を実施している受信施設も多い。

5　番組の録画

　エル・ネットの特長の1つに、番組の録画を前提とした著作権処理をしていることがあげられる。番組の放送時に受講できない場合、番組を録画しておき、可能な時に受講してもらう。あるいは、テープを学習者に貸し出すことも可能である。施設の運用状況に合わせるために、はじめから録画を前提とした計画を立てることも1つの方法といえる。

　具体的には、受信機とテレビの間に、ビデオデッキをAVケーブルで接続する（図IV-1-2）。この時、出力と入力の接続を間違わないようにする。また、音声ケーブル（赤と白のプラグ）は両方とも確実に接続する。ビデオデッキの録画チャンネルを外部入力にする。テレビでモニターしながら、録画ボタンを押す。ビデオテープは120分のものを使うようにする。オープンカレッジでは120分を超える番組は原則としては放送していない。ビデオデッキの録画予約機能を使う場合は、ビデオデッキの説明書をよく読み、必ず一度、エル・ネットの番組で実験をすることが、失敗をなくすことにつながる。

　エル・ネットの録画になれてきたら、「オープンカレッジ」のライブラリー化がおすすめである。各施設の特色に応じて録画・保存し、ライブラリー化することで、活用の幅をさらに広げることができる。

　録画する場合には、著作権契約レベル（後述）を確認した上で行うことが必要である。

6　受講者の募集

　広報の仕方としては、以下のような方法がある。
　①公開講座のチラシを作成し、社会教育施設等の関係機関に配布する。
　②地域の広報誌へ掲載する。
　③施設や地域のホームページへ掲載する。
　広報物を作成する際は、その素材としてエル・ネット「オープンカレッジ」のポスター、パンフレット、マスコット等を利用することができる。
　次に、受講の申し込みの受付を開始する。受講証の発行や事前学習の案内（ホームページ：講義

Ⅳ インターネット活用の発想と様々な学習サービス

■**PDF** Portable Document Format
アドビ社によって開発された電子文書のためのフォーマット。各種ソフトで作成された文書をオリジナルのイメージを保ちながら配布できる。市販のアクロバット（Acrobat）でPDF形式に保存し配布すると、アクロバットリーダー（Acrobat Reader）という無料のソフトで表示が可能。

詳細画面）などを、事前に受講希望者に渡しておく。

7　テキストの準備

　各回の講義テキストは、エル・ネット「オープンカレッジ」ホームページからPDFファイルで入手することができる。これを複製し受講者数に応じて、講座テキストを準備する。
　また、冊子になっている講座全体のテキストは郵送にも対応している。こちらもホームページから申し込むことができる。また、多くの受講者がいる場合は、電子メール等で参加者名簿を高等教育情報化推進協議会事務局に送れば対応してもらえる。
　講座テキストの他に、公開講座としての「しおり」や「手帳」等を独自に作成してもよい。公開講座全体の事前学習・事後学習ができるようなワークシート等があると、受講者の学習意欲も高まる。

8　講座の開講

　事前に受付場所や会場の準備、受信設備やビデオデッキなどのチェックをしておきたい。通常、エル・ネット「オープンカレッジ」はエル・ネット2チャンネルで放送される。エル・ネットの番組は放送の15分前から試験電波が送信されている。「○○講座　○○時　からはじまります」の画面とBGMが放送されているのを確認する。
　エル・ネット「オープンカレッジ」の放送開始時間は、火曜日から金曜日までの平日、午前10時から、土曜日は午後1時と3時から、となっている。1講義の所要時間は、およそ110分で、間に10分間の休憩が入ることを受講者に伝えておくとよいだろう。
　せっかく公民館などの社会教育施設を訪れて学習したのだから、参加された方々で、受講した感想を話し合ってみてはどうだろうか。その中で、共通の疑問や話題が出てきたら、講師へ質問や意見を送ってみることもできる。
　講師へ質問は、テキストに添付されているファックス用紙、またはインターネットの掲示板を使って送る。講師からの回答は1週間程度で返ってくるようになっている。また、質問は放送後1か月以内まで受け付けている。講師から回答が返ってきたら、受講者にメールや郵送で送るとよいだろう。
　公開講座終了時、施設が独自に「修了証」を発行することも考えられる。これも、受講者の学習

意欲の向上につながる。また、公開講座を開講することによって、地域の方々が集い、新しく学習サークルが生れることもあるだろう。その施設が、地域住民の学習の場となれば、地域の活性化にもつながっていく。

9　著作権契約レベルについて

　エル・ネットでは、独自の著作権契約システムを作成し、番組の利用できる範囲を段階的に示した「著作権契約レベル」を設定している。
○著作権契約レベル「A」
　エル・ネット送・受信局で放送番組を録画・複製し、施設内で繰り返し視聴できる。
○著作権契約レベル「AB」
　「A」に加え、エル・ネット送・受信局で放送番組を録画・複製したものを、施設外に貸出し上映することができる。
○著作権契約レベル「ABC」
　「AB」に加え、エル・ネット送・受信局から再送信（エル・ネット内）することができる（対象：送信機能のあるVSAT局）。
○著作権契約レベル「(空欄)」
　エル・ネット送・受信局での視聴のみで録画・複製等はできない。
　著作権レベルは番組が始まる前の予告画面で表示される。また、文部科学省の放送番組予定表でも確認できる。
　エル・ネット「オープンカレッジ」は、著作権契約レベル「AB」で放送できるように、講師などの著作権者にお願いをしているが、講師の希望で、著作権契約レベル「A」に留まるものもある。また、許諾に期限を設定している講座もあるので、注意が必要である。

10　発展型講座の事例

◆事例1　〈「オープンカレッジ」講師による補講〉
・オープンカレッジ尾花沢市実行委員会
　　山形県尾花沢市学習情報センターが東北芸術工科大学と連携し、受講者はエル・ネットで事前学習後、バスで同大学を訪れ「1日大学生」を体験した。

Ⅳ　インターネット活用の発想と様々な学習サービス

◆事例2　〈遠隔双方向質疑による講座〉
・青森総合社会教育センター
　　淑徳短期大学と連携し、テレビ会議システムや、ファックスを使い、主会場と遠隔地にある受講会場との間で双方向質疑を含む講座を実施した。講師のいるメイン会場(東京国立科学博物館)と青森県総合社会教育センターを中心としたいくつかの受講会場との間で質疑応答を行った。

◆事例3　〈メニュー選択制による講座〉
・島根市町村コミュニティ・カレッジ協議会
　　オープンカレッジの講座の中から、28大学66講座を選び、島根大学の講座を必修講座として10講座を選択する学習メニューをつくり、延べ1300人が受講した。受講者の継続的な学習を促進する「受講の手引き」なども開発した。

◆事例4　〈生涯学習単位〉
・千葉県栄町公民館　「いきいき100単位さかえ」
　　公民館が実施する講座の中に、エル・ネット「オープンカレッジ」の講座を位置づけ、生涯学習単位を付与した。
　　上記の事例は下記のアドレスに詳細な内容が掲載されている。
　　[http://www.opencol.gr.jp/howto/hatten.html]

問合せ先
(オープンカレッジについて)
高等教育情報化推進協議会：
　　電話 03-3591-2186　e-mail:info@opencol.gr.jp

参考文献
『エル・ネット「オープンカレッジ」について』(第4年次報告書)　高等教育情報化推進協議会　平成15年
[http://www.opencol.gr.jp/report/index.html]

Ⅳ-2　電子メール・電子掲示板の活用と学習コミュニティの形成

　インターネットを活用したコミュニケーションには様々なものがある。電子メール、電子掲示板、チャット、メーリングリストなどの文字を主体としたものから、インターネット上で利用する電話やテレビ会議システムまで、私たちはそれぞれの用途に応じてコミュニケーション手段を使い分けることができる。
　ここでは、文字を主体としたコミュニケーションについて考えてみたい。

1　同期的か非同期的か

　インターネット上では、同期的、非同期的コミュニケーションのどちらも可能である。チャットは英語の意味の通り「おしゃべり」に近く、複数の相手と同時に文字で即時的な会話ができる同期的コミュニケーションである。相手との時間のずれが生じる電子メールや電子掲示板は、時間的拘束を受けずに自分や相手の時間に合わせて非同期的コミュニケーションを行うことができる。

2　情報交換の場

　電子掲示板やメーリングリストは、それぞれ目的を持って運用される。たとえば、同窓会などのグループでは、全員が地理的あるいは時間的制約によって簡単には集合することが難しく、お互いの近況報告や連絡等を行うために利用する。
［例］　全国5万校の同窓会サイト「この指とまれ」(http://www.yubitoma.or.jp/)
　興味の対象、趣味、関心事などを共有する人々が自由意志で参加し、様々な情報交換を行うために利用している場合には、コミュニティ内部にある種の「共感」が生まれる。子育てやダイエットといった共通の目標に向かっている人々が、電子掲示板等を通じてお互いに励ましあいながら情報交換を行っている。
［例］　妊娠・出産・育児コミュニティ「ベビカム」(http://www.babycome.ne.jp/)
　地域の公民館や生涯学習センター、博物館・美術館といった社会教育施設においても、ホームページによる情報発信とともに、地域住民同士の交流、ボランティア活動の活性化などに、ネットワークコミュニティを利用する例が増えている。

表IV-2-1　文字による双方向コミュニケーションツールの比較

時間的	システム	相手	公開性	蓄積先	使用ソフトウェア
同期的	チャット	1～多	オープン・クローズ	非蓄積	専用プログラム・ブラウザ
非同期的	電子掲示板	多	オープン・クローズ	サーバ蓄積	ブラウザ・専用プログラム
	電子メール	1～多	クローズ	取出・使用者蓄積	メールソフト
	メーリングリスト	多	クローズ	取出・使用者蓄積	メールソフト

3　設置方法

　チャットを行うには、お互いに専用プログラムを自分のパソコンにインストールして使う場合と、簡易な掲示板システムを使ってホールページ上でやりとりする場合がある。チャット専用プログラムは無料のものが多く、あらかじめ設定されているいくつかのグループのチャットに自由に参加することができる。

　ホームページに設置された電子掲示板を利用する場合に、利用者側には特別な用意は必要ないが、設置者側はサーバ上でプログラムを作動させなくてはならない。サーバを自主運営している場合は、電子掲示板のプログラムを設置できるかどうかをネットワーク管理者に相談することになる。有料で電子掲示板システムをレンタルしているプロバイダもあり、設置にあたってのチェックポイントは、予算と運用方法である。

　メーリングリストは、単一のアドレスに返信を返すと、あらかじめ登録してある参加者に対して電子メールが配信される仕組みである。電子メールは、送信する際にその都度送信者を設定しなくてはならないが、メーリングリストはサーバ側に参加する送信者リストが用意されている。所属するネットワークにメールサーバがあり、なおかつメーリングリストのプログラムが組み込まれている場合は、ネットワーク管理者に設置を依頼する。外部のシステムを使用する場合は、プロバイダの有料メーリングリストサービス等を利用する。

　無料で設置できる「Yahoo!グループ」(http://www.groups.yahoo.co.jp)のようなシステムもあるが、メール配信の際に広告が付加される。

4　運用管理

　電子掲示板やメーリングリストにおいては、管理人の役割が重要となる。参加者やメッセージ管理といった事務的な作業ばかりでなく、全体の雰囲気をどのように作っていくのか、人とのコミュニケーションの橋渡しをどう円滑に進めていくかなど、ネットワーク活性化のポイントである。

　電子掲示板は、利用者制限のある場合を除きインターネット上のすべての人に公開される。有益な情報交換ができる一方で、電子掲示板を開設する際には、トラブルに対する対応策も検討しておかなければならない。

■同期、非同期
　情報処理用語では、コンピュータのクロック信号に合わせることを同期という。eラーニングでは、講師と受講者が同じ時間帯で学習に関する情報交換をする場合は「同期型」と呼び、「非同期型」は、受講者と講師がそれぞれの都合のよい時間に情報交換を行う。

5　ネチケット

　ネットワークを介したコミュニティは、場所や時間に拘束されない交流を可能としていることから、「バーチャルコミニュティ」とも呼ばれる。電子的コミュニティにおいても、基本となるのは社会的なルールである。匿名で行う情報交換にも、利用者や管理者の責任が問われる。ネットワーク上のエチケットを「ネチケット」と呼び、コミュニケーションが円滑に進むように利用者として知っておくべきマナーがいくつかある。個人情報・プライバシーを守る、著作権・肖像権等に注意する、大量の情報を無闇に送らない、などである。ネットワークコミュニティにおいては、利用者がまずネチケットを守ることが大切で、掲示板やメーリングリストを運用する際には、管理者がネチケットに対して常に気配りをするとともに、参加者同士で学びあえる雰囲気作りが大切となる。

6　学習コミュニティの特徴

　インターネットを利用した文字によるコミュニケーションは、対面コミュニケーションに比べて文字交換のみの希薄な人間関係ともいわれるが、飛び交うメッセージが増えるとともに、コミュニティ参加者の中に次第に連帯感が生まれてくる。自然発生的なコミュニティに参加している場合は、情報交流がうまく行えないと思えば、ネットワークから離脱することも容易である。ネットワークコミュニティは、参加者がお互いに学びあうというスタンスで成り立っている。

　コミュニティが発展し続けるためには新しい課題に取り組み、バーチャルな関係ばかりではなく実社会で共同に活動するなど、コミュニティを盛り上げる努力が必要となる。ネットワークコミュニティには、発展ばかりではなく、対立、分化、統合、消滅といったサイクルもあり、コミュニティ発生時にはどんな展開になるか予想できない。電子掲示板やメーリングリストを活性化させるためには、運営状況に応じた対応がどれだけできるかがポイントとなるであろう。

Ⅳ-3　直接体験を拡充するメディア

1　直接体験と間接体験のバランス

　中央教育審議会は、青少年の現状について、多くの人や社会、自然などと直接触れ合う体験の機会が乏しくなっており、特に、情報化や科学技術の進展は、直接経験の機会を減少させていることを指摘している[1]。

　様々なマスメディアから流されるあまりにも多くの情報の中で、子どもたちはどの情報を選択するか極めて難しい環境に置かれている。また、情報機器等の技術が進歩すればするほど、間接体験・疑似体験が増加し、実体験との混同を招いたり、さらには、テレビゲーム等に没頭する例に象徴されるように、あまりにも長時間にわたって情報機器等に向かい合うことが人間関係の希薄化や真の生活体験・自然体験の不足を招来させたり、子どもたちの心身の健康に様々な影響を与えることなどの懸念が、問題点として指摘されている。

　しかし、本や雑誌といった紙媒体を情報の中心に据えていた時代においても、本を読んで空想をふくらませ、地図や図鑑を見て見知らぬ地に思いを馳せるといった疑似体験は、当然のようにしてこれまでも行なわれてきたことである。イギリスのH.G.ウェルズのSF小説「タイムマシン」[2]を手にした当時の子どもたちは、自分があたかもタイム・トラヴェラーとなり、80万年後の未来世界に身をおいていたに違いない。

　今日のインターネットによる疑似体験は、紙媒体の本や雑誌の情報に比べ質的・量的に違うことは否めないが、いつの時代も子どもたちは疑似体験をしてきたのである。

　体験活動は、直接体験と間接体験の両方をバランスよく体験することが重要である。今日の問題は直接体験の不足であり、インターネット等によって間接体験や疑似体験することが問題ではない。

　間接体験ばかりが悪者になっている今日の状況には、歯痒いものを感じる。このバランスを取り戻すためにも直接体験の質と量の充足を図ることが重要である。

　IT化の進展は、オフィスにおいてペーパーレスをはじめ、効率化、省力化、迅速化が図られ、パソコン等のメディアはこれまでの紙やペンに置き換わるものとなった。今日では、机上にパソコンのない職場は皆無に等しいのではないだろうか。しかし、体験活動においては、メディアを直接体験の代替として前述の紙やペン同様に位置付けるのではなく、直接体験の過程において、学習集団の人間関係を高めたり、意欲・関心を引き出したり、体験（学習）成果の発信等の直接体験をサポートするためのあくまでも道具として位置付け、積極的に活用することが大切である。

■アイスブレイク
　氷のように冷たい状況にある初対面の人たちの緊張を解くため、ゲームなどで硬い雰囲気をbreak（壊していく）ことを指す。活動を始める際に、指導者と参加者、参加者と参加者の間の関係を親密にして、その後の活動につなげていくための手法。

2　体験活動の学習過程におけるメディア利用の可能性

(1)　学習集団を組織する、集団の関係を高める

　体験活動の学習形態としては、個による活動もあるが一般的には学習集団が組織される場合が多い。

　特に社会教育事業における体験活動は、テーマ及び活動内容によって対象を特定するため、学校における体験活動と違い、学習者間の面識がない状態で活動に入ることになる。

　しかし、学習集団の人間関係は、これからの活動を左右する大きな要素であるため、集団の親和関係づくりを図らなければならない。

　特に、社会教育の場において、事業の導入時に最初におこなわれるのがアイスブレイクである。学習や活動を始める前に参加者間の氷のように閉ざされた緊張関係をほぐし、参加者が主体的に学習や活動に参加できる雰囲気をつくり出すため、通常は、自己紹介の要素を取り入れたレクリェーションゲーム等の活動を中心に行う。

　このような学習集団の組織化段階においては、メディアを活用して学習集団の構成員の情報共有を図ることが有効である。メーリングリストや電子掲示板を設け、自己紹介やテーマにかかわる協議等をすることにより、学習する仲間を事前に知り、課題の共通理解を図り、活動へのスムーズな導入が可能となる。

(2)　興味・関心を引き出す、自発性を高める

　事前学習においては、子どもの興味・関心を引き出し、活動に向けて、自発性を高めることが大切である。

　メールを活用し活動前に、主催者からの体験活動のねらいや意義を子どもに十分理解させるとともに、これから取り組む活動について子どもたち自らがインターネットを利用して、学習テーマについての情報を収集し、シミュレーションしてみるといったことを通じて興味・関心を引き出し、自発性を高めることができる。

　鳥取県東伯町立東伯中学校[3]では、農業をテーマにした体験的な活動を題材にして、用具の設計や農業に関する情報収集にコンピュータを活用し、興味・関心や自発性を引き出している。

(3)　活動する、直接体験する

　これまで、コンピュータ等の情報機器を活用した学習においては、情報収集（調べ学習）や子ど

Ⅳ インターネット活用の発想と様々な学習サービス

も同士による他地域との交流・発表は、通常、コンピュータ室をはじめとする、限られた専用スペース内で行われている。これは、インターネット等のメディアが決められた場所にしか設置されていないことによるものである。そのため、子どもたちの学習活動は、空間的に制限されたスペースで行わざるを得なかった。しかし、これらの空間的な制限を打破するための方策として、携帯電話に代表される携帯端末の活用が試行されている。携帯端末を活用すると、1つの研修室内や限られたスペース内での活動にとらわれることなく、学習活動が自由に、広範囲に展開できる。それによって、より自由で豊かな発想に満ちた子どもたちの学習活動が期待できる。まさに携帯端末は、自然体験活動をはじめとする体験活動のパートナーとしては最良のツールである。

京都府向日市立第5向陽小学校[4]では、こうした移動携帯端末を活用し校外における調べ学習を行っている。実際に現地へ赴き、調査し、その内容を発信するといった一連の学習活動であり、その調査活動の段階で、児童が携帯端末を活用し、お互いに他の児童へ電話や電子メール機能、写真撮影、画像転送機能を利用し、リアルタイムにそれぞれの情報を交換し合うものである。

また、教師へも同様の機能を利用して情報を送ることで、教師側の移動サーバ(ノートパソコン)で児童の情報を収集し、常に全児童の調査活動の中身を把握するとともに、全児童の安全確認もリアルタイムに行え、広範囲な分散型学習活動を可能としている。

そして、携帯端末の活用により、学習活動の広域化と児童主体の学習スタイルが実現可能となり、児童の学習に対する興味・関心・意欲の高まりがみられたとの成果が報告されている。

こうした携帯電話等に代表される携帯端末の活用は、直接体験の中で、地理的制約を超えてのリアルタイムでの情報交換を可能とし、さらには自然体験活動等に欠くことのできない安全確保にも繋がる、まさに直接体験をサポートするメディアといえる。

(4) 学習成果をまとめる、発信する、発展させる

活動後は、感じたり気付いたことを振り返り、まとめたり発表したりするなど、適切な事後学習が大切である。

特に、学習成果をまとめるにあたりデジタルカメラで記録したデータは加工もしやすく、ホームページを作成したり、CD-ROMを制作したりする等、情報の保存や発信に有効である。

情報の発信は、学習成果に対して様々な意見を集めることができるとともに、同様の取組みを実施している団体等とのあらたな交流へと発展したケースもある。

また、体験学習への取組を通して広がった人たちとの交流を大切に、インターネットのメール交換等で交流を継続・発展させたりすることもできる。

神奈川県相模湖町立千木良小学校(5)では、「地域ネットワークを利用した共同学習の試み」として、「ケナフの栽培」を通し、横浜市立本町小学校との間でテレビ会議を通して、互いの学校のケナフが成長する様子を情報交換し、交流を行ってきた。

　そしてこの事業後に、本町小学校とのオフラインミーティング(6)やオフラインによるふれあい集会が実施されている。最初は少々ぎこちなかったが、テレビ会議を通して話をしたという気安さからか、すぐうちとけて楽しそうに会話することができたと報告されている。これもメディアを活用した学習の発展ととらえることができる。

3　プログラミングに求められるメディア活用の視点

　平成14年度から学校週5日制が完全実施され、同年7月には、中央教育審議会からも奉仕活動・体験活動の充実について提言(7)がなされており、子どもたちの学校や地域を通じた自然体験活動、社会奉仕体験活動等のさまざまな体験活動の場や機会を充実させることが緊急の課題となっている。

　あまりにも長時間にわたって情報機器等に向かい合うことによる人間関係の希薄化といった影響への対策は別に講じるとして、インターネットは疑似体験でしかなく、体験活動には疎遠なものであるといった発想を転換し、積極的に活用する方向を模索すべきではないだろうか。なぜなら、IT化の進展という波は、とどまることを知らず今後も一層押し寄せてくることが確実である。今やわが国のインターネットの利用者数は、米国に次いで世界第2位(8)である。

　これからの体験活動プログラムを企画する視点として、伊藤康志(9)は、直接体験と間接体験のブレンディング（混ぜ合わせ）を指摘している。

　情報機器を活用し、地球規模で情報を収集し、これまでなしえなかった様々な角度からのシミュレーションにより仮説を立てる。地理的・時間的制約を超えた地域の人とのリアルタイムでの情報交換をしながらの直接体験、そしてインターネットにより学習成果を全世界へ発信するといった一連の体験学習のサイクルが今や可能となっている。しかし、インターネット等のメディアの利用が、体験学習の拡充に有用とするか否かは、社会教育主事をはじめとしたプログラム立案者の双肩にかかっているといっても過言ではない。

　日頃からメディアの進歩に目を向け、より効果的な直接体験のためのメディア活用を模索し、直接体験と間接体験のバランスの取れたプログラミングが期待されるところである。

　また、様々なメディアが伝えるメッセージや情報を批判的に読み解き、コミュニケートする能力であるメディアリテラシーの育成については、メディアを活用する以上、常に念頭に置きプログラ

Ⅳ　インターネット活用の発想と様々な学習サービス

ムの中に位置付けることが重要である。

参考文献
「第26回（平成12年度）実践研究助成成果報告書」　財団法人 松下視聴覚教育研究財団
「第27回（平成13年度）実践研究助成成果報告書」　財団法人 松下視聴覚教育研究財団

注
(1)　中央教育審議会中間報告「青少年の奉仕活動・体験活動の推進方策等について」平成14年4月
(2)　H. G. ウェルズ（1866－1946）「タイムマシン」　1895年
(3)　農業体験学習を基盤に情報機器を活用した総合的学習の実践研究　鳥取県東伯町立東伯中学校
(4)　動く情報発信ステーション～移動携帯端末を使って調べ学習～　京都府向日市立第5向陽小学校
(5)　「地域ネットワークを利用した共同学習の試み」　神奈川県相模湖町立千木良小学校
(6)　ネットワーク上のコミュニティーのメンバーが、実際に顔を合わせる集まりのこと。〔ネット上でのオンラインのオンに対してオフという〕
(7)　中央教育審議会答申「青少年の奉仕活動・体験活動の推進方策等について」　平成14年7月
(8)　平成14年「通信利用動向調査」　総務省　平成15年3月　インターネット利用者数は、対前年比1,349万人増の6,942万人
(9)　伊藤康志　「コンピュータと遊ぶ子どもたち」『豊かな体験が青少年を育てる』　伊藤俊夫（編）　（財)全日本社会教育連合会　平成15年9月

Ⅳ-4　学習資源のデジタル化と共有化

1　学習資源のデジタル化の目的

　ネットワーク社会へと社会全体が進み出し、生涯学習ではそれらの進展に対応した社会教育施設の情報化を推進することが重要な課題となってきた。そのためには、図書館や博物館等の社会教育施設の所蔵資料や地域の文化資料を始め各種の資料、講演会の様子、人物情報などの学習資源をデジタル化し、それらを共有し生涯学習で利用するための総合的なネットワークが必要となる。
　ここで、学習資源のデジタル化の目的を整理すると次のようなことが考えられる。
　(1)学習資源を記録精度が高く再現性に優れたデジタルで記録
　(2)学習資源をデータベース化して正しく保管し随時閲覧
　(3)インターネット等を利用して、学習資源を広く情報発信
　(4)デジタル化事業間の相互連携と協力によるまちづくり
　学習資源をデジタル化するためには、学習資源を記録精度が高く映像再現性に優れたデジタル映像で、記録各年度にテーマを設定し、企画を立て、静止画および動画情報を収集・記録する一連の作業が必要となる。

2　学習資源のデジタル化の方法

　学習資源のデジタル化には、図Ⅳ-4-1のようにコンテンツ（情報サービスの内容）の制作計画を立て、静止画や動画並びに文献資料等のオリジナルな情報を含んでいる一次情報と一次情報を収集するための案内となる二次情報（タイトル、キーワード、説明など）の作成がある。必要ならばこれらをデータベース化し、ウェブ上で発信することになる。
　学習資源を静止画でデジタル化する方法には、デジタルカメラで撮影する方法と、カメラで撮影したフィルムをスキャニングによりフォトCDフォーマット等で保存する方法がある。一般的には、デジタルカメラで撮影し、画像データを保存する方法が取られる。
　フォトCDフォーマット等で保存する方法の場合には、自動的に5種類の解像度(1/16BASE：128×192画素～16BASE：2048×3072画素)で画像データを保存でき、活用形態により画像データの解像度を選択できるというメリットがある。このほか、「JPEG」「TIFF」「GIF」等の保存フォーマットがあり、デジタル化の目的に応じて選択できる。

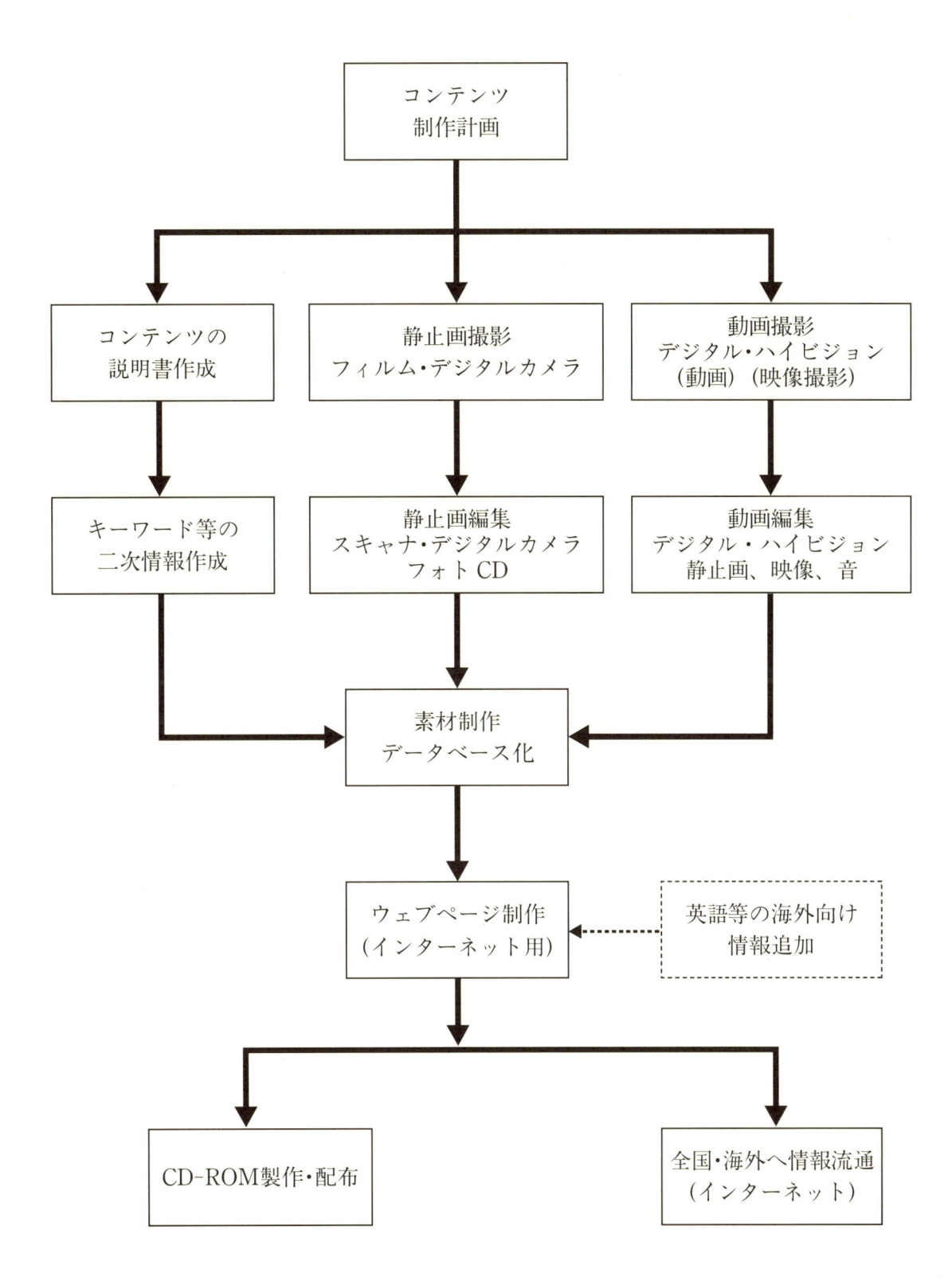

Ⅳ　インターネット活用の発想と様々な学習サービス

```
                    ┌─────────────┐
                    │ コンテンツ   │
                    │ 制作計画     │
                    └──────┬──────┘
          ┌────────────────┼────────────────┐
          ▼                ▼                ▼
   ┌─────────────┐  ┌─────────────┐  ┌─────────────┐
   │ コンテンツの │  │ 静止画撮影   │  │ 動画撮影     │
   │ 説明書作成   │  │ フィルム・   │  │ デジタル・   │
   │             │  │ デジタルカメラ│  │ ハイビジョン │
   │             │  │             │  │ (動画)(映像撮影)│
   └──────┬──────┘  └──────┬──────┘  └──────┬──────┘
          ▼                ▼                ▼
   ┌─────────────┐  ┌─────────────┐  ┌─────────────┐
   │ キーワード等 │  │ 静止画編集   │  │ 動画編集     │
   │ の二次情報   │  │ スキャナ・   │  │ デジタル・   │
   │ 作成         │  │ デジタルカメラ│  │ ハイビジョン │
   │             │  │ フォトCD    │  │ 静止画、映像、音│
   └──────┬──────┘  └──────┬──────┘  └──────┬──────┘
          └────────────────┼────────────────┘
                           ▼
                    ┌─────────────┐
                    │ 素材制作     │
                    │ データベース化│
                    └──────┬──────┘
                           ▼
                    ┌─────────────┐       ┌─ ─ ─ ─ ─ ─┐
                    │ウェブページ制作│◀ ─ ─│英語等の海外向け│
                    │(インターネット用)│   │情報追加     │
                    └──────┬──────┘       └─ ─ ─ ─ ─ ─┘
              ┌────────────┴────────────┐
              ▼                         ▼
      ┌─────────────┐           ┌─────────────┐
      │CD-ROM製作・配布│         │全国・海外へ情報流通│
      │             │           │(インターネット) │
      └─────────────┘           └─────────────┘
```

図Ⅳ- 4 - 1　学習資源のデジタル化の方法

129

■画素
　デジタル画像の精度を表す数字の単位。画像は点の集合で表現され、その数が多いと精度が増し、表現が豊かになる。画素数は同時にデータ量でもあり、同じ画像を画素数の高い方式で記録するとデータ量も大きくなる。

　また、一旦作成したデジタルデータは、解像度を下げる方向の加工はできるが、逆に上げる方向の加工はできない。そのために、活用形態を十分に考慮してデジタル化する際の解像度を決定することが必要となる。最近の提供方法として、フラッシュ・ピックス（FlashPix）画像など高品位の映像配信が可能となった。そのためにも、今後の画像はできるだけ高品位な画像が必要となる。

　一般に解像度は、35mmのフィルムで800万画素といわれている。今後の技術を考えれば、1,000～2,000万画素程度の解像度が必要となる。デジタル化すれば劣化はしなくなるが、後世において高度なスキャニング技術が開発・実用化されることも念頭に置き、フィルムの保管には十分留意しなければならない。また、動画についても、ハイビジョンカメラ等で撮影するなど高品位の画像で保存することが大切である。

3　学習資源のデジタル化の具体的事例

(1)　仮想博物館（バーチャルミュージアム）

　博物館や美術館等の社会教育施設は、地域文化の情報蓄積・発信拠点である。そのためには、デジタル画像技術を用いて、所蔵資料の有形・無形の文化財をデジタル化し記録・蓄積するとともに、そのコンテンツを誰でも、自由に閲覧できる仕組みが必要である。情報技術を活用していけば、ハコからの脱却、つまり施設がなくても仮想博物館をインターネット上で展開することは、十分に可能である。建築の費用も運営に関する人件費も大幅な節約ができる。

　仮想博物館（バーチャルミュージアム）を構築するためには、各施設から情報の登録更新及び閲覧を可能にし、これらの情報を横断的に検索する機能を追加することが必要である。また、学校教育などへの活用を図るなど、博物館や美術館等の社会教育施設が主体になって、情報コンテンツを高度に利活用するための環境を整備することも重要となる。

　しかしその場合、一次資料や二次資料の扱いについては十分に吟味整理されなければならない。特にネットで発信される情報については発信者の意図がストレートに表現されるため、本来の実物の持つ情報についてどれだけ近づくことができるのか見極めることが大切となる。

　岐阜県では、平成10年より博物館・資料館の情報を集めバーチャルミュージアムをインターネット上で公開している（写真IV-4-1）。

　また、平成14年11月にネットミュージアム兵庫文学館がオープンし、ネット上でさまざまな展示物を探訪できるようになっている。

　（http://www.bungaku.pref.hyogo.jp/）

Ⅳ　インターネット活用の発想と様々な学習サービス

写真Ⅳ-4-1　岐阜県の仮想博物館（バーチャルミュージアム）
(http://indi-info.pref.gifu.jp/manabi/)

写真Ⅳ-4-2　地域資料（雪国のくらし）のデジタル化
(http://indi-info.pref.gifu.jp/manabi/)

(2) 地域の資料のデジタル化と共有化

　生涯学習においては、地域文化や地域の生活による知恵の伝承が必要とされている。また、学校教育でも「総合的な学習の時間」において地域資料の活用の必要性が問われている。しかし、これらの地域の「知」が体系的にデジタル化されていない。そこで、これらの地域資料を体系的に収集し、インターネットで情報発信すると同時に、その利活用を図ることが求められている。

　たとえば、世界文化遺産である白川郷の合掌造りには、雪国の「知」が集積されている。また、各地域の川の流域には、川を生かす「知」がある。また、山間地域には、山を生かす「知」がある。

　地域の生活に中にある知恵や知識を発見し、デジタル化することは、知識と生活の総合化のプロセスとして大切である。特に、生涯学習において、生活の「知」を発見することは重要である。一般に、時間の経過と共に周囲の状況は変化し、自分の知識、関心事などにも変化が起きているため、たった一つの素材でも後になってさまざまな発見を誘発される。素材は多ければ多いほどそうした発見の機会も増大し、自分の知識形成にも役立つ。また、「20世紀の地域を21世紀に残そう」「地域に学び、地域から伝えよう」と、地域の資料をデジタル化し共有化することは、50年後や100年後には貴重な資料となるはずである。地域素材は、それが多くの人の間で共有できるようになると、知ることの楽しみは個人的な楽しみの域を越えて、地域全体の文化形成、地域文化の未来永劫にわたる継承というさらに意義深い社会的共有の財産となる。

　このような、地域の人々に情報を提供するシステムの整備には、地域の人々の参加が必要となってくる。特に、地域の資料収集、情報化には、地域の実情に応じた活動が重要であり、人々が身近な場で情報の整備を推進すべきである。このためには、いかに地域の人々が主体的に自分たちの学習資源として、収集・整理する組織が構成できるかが課題である。また、このような地域の人々や、大学、学校、社会教育施設、NPOなどによるコラボレーションを通じたデジタル化の活動を、生涯学習の一環として捉えることが大切である。

Ⅳ-5　携帯電話を使った学習サービス

1　携帯電話の特性

　平成14（2002）年度末の携帯電話とPHSを合わせた総契約数は、前年度比8.4％増の8,111万台と初めて8,000万台を突破した（電気事業者協会調べ）。こうした急速な普及の背景には、携帯電話がもはや単なる電話ではなく、インターネット接続機能を持った「掌に乗るインターネット端末」となっていること、また、付属のカメラ機能へのニーズが高まっていること、などが挙げられよう。

　電通総研が平成11（1999）年に実施した「生活者・情報利用調査[1]」によれば、携帯電話の利用率と情報リテラシー[2]との関係について、情報リテラシーが相対的に低い「低情報リテラシー層」ほど携帯電話のヘビーユーザー率（利用料金が月1万円以上）が高い点が指摘されている。また、「低情報リテラシー層」のインターネット利用率は3％に過ぎないのにもかかわらず、携帯電話利用者のうち携帯電話でインターネットを利用している人は13％にのぼるという。

　このような事実の背景から、メディアとしての携帯電話の特性を考えてみると、「パソコン＋インターネット」のためには多額の初期投資と高い情報リテラシー（スキル）が必要であるのに対し、携帯電話は①端末そのものに要する費用が安いこと、②特に高いスキルを必要とせず、操作が簡単であること、③持ち運びが便利で個人が常に携帯できることといった利点が挙げられる。携帯電話は今や、誰でも気軽に利用できる情報化へのゲートとなっているのである。

　では、携帯電話の特性を生涯学習の場でどのように生かすことができるだろうか。

　平成12年の生涯学習審議会答申[3]は、インターネット等の高度情報通信ネットワークを活用して生涯学習の可能性を広げるための方策を提言しているが、新しい学習方法の一つとして、インターネット接続機能付き携帯電話などの通信端末の利用を挙げている。たとえば、同時双方向で遠隔地間で俳句のやりとりをしたり、別のことを行いながら学習したりできるというものである。さらに、学習情報の伝達のみではなく、情緒的な部分も含んだより深いコミュニケーションの手段としても携帯電話が有効であると指摘している。

　以上のような社会や国の動向を踏まえながら、教育・学習と携帯電話の関係を考えてみたい。

2　教育・学習と携帯電話の関係

　教育・学習とITの関係は、次の3点にまとめることができる。

①教育・学習の支援システムにITを活用する。
②教育・学習の場でITを活用する。
③教育・学習の場でITもしくはそれによってもたらされる情報について学ぶ（＝情報リテラシーを高める）。

ここでは、「IT」を「携帯電話」に置き換えながら、携帯電話を活用した学習サービス、さらには情報ツールとしての携帯電話に対するリテラシーについて述べることとする。

(1) 教育・学習の支援システムに携帯電話を活用する

まず、学習機会の提供、学習情報提供といった教育・学習の支援システムにおける携帯電話の活用について考えてみたい。

パソコンでのインターネット利用を前提とした遠隔学習の仕組みとしては、ホームページ上での学習内容の提供と電子メールを利用した質疑応答の組み合わせによるオンライン講座といった先進的な取組みが既に各地で行われている。インターネットの双方向性を生かし、自宅にいながらにして講座に主体的に参加できる仕組みと言えるが、今後は、生涯学習の機会の拡大という観点から、パソコンだけではなく、携帯電話によるインターネット利用者をも視野に入れていく必要がある。前述したように、パソコンによるインターネットの利用ができない（あるいは利用しない）人たちにとって、携帯電話こそもっとも身近な情報ツールとなっているからである。

携帯電話を利用して学習を進めるためのコンテンツとしては、すでに、民間レベルで様々な素材や教材が流通している。たとえば、辞書、単語集、TOEIC受験者向け教材等英語学習に関わるもの、携帯電話で小説等をダウンロードして読むことができる「ケータイ読書」[4]、高校や大学受験用の教材、百人一首を覚えるための教材など、多種多様である。解答するとすぐに正誤が判明するといったように、インターネットの双方向性を生かしたものも多い。

今後、地域独自の情報、つまり、その地域の住民でなければ知り得ない情報を地域住民や公民館が収集・構成し、生涯学習に使えるコンテンツとして提供することが求められる[5]。携帯電話向けに作成する際には、たとえば、パソコンに比べると一画面に表示できる文字数に限りがあるため、見出しをつける時に内容が一目でわかるようにする必要があるなど、いくつかの留意点が出てくる。これらについては、既存の民間のコンテンツを参考にしたり、また、民間業者と共同でコンテンツを作成することも考えられよう。

一方、新鮮な学習情報をメールマガジン形式で発信するなど、携帯電話の特性を生かした学習情報提供も求められる。

Ⅳ　インターネット活用の発想と様々な学習サービス

■出会い系サイト
　携帯電話等のインターネット業者が運営する男女がネット上で知り合うためのサイト。援助交際や非行などの青少年を巻き込むネット犯罪の温床として問題化している。

(2)　教育・学習の場で携帯電話を活用する

　「まちづくりワークショップ」などでは、地域の現状を知るために、グループ単位で実際にまちを歩いて問題点を発見し、それらをマップにまとめるというプログラムがみられる。その際、カメラ機能付き携帯電話を使って撮影した画像をマップ作りに使ったり、画像をパソコンに取り込み、プロジェクタで投影しながら発表するといった活用方法が考えられる。

　また、パソコンは使わないが、携帯電話のメールアドレスを持っているという人は多い。個人情報の保護に十分留意しながら、参加者のネットワークづくりに携帯電話のメール機能を活用することも考えたい。地域の問題解決は、地域住民相互のネットワークはもちろんのこと、同じ問題を抱える他の地域の人々や大学教員等の専門家との有機的なネットワークによってこそ可能となる。パソコンだけでなく、携帯電話という情報ツールを意識することによって、より広範で深いネットワークを展望することができるのである。

(3)　教育・学習の場で携帯電話もしくはそれによってもたらされる情報について学ぶ
　（＝情報リテラシーを高める）

　情報リテラシーは、①情報機器の操作能力、②情報受容能力、③情報表現（発信）能力の３つの能力を複合的・統合的に身につけることだといわれている[6]。このうち、携帯電話については、特に②の能力を高めることが重要になると思われる。すなわち、携帯電話のインターネット機能によってもたらされる様々な情報の意図や背景、情報の正誤などを的確に見極める能力である。最近、携帯電話の「出会い系サイト」等が絡んだ青少年をめぐる犯罪や、インターネット詐欺のような新手の犯罪が多発している。「低情報リテラシー層」に携帯電話のインターネット機能の利用者が多いことからも、こうしたサイトに関わることの危険性について、様々な教育・学習の場において積極的にプログラム化する必要がある。

　その際、単なる受動的な学習形態ではなく、参加者が主体的に参加できるようなプログラムが望ましい。そのためには、行政、民間業者、大学、NPO等、様々な機関が連携して企画することが大切である。特に青少年を対象とする場合には、学校との連携は当然視野に入れるべきであろう。いずれにしても、携帯電話によってもたらされる情報に対するリテラシーを高めるための方策を早急に進めることが望まれる。

注および参考文献

(1) 1999(平成11)年12月実施、対象700人。調査結果については、『「ケータイ」で見えてきた日本型情報革命』(2000) 参照のこと。
(2) 同調査では、「情報リテラシー」をマインド要素(情報化に対する意欲や価値観)とスキル要素(情報ツールを実際に駆使できる能力＝パソコンスキル及びインターネットスキル)の2つの視点で相対評価した上で、インターネットや携帯電話の利用率との関係を解き明かしている。
(3) 「新しい情報通信技術を活用した生涯学習の推進方策について」
(4) 2003(平成15)年10月4日付朝日新聞「ケータイ読書が急増中」
(5) そのためには、住民自身が自分たちの地域について様々な側面から学習し、「地域を知る」ことが前提となろう。
(6) 国立教育会館社会教育研修所『情報に関する学習とネットワーク』、2001(平成12)年、ぎょうせい

Q & A

Q12 全国にどのようなデジタルアーカイブが作られているか？

A12 デジタルアーカイブとは、博物館、美術館、公文書館や図書館の収蔵品をはじめ有形・無形の文化資源等をデジタル化して保存等を行うシステムをいいます。デジタル化することによって、文化資源等の公開や、ネットワーク等を通じた利用も容易となります。

また、デジタルアーカイブは、ネットワーク文化の集積・発信拠点として中核的な機能を果たしており、デジタルアーカイブの整備によって、様々な文化財、美術品、地域資料、重要な公文書等の歴史的資料等に関する情報が、地理的な制約を受けずにどこにおいても入手・利用できる環境を実現することができます。

デジタルアーカイブ推進協議会（http://www.jdaa.gr.jp/）では、デジタルアーカイブの進展・活用を図ることを目的に、博物館・美術館、図書館、大学、自治体・教育委員会、推進団体、マスコミ、企業等、幅広く実施し調査を行い、活用事例、権利問題と契約、海外の施策と現状のほか、関連ホームページや用語解説などを加えて、全国のデジタルアーカイブの状況について紹介しています。

Q13 地域のデジタルコンテンツを学校でどう活用しているか？

A13 近年の情報通信技術の発展により、デジタルコンテンツそのものに高い価値が認められるようになってきました。その中でも、文化財などの情報をデジタル化し、他の情報と連携させて活用していくことを目的とするデジタルアーカイブが注目を集めています。すでに多くの博物館や美術館では、展示品をデジタル化しインターネットを通して自由に閲覧できるようにする取組みがされています。また、各自治体も地域資料をデジタルアーカイブにすることで、地域固有の文化やブランドを全世界に広めていこうとしています。これらの動きは、貴重な文化財の情報をさまざまな形で保存、発信、提供、活用しようとするものです。

現在の学校教育ではコンピュータ、とりわけインターネットを利用した学習が多く行われています。そこでこれらのデジタルアーカイブス化されたデジタルコンテンツを学習資源として活用することによって、授業の効率化、学習意欲の向上、内容に対しての理解を深めることに加えて、学校や地域の連携が可能になると考えられています。

【参考文献】
・山本恒夫・浅井経子・坂井知志編『「総合的な学習の時間」のための学社連携・融合ハンドブック』2002.4　文憲堂

V　メディア活用を進めるための基礎知識

V-1　デジタル映像教材の制作

　近年の情報通信技術の急速な進歩により、教育におけるデジタルメディアの活用のニーズはますます高まっており、その企画、運営、制作及び活用に関わる人材の育成が急務とされている。全国の公立教育研修機関を対象とした、『視聴覚教育メディア研修カリキュラム改正のための調査研究』（平成15年）によれば、近年ニーズが高まっている教員研修の内容として、49.30％の機関がデジタル方式による映像教材の制作をあげている。

　これまで、映像編集機は非常に高価であり、また、これを収納するスタジオ施設が必要であったため、デジタル映像の撮影やノンリニア編集も容易に行なうことができなかった。しかし、近年のコンピュータの低価格化、高速化、大容量化、簡便化に伴い、家庭用パソコンを使ってだれでも手軽にデジタル映像を制作することが可能となっている。

　とはいえ、教育における教材の利用を考える場合、焦点はただデジタル技術を用いて映像教材を制作すればよいということにはならない。教材やそれを用いた授業の当否は、「だれに対して（学習者特性）」「何に対して（学習課題）」、相対的観点から検討されるからである。そのため、教材の企画段階で学習者や学習目標を分析することが必要となる。

　また、教材を教育場面に適用する場合、問題となるのはその効果である。すなわち、教材を通じて「何にを学んだか」という学習者の行動が問題となる。そこで、教材の適用以前に、その改善を目的として実験的に教材を利用する過程が必要となる。

　このような試行の過程の後、教材の内容について協議し、教材の改善を図ることで、その効果を高めることが可能となる。

　以下の項では、家庭用のデジタルカメラとコンピュータを使った、簡便なデジタル映像教材の制作に焦点を当て、その手続きと制作技法を概説する。

V メディア活用を進めるための基礎知識

■**ノンリニア編集** nonlinear editing
　ダビング作業で編集することをリニア編集という。ノンリニア編集は、撮影されたビデオのデータをコンピュータのハードディスクに保存してデジタルデータとして処理するため、ランダムな位置での編集が可能。

1　映像制作の手続き

①基本方針の検討
　5W1H、「なにを」「どこで」「だれが」「いつ」「なぜ」「どのように」撮るかを検討する。
②学習者の分析
　学習者の特性は、映像を利用した学習に影響する。同じ題材でも、対象が子どもであるか大人であるかによって適切な内容は異なる。また、映像から多くを学ぶ者もいれば音声から学ぶ者もいる。映像制作においては、このような学習者要因を考慮する必要がある。
③学習目標の分析
　学習目標の相違により、適切な映像は異なる。そこで、学習目標が、知識の獲得を目指す認知の領域、技能の習得を目指す心理・技能の領域、態度の変容を目指す情意の領域、などのいずれに属すかを検討する必要がある。
④内容の概略と構成の検討
　まず、教材で何を語るか、「序論・本論・結論」を検討する。続いて、どのように語るか、演示やインタビュー、対談、鼎談など、種々の表現の仕方から適当なものを選択する。
⑤絵コンテの作成
　撮影する内容と、その順序を記した映像の台本を作成する。
⑥映像制作（撮影、録音、編集）
　デジタルビデオカメラを使って撮影し、マイクで録音し、それぞれをコンピュータに取り込んで編集を行なう。
⑦トライアウトと形成的評価
　教育場面での適用以前に教材を試用し、その結果に基づいて教材を修正・改善する。

2　絵コンテの作成

　絵コンテとは、映像場面と、その展開を図示したストーリーボードである。
　絵コンテの目的は、撮りたい映像のイメージを具体化してまとめること、そして、役者やスタッフに考えを伝えることである。このイメージを具体化する作業は非常に重要である。頭に浮かんだ映像をいざ絵コンテに描いてみると、イメージと異なる部分が見えてきたり、足りない部分が明らかになったりするものである。

No.	画面	シーン	カメラワーク	音声	時間
1	ワープロソフトの使い方	タイトル背景にスーパーインポーズ		BGM FI	15S
2		コンピュータをひっかけて講師BS	フィックス	BGM FO 解説が始まる ———— ———— ————	30S
3	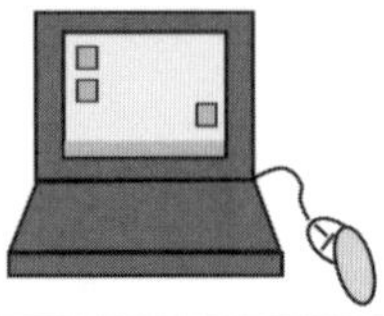	コンピュータLS	フィックス	ナレーション ———— ———— ————	15S
4	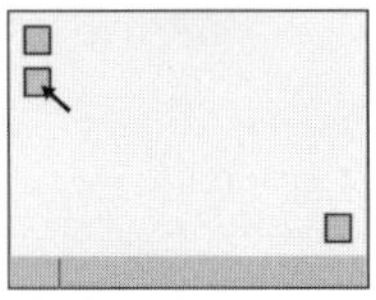	コンピュータ画面CU	カメラ、コンピュータ画面にズームイン	ナレーション ———— ———— ————	30S
5	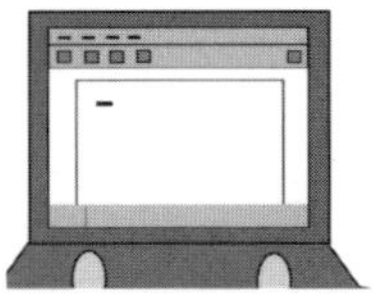	講師の肩越しにコンピュータ（ワープロソフト）画面MS	フィックス	ナレーション ———— ———— ————	15S

図Ⅴ-1-1　絵コンテの例：ワープロソフトの使い方

　絵コンテは、映像の内容と展開が理解できるように書く必要がある。そこで、少なくともカット番号、画面、シーン、カメラワーク、音声、撮影時間くらいは記しておきたい。

　絵コンテを描くことに慣れることは、ひいては、撮影技術や画面の構成、編集技術、演出技法の向上にもつながるため、これは決して軽視できない作業である。

　絵コンテは、通常5段構成で描かれる。絵コンテ用紙は市販されているので、それを購入するのも良いし、使い勝手の良いテンプレートを作成するのも良い。

　図Ⅴ-1-1に、絵コンテの実例を示す。

3　映像の撮影

　撮影の際には、撮影の技法を理解した上で、縦横比3：4の出力画面に映像をバランス良く構図する必要がある。具体的には、何を、どれだけの大きさで、どこから、いかに撮るかを決定する。

①ショットサイズ

・人物に焦点を当てた撮影

　人物のショットサイズは、被写体の頭からどこまでを画面に入れるかにより、フルショット(FS)、ニーショット(KS)、ウエストショット(WS)、バストショット(BS)、ヘッドショット(HS)またはアップショット(US)に分かれる。

・風景および物体に焦点を当てた撮影

　風景および物体のショットサイズは、ロングショット(遠景：LS)、ミディアムショット(中景：

MS)、クローズアップ（近景：CU）に分かれる。
②カメラアングル
・アイレベルまたは水平アングル
「メダカ」とも呼ばれ、被写体を目の高さで撮影する、通常のカメラアングル。
・ハイアングル
「フカン」とも呼ばれ、被写体を上から見下ろすように撮影するアングル。状況を伝えるのに優れているため、風景のロングショットに使われる。
・ローアングル
「アオリ」とも呼ばれ、被写体を下から見上げるように撮影するアングル。映像に迫力を持たせたり、強く印象付けたい時に使われる。
③カメラワーク
・フィックス
カメラを動かさずに被写体や情景を撮影する、カメラワークの基本となる技法。特別な理由がない限りは、フィックスのカットを心がけるべきである。
・ズーミング
ズーム機能を使い、カメラがとらえる被写体の大きさを大きくしたり（ズームイン：ZI）、小さくしたり（ズームアウト：ZO）する技法。ズームインは、見るものの注意を方向付けることができる。一方、ズームアウトは、被写体の周囲の状況を説明するのにすぐれる。
・パンニングとティルティング
カメラを水平方向に振ることをパン、上下方向に振ることをティルトと呼ぶ。パンニングは横に長い情景を撮影する場合、ティルティングは高さのあるものを撮影する場合に使われる。パンやティルトは、ゆっくりとスピードを変えずに行なうことが重要である。
・ドリー（移動撮影）
カメラが被写体に近づいたり（ドリーイン：DI）、遠ざかったり（ドリーアウト：DO）しながら撮影する技法。移動している被写体をフォローしたい場合に良く使われる。カメラと被写体との間にものを挟んで撮影すると、移動効果が強調される。

4　映像の編集

カメラで撮影した映像は、コンピュータに取り込み、動画編集ソフト上で編集する。映像の編集

■クロスフェード、ワイプ
　黒いスクリーンまたは無音状態から場面を展開する効果をフェードイン（FI）、その逆はフェードアウト（FO）といい、クロスフェードは重なりながら入れ替わる。ワイプは、拭き取るように次のシーンに切り替わる効果。ビデオ編集ソフトで多彩な画面切替が設定できる。

には、映像の修正、映像の補足、映像の結合および統合という3つの目的がある。
①映像の修正
・展開上、不必要な映像や冗長な映像の削除
・映像や音声が乱れている部分の補正または削除
・映像の順序の入れ替え
②映像の補足
・メインタイトル、エンドタイトル、クレジットなど、各種タイトルの挿入
・付加的説明が必要な部分への、テロップや静止画像、図表、記号などの挿入
・BGMや音響効果、ナレーションなど音声の挿入
③映像の結合および統合
・クロスフェード、ワイプなどの効果を使った、映像と映像のつなぎ目の編集
・画面への映像の統合、または複数の映像の分割表示（ピクチャー・イン・ピクチャー）

5　トライアウトと形成的評価

　教材の効果は、実際に使ってみなければ分からないという部分がある。しかし、いざ授業で教材を使ってみて、「ねらい通りにいきませんでした」というわけにもなかなかいかない。
　そこで、教材の効果を可能な限り予測し、その効果を高められるよう、授業を実施する以前に教材を試用するトライアウトの過程が必要となる。
　たとえば、認知の領域の学習では、視聴した教材から得られる知識を検証する。この場合、映像からどのような知識がどれだけ得られるかが問題となる。学習課題を「静岡県の紹介」とするならば、教材の当否は、静岡県に関する知識を獲得したか否かによって問われる。
　また、心理・技能の領域では、視聴した教材から習得される技術を検証する。この場合には、映像を視聴しながら作業ができるかが問題となる。課題を「折り紙の折り方」とするならば、教材の当否は、実際に折り紙を折ることができるかどうかによって問われる。
　このようなトライアウトの過程を経て、もし教材のねらいを学習者が達成できそうになければ、教材の一部を修正・改善する必要が出てくる。

引用文献
日本視聴覚教育協会　『「聴覚教育メディア研修カリキュラムの標準」の改正に向けた調査研究』　2003年

V-2　デジタルコンテンツと著作権

1　「知」の時代

　「知」の時代といわれる今日、情報や知識を重視する意識が、社会全体に高まってきている。学校教育をはじめとする生涯学習においても、学びのための情報や知を積極的に集め、選び、創り、伝える能力が求められている。

　それらの学びのための情報や知のニーズに応えるためのICT環境の整備が、各地で急速に進んでいる。

　そのキーワードとなるのが「インターネット」と、「デジタルコンテンツ」であり、平成15年11月現在、日本のDSLおよびケーブルインターネット加入者数は、約12,339万人に達しているといわれる。（総務省関東総合通信局調べ）

2　e-Japan重点計画-2003と教育用コンテンツ

　e-Japan重点計画-2003では、ITの利活用により、社会的に大きな効果が期待できるとしている7つの分野の一つとして、「知」の分野を取り上げ、遠隔教育の推進や、コンテンツの流通促進等を記述している。

　生涯学習関係では、各種コンテンツのデジタルアーカイブス化及びインターネット提供を、平成17年までに、研究機関等が有する最先端の研究成果を素材にした教育用コンテンツの研究開発を行い、また、学校体育・スポーツ・健康教育用コンテンツ、伝統芸能や現代舞台芸術の公演等を集録した文化デジタルライブラリー、国立科学博物館の学習資源をデジタルアーカイブス化するとともに、そのデジタル素材を用いてコンテンツを作成し、インターネット等で提供することを上げている。

　教育用コンテンツの充実活用をすすめるためには、まず民間企業が開発提供するコンテンツの流通と教育情報ナショナルセンターにおいて、わが国の文化遺産のアーカイブス化、さらには、その地域ならではの文化や歴史、生活に関わるデジタルコンテンツ化・アーカイブス化をすすめることも重要であろう。

3　教育用コンテンツと著作権

(1)　生涯学習施設（図書館・博物館・美術館等）とデジタルコンテンツ化

　図書館・博物館・美術館等に足を運び、優れた文学作品や資料・文化財や美術品等を直接閲覧したり、鑑賞することの意義は今後とも減じることはないと思われるが、デジタルコンテンツ化し、インターネットにより「いつでも　どこでも　だれもが」居ながらにして自由かつ容易に閲覧・鑑賞することも生涯学習をすすめる上で有効な方法であろう。

　また、情報を劣化させることなく保存することを可能にし、文化財・美術品の修復に必要なシュミレーションを行ったり、剥落した部分をコンピュータ上で再現したりするなど、文化財・美術品の調査研究に大きな役割を果たすであろう。

　しかし、文化財や美術品を写真に撮り、それをデジタル化していく過程において、素材や写真についての著作権や所有権が複雑に関係するし、特に、作品の著作権の保護期間が経過していない場合には、著作権料の支払いなどの著作権の権利処理が必要となる。

　このことは、図書館や博物館などはもちろん、地域の生涯学習センターや視聴覚センターであれ同様の問題をクリアしなければならない。

　そこで、デジタルコンテンツの制作・利活用について、他人の権利を侵さない、あるいは不利益を与えないための事例を取り上げて具体的に考えてみたい。

4　デジタルコンテンツ制作と著作権

【事例1】　自作デジタル映像教材の場合
　この事例は、地域に残っている寺社や古城などの歴史をデジタル化し、社会教育等における学級・講座に役立てようとするものである。

　制作方法としては、地域のビデオボランティアの協力を得て、Aセンターが制作し、DVD化して要請に応じて提供することを目的としている。

　制作にともなう、権利処理の方法としては、Aセンター独自の許諾書あるいは権利者側に承認申請様式があればそれに従って許諾を得るようにしている。
［権利処理の実際］
　この事例の場合、肖像権や文化財の複製権、音楽使用に伴う著作権処理が中心となっているが、撮影の許諾を求める場合、書類または口頭で許諾を得るか使用料の支払いが発生することもありう

V メディア活用を進めるための基礎知識

る。
　しかし、実際に権利処理をする時、博物館所蔵のものでも、館以外の権利者が存在する場合には、その許諾を得る必要があることや、図書を撮影する場合、掲載されている写真等は発行者以外の著作者が存在している場合があり、その許諾を得る手続きが必要になることにも留意してほしい。
　音楽使用に関しては、デジタル映像のBGMとして使用する目的での著作権処理済み素材でも、たとえばインターネット等で配信利用する場合は契約外となり、別途権利処理のための料金を求められる。
　不特定個人の肖像権については、たとえば博物館来場者等に対しては、撮影してインターネット配信する旨を口頭で伝え、背景に写り込む一般の人たちに対しても承諾を得る配慮が必要であろう。
　また、制作した映像を適正に利用するために「収集映像運用要綱」を定め、許諾を得るときにそれを示すようにするとか、さらに要綱を具体化した「収集映像運用規定」を定め、権利者の求めに応じて提示し、権利者側が条件付きで承諾する場合は、承諾書にその条件を明記するようにしている。
　地域映像教材のデジタル化及びその活用を実現することは可能なことではあるが、かなりむずかしい問題も含んでいるように思われる。つまり、アーカイブスの構築には、相当数の映像収集が必要で、そのためには多大な費用や労力がかかるし、特に、過去の映像コンテンツをアーカイブス化するためには、その映像著作物を二次的に利用することになり、権利の処理がさらに複雑になる。古い映像（70年に至らない映像）ほど、一つのコンテンツに権利が複雑に絡むことが多く、その権利処理にかなりの労力を費やす必要がある。
　しかし、デジタル化・ネットワーク化の進展は、従来想定されていなかった新たな利用方法が可能になり、すでに著作権処理のルールを確立して、利用効果をあげているところも出始めている。

【事例2】　「エル・ネット」の場合
　前事例の中で、契約ということばが出てきたが、文部科学省では、エル・ネット（教育情報衛星通信ネットワーク）を利用して「文部科学省ニュース」「子ども放送局」「大学公開講座」「家庭教育番組」「教育関係者研修番組」などを全国に直接提供している。
［権利処理の実際］
　エル・ネットの場合、出演者である講師などの権利者の承諾を得ることが必要であり、さらに多くの番組について「ビデオ録画」「ビデオ貸出」「再送信」などの二次使用ができるような著作権契約システムを作っている。

番組利用形態を、レベルA：録画・上映　B：ビデオの貸出・上映　C：再送信、の3つのレベルに分け、A、AB、ABCと組み合わせて、タイムテーブルや番組タイトル等に著作権契約レベルを表示し、どんな利用法ができるか明確になるようにしている。
　また、送信局側としては、著作物（講義等）を送信するため、番組利用形態について著作権者（講師）の承諾を得るようなシステムになっている。
　今回の著作権法改正では、エル・ネットをはじめ、教育機関での遠隔教育を行うための送信（第35条第2項）については、学校・公民館などで、「主会場」での授業を「副会場」に同時中継（公衆送信）されている場合に、主会場で用いる教材を、副会場向けに送信する場合も教育における権利制限の例外とされている。
　その条件としては、
・教育機関であること
・営利を目的とする教育機関でないこと
・「主会場」と「副会場」がある授業形態であること
・その教育機関での学習のみへの送信であること
・生で中継される授業等を担当する教員等や授業等を受ける学習者自身がコピーすること（指示を受けて作業する者も含む）
・授業の中でコピーする本人が使用すること
・必要限度内の部数であること
・すでに公表されている著作物であること
・その著作物の種類や用途などから判断して、著作権者の利益を不当に害しないこと
などがあげられている。

5　デジタルコンテンツの利活用と著作権

【事例1】　インターネットからデジタルコンテンツのダウンロードやプリントアウトによる教材作成の場合
　この事例は、学校や公民館などの社会教育施設で、教員等が授業や学級・講座を行うために、インターネットを通じて、授業や学級・講座に役立つデジタルコンテンツを探し出して、権利者の許諾を得ないで、学習者にコピーして配布したり、授業に使うコンピュータにダウンロードして教材作成を行うものである。

［権利処理の実際］
　従来の著作権法第35条（学校その他の教育機関における複製）では、授業を担当する教員自身（指示を受けて作業する者も含む）が自らの授業でのみ例外として認められていたが、今回の著作権法改正により、次のようになった。
　学校・公民館等の社会教育施設において、教員や授業を受ける者（学習者）が、教材作成などを行うためにコピーする場合は、著作権で定める規定の例外とするようになった。
　また、インターネットを通じて得たデジタルコンテンツをダウンロードしたり、プリントアウト・コピーして、教員等が教材作成を行ったり、学習者が教材として配布して使うような場合も、この例外規定が適用されるようになった。
　これらの例外とする条件としては、
・教育機関であること
・営利を目的とする教育機関でないこと
・授業等を担当する教員等やその授業等を受ける学習者自身がコピーすること（指示を受けて作業する者も含む）
・授業の中でコピーする本人が使用すること
・必要限度内の部数であること
・その著作物の種類や用途などから判断して、著作権者の利益を不当に害しないこと
などがあげられている。

【事例2】　民間企業が制作販売するデジタルコンテンツの場合
　教育用コンテンツの充実活用をすすめる一環として、民間企業が開発提供するコンテンツが出回りはじめ、たとえば「学習コンテンツライブラリー」「学びの扉・コンテンツデータベース」「学習素材集」など、学校教育を対象としたものが販売されている。
　これらは、それぞれショート映像コンテンツであったり、写真映像であったりするわけで、授業に直接結びついた教材を教育センターや学校等のサーバからダウンロードして使ったり、校内LANで共同利用できることを目玉として販売されている。
［権利処理の実際］
　この場合は、このデータベースを制作した民間企業が著作権をもっているが、当然コンテンツの著作者が存在するわけで、その著作者と著作権者となる民間企業との間で、利用条件を定めて契約を結んでいるはずである。

同じように、著作権者である民間企業と利用者である学校または教育委員会も、利用条件を含めた契約を結ぶ必要があろう。

商品として販売されるデジタルコンテンツではあるが、教育センターのサーバへの蓄積、校内LAN等での共同利用を認めたり、ある程度の加工改変を認める自由度の高い商品もあるが、購入したものであるからどう使ってもいいというものでもない。

いずれにしても、民間企業が販売するデジタルコンテンツである以上、利用者は、購入する際には利用条件や内容を吟味して契約を行うことが大切である。

6　「自由利用マーク」制度と著作権

また、著作者が、自分のコンテンツを他人に自由に使ってもらってもよいという意思表示として「自由利用マーク」制度がある。たとえば「プリントアウト・コピー・無料配布」OK、「障害者のための非営利目的利用」OK、「学校教育のための非営利目的」OKの3つの種類がある。自由利用といっても、ある程度の条件があるので、詳しくは文化庁ホームページ (http://www.bunka.go.jp/jiyuriyo) を見て欲しい。

7　デジタル化・ネットワーク化と著作権法の改正

情報化の急速な進展が、著作権の保護に大きな影響を与えるのは、より広範なデジタル化・ネットワーク化であろう。

情報伝達手段の発達普及は、著作物の利用に際して様々な利便を与えてくれ、新たな教育効果が期待されており、教育的見地から、著作物等の教育目的に係る権利制限の見直しを通して、著作権者の利益を不当に害しない範囲で、例外的に許諾を得ずに著作物を複写あるいは送信できるように著作権法改正が行われた。

今回の教育に係る権利制限の拡大のポイントは、インターネット等による「著作物の送信」と「著作物の複写」にあると考えても過言ではないかも知れない。

すでに、多くの人々がインターネットなどのネットワークに接続できるパソコンや携帯電話を持ち、著作物等を簡単に送受信することができるようになり、さらにはブロードバンドを始めとする次世代情報通信の普及に伴い、映像資料を活用したり、芸術作品の鑑賞も可能になろうとしており、今後、学校や生涯学習施設等での著作物利用をめぐる問題は一層重要になってくると思われる。

Ⅴ　メディア活用を進めるための基礎知識

参考資料
総務省　「通信利用動向調査」「平成15年情報通信白書」
㈶全日本社会教育連合会　「インターネット時代の著作権」　岡本　薫
文部科学省　リーフレット　el-Net
文化庁著作権課　俵　幸嗣　「視聴覚教育９月号　著作権法の一部改正について」　㈶日本視聴覚教育協会
三明正嗣　「映像教材のインターネット送信に関する権利処理」　千葉県総合教育センター

V-3　ウェブデザインの考え方とポイント

1　ウェブデザインの考え方

　我が国におけるインターネットの世帯普及率が81.4％[1]となった今日、インターネットは着実に生活の一部として定着しつつある。
　「情報通信白書」（平成15（2003）年版）によると、平成15年末のインターネット人口は、6,942万人、ブロードバンド人口は1,955万人であるが、平成19年末までにインターネット人口は8,892万人、ブロードバンド人口は5,967万人になると予測している。
　「ウェブデザイン」は、こうしたインターネットの普及とともに生まれた言葉である。印刷によって大量に複製されるデザインすなわち、広告・ポスターなどの「グラフィックデザイン」と区別し使われている。
　「デザイン（design）」とは、行おうとすることや作ろうとするものの形態について、機能や生産工程などを考えて構想することであり、意匠・設計・図案・計画・構造的仕組みなどの意味も含まれている。
　ファッション、インテリアをはじめとして、デザインには、さまざまな分野・ジャンルがある。当然「ウェブデザイン」にも、コンセプトデザイン[2]、構成デザイン、インターフェースデザイン[3]、ロゴデザイン[4]、キャラクタデザイン、レイアウトデザイン、コピーライティング[5]等、多くの要素が存在する。
　それらの「要素を総合的に組み立てて、情報を提供する側と情報を利用する側との間に有益なコミュニケーションを成立させ、利用者に常に新しい体験を与えていく」のが『ウェブデザイン』であり、カッコ良さや見た目だけのデザインでは『ウェブデザイン』とはいえない。さらに、これからのウェブデザインには、データベースとの連携が求められており、利用する側の望む情報をいかに早く的確に提供できるかといった『情報デザイン』も、ウェブデザインの重要な要素のひとつとなっている。
　ほかのメディアとは異なるウェブサイトの大きな特徴として、訪れる利用者の多様性を挙げることができる。世界中のあらゆる国の人々、さまざまな言語を持った人々がウェブサイトを訪れる。その中には、高齢者、子ども、障害を持った人たちも含まれる。特に日本は高齢化が進み、インターネット利用者における高齢者の割合[6]も増加の一方である。ウェブサイトでは、利用者の顔を直接見ることができないことをしっかりと踏まえることが大切である。

V　メディア活用を進めるための基礎知識

■ユニバーサルデザイン
　障害者・高齢者・健常者の区別なしに、すべての人が使いやすいように製品・建物・環境などをデザインすること。1974年、アメリカのメースによって提唱された概念。

　したがって、誰でもが使いやすいようにデザインする『ユニバーサルデザイン』が重要になってくる。

2　ウェブサイト作成のポイント

(1)　ウェブサイトの目的を決める

　ウェブサイトで何をしたいのか、何をアピールしたいのかといったウェブの方向性・戦略を決めた上で、対象者（ターゲット）を明確にする。教育関係者を対象とするのか、それとも一般を対象とするのか、また一般の中でも、女性向けなのか。男性向けなのか。大人向けなのか、子供向けなのか、あるいは高齢者向けなのかなど、どういった人たちが利用するウェブサイトかという方向性を明確にすることが重要である。
　場合によっては、対象者（ターゲット）となる人たちの意見や考えをリサーチすることも必要である。

(2)　ウェブサイトのテーマやカラーを決める

　「シンプル」「あたたかい」「かわいい」などといったウェブサイトのテーマや、ウェブサイト全体のイメージを決定付けるテーマカラーを決める。カテゴリーごとにベースカラーやテーマを変えるケースもあるが、統一性の保たれているウェブサイトは、利用者に安心感を与えるとともに、サイトのカテゴリー構成を示すことになりうるものである。

(3)　ウェブサイトの構成を決める

　次に、ウェブサイト全体の構成を決める。ツリー形式のチャート（図V-3-1）を作成し、視覚的に確認しながら作業を進める。構成チャートの完成度が高いほど、リンクやインターフェイスデザインが、スムーズに進むこととなるので重要な作業である。
　また、すでにデジタル化されているコンテンツが、どの程度あるのかということを整理しておくことは、構成チャートを作成する上で参考となる。こうしたことを考えると、平素から各種の資料・データ・記録写真については、ウェブサイトでの公開を視野に入れデジタル化への取組みが重要である。

■**FAQ** Frequently Asked Question
「よく聞かれる質問」という意味で、よくある質問とそれに対する回答をまとめたもの。

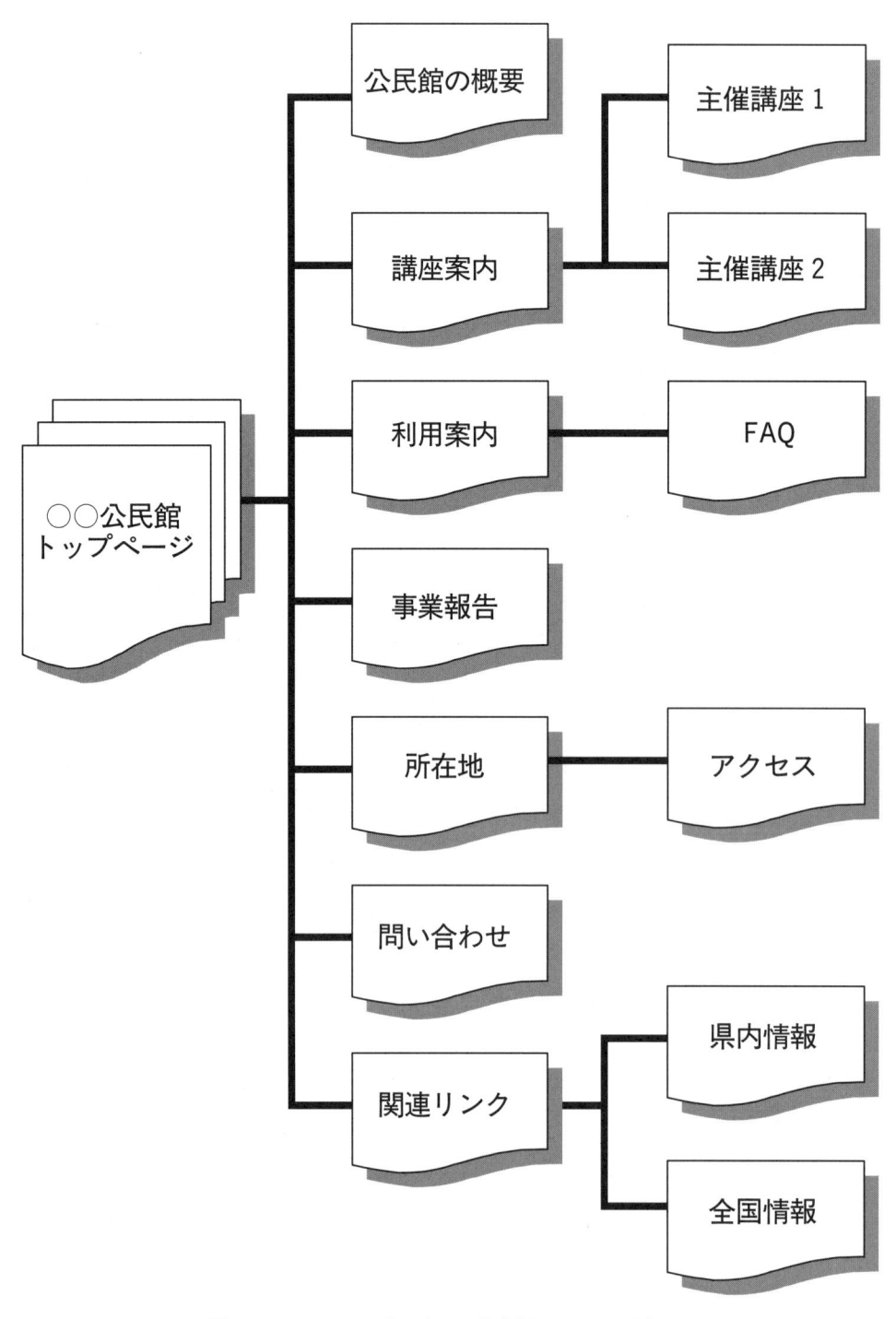

図 V-3-1　ウェブサイトの構成図　ツリー形式のチャート

Ⅴ　メディア活用を進めるための基礎知識

(4) ユーザビリティの追求

　私たちは多くのものに囲まれ生活している。しかし、日常なにげなく使っているこれらのものは、これまでの幾多にわたる試行錯誤のすえ、見えないところでの使いやすさを十分に考慮されて作られている。これがユーザビリティ（使いやすさ）である。

　とかくウェブサイトを作成するときには、見た目の美しさやカッコよさが注目されるが、こればかりにとらわれてデザインしていると、忘れがちになるのがこのユーザビリティである。いくら"カッコよい"デザインでも、独りよがりであったり、使う側が迷子になってしまったり、文字が小さくて読みづらかったり、必要な情報がどこにあるかわからないなど、といったウェブサイトになってしまっていたとしたら、それは良いウェブサイトとはいえない。作り手側の立場ばかりでなく、常に使う側の立場にたってデザインや構成を見直すことが大切である。特に、使う側の利用環境は一様ではない、ということを肝に銘じるべきである。

(5) アクセシビリティの改善

　ホームページを訪れる人は実に様々である。視覚・聴覚に障害を持った人、体の不自由な人など、どんな環境の人が訪れても戸惑うことなく利用できるホームページであることが大切である。

　障害の有無や年齢などの条件に関係なく、だれもが同じようにインターネット上で提供される情報を利用でき、さらにウェブページに対するアクセスや利用しやすい環境を用意することをアクセシビリティという。

　特定の情報にたどり着くまでの過程には、多くの障害が横たわっている場合がある。その障害をできるだけ少なくしていくという努力が、ウェブを構築する際に必要であり、それが、ウェブのアクセシビリティを改善するということである。

　アクセシビリティと聞くと、障害者や高齢者の方々への特定分野についての配慮というイメージを持たれがちであるが、障害者や高齢者に優しいと言うことは、健常者にとっても見やすいということにつながるといえる。

　このアクセシビリティに関しては、郵政省（現・総務省）と厚生省（現・厚生労働省）が、平成10年度に、「『情報バリアフリー』環境の整備の在り方に関する研究会」において「インターネットにおけるアクセシブルなウェブコンテンツの作成方法に関する指針」を作成している。また、平成12年度には、「高齢者、障害者の情報通信利用に対する支援の在り方に関する研究会」の中で、高齢者・障害者による情報通信の利用に対するウェブアクセシビリティを推進する上での課題及び必要な方策を報告書として取りまとめている。

表 V-3-1　予想される利用者

```
■見ること、聞くこと、動くことが難しかったり、ある種の情報を処理しにくい人がいること
■テキストを読むことまたは内容を理解することが困難な人がいること
■キーボードやマウスを利用しにくい人がいること
■テキスト専用や小さいスクリーンを使っている人、またはインターネットの接続に細い回線を利用している人がいること
■記載されている言語を話せなかったり、容易に理解できない人がいること
■誰でも一時的に、目、耳、手がふさがっている場合があること
■初期のタイプのブラウザ、異なる種類のブラウザ、音声ブラウザ、異なる種類のオペレーティングシステムを利用する人などがいること
```

表 V-3-2　ユーザビリティの高いウェブ作りのポイント

```
■ユーザにサイトの目的が伝わること
■全体像がトップページで把握できること
■デザインや構成が統一されていること
■必要な情報が適切な場所にあること
■次の動作がわかりやすいこと
■予想されたフィードバックが返ってくること
```

表 V-3-3　アクセシビリティの高いウェブ作りのポイント

```
■画像には ALT*属性をつけること
■外国語の乱用はしないこと
■TITLE タグは的確につけること
■背景と文字色はコントラストがあること
■フレームの使用は必要最小限にすること
■新しい技術には代替手段を用意すること
```
＊ALT(オルト)属性
　画像にマウスポインターが当たった時にでる代替文字情報で、音声ブラウザを使用している視覚障害者はここに書かれている文字で画像の情報を得ることができる。

【出典】 WEBデザインの「ユーザビリティー＆アクセシビリティー」　月刊『ニューメディア』　2001年5月号　㈱ニューメディア

Ⅴ　メディア活用を進めるための基礎知識

　アクセシビリティとユーザビリティは非常に近いことを指している。アクセシビリティはユーザが「使えるように」という点を配慮するのに対し、ユーザビリティは「使いやすいように」という点を考える。内容的には非常に共通する部分もあるが、誰もが使え、かつ使いやすいというのが理想的なウェブサイトといえる。

　インパクトやもの珍しさだけでウェブサイトに人が来てくれる時代は終わろうとしている。インターネットが、テレビのように日常生活において当たり前になってしまった今、ユーザにとって使いやすく居心地の良いウェブサイトだけが生き残っていくこととなるであろう。ユーザの顔を思い浮かべながら、どのような情報を欲しがっているかを考えて見ることから始めるべきである。

参考文献
(株)エスエスワン　『プロフェッショナル ウェブデザイン』　ソフトバンクパブリッシング　2003年
「高齢者、障害者の情報通信利用に対する支援の在り方に関する研究会」報告書　郵政省、厚生省　2000年5月
WEBデザインの「ユーザビリティー＆アクセシビリティー」　月刊『ニューメディア』　2001年5月号　(株)ニューメディア

注
(1)　「平成14年通信利用動向調査」　総務省　2003年3月
(2)　概念。広告で、既成概念にとらわれず商品やサービスを新しい視点からとらえ新しい意味づけを与えてそれを広告の主張とする考え方。
(3)　人間がコンピュータなどの装置を円滑に使用できるようにするための操作手順。
(4)　社名やブランド名の文字を個性的かつ印象をもたれるように、デザインしたもの。
(5)　様々な広告媒体に掲載する文章。「文案」の種類としては、「キャッチ」と、本文に当たる「ボディーコピー」に分かれている。
(6)　通信利用動向調査（平成14年、総務省）
　　　インターネット利用者の65歳以上割合は、平成13年度末7.7％に対し、平成14年度末は9.9％

V-4　ネット上のコミュニケーションの演出

1　ネットワークコミュニティ

　コンピュータや携帯電話等の情報通信機器の発達と普及により、電子的ネットワークによる交流は、活動の活発さ、広がりという点で、かつてない影響力を発揮している。個々の人間と他者との関わりを考えると、地縁・血縁は宿命的なつながりを個人にもたらし、職業等を通じて社会との結びつきが加わり、様々な「縁」が形成される。電子的ネットワークを使うことによって、さらに新たな「縁」が広がっていく。

　趣味やボランティアの組織、共通の嗜好を持つ集まりなどにおいては、インターネットのような媒体が、それぞれの結びつきを強くする役割を果たす。地縁、血縁、職業に関する縁など、我々が通常所属している組織を越えて、情報で結ばれる「縁」が形成される。こうした「縁」は「情報縁」と呼ぶこともできる。電子ネットワークによるコミュニティは、共通の目的によって「情報縁」で結ばれたコミュニティである。

　平成8(1996)年の中央教育審議会答申では、学校や家庭といった狭い結びつきから、目的指向的な活動を目指す「第4の領域」の育成が指摘されているが、電子ネットワークのコミュニティは、まさにそうした第4の領域で結ばれた集団といえる。

2　ルールの共通化

　ネットワーク上では、日常の会話や対面の会議とは違ったコミュニケーションの方法があり、円滑なコミュニケーションを行うためには、使う人がそれぞれネットワークの文化を理解していなければならない。

　インターネットに関する技術の標準を定めるためにインターネット技術特別調査委員会（IETF）からRFC（Request For Comments）という文書が発行され、平成7(1995)年に出されたインターネット利用に関するガイドライン（RFC1855）は、「ネチケットガイドライン」と呼ばれ、ネットワークにおけるコミュニケーションのあり方についての提案が行われている。かつて、インターネットを利用する人々はインターネットで成長し、技術的な仕組みに注意を払っていたが、今日では、インターネットユーザのコミュニティは、環境に不慣れな人々を含んでいる。こうした人々に対して、ネットワークを快適に利用するための最低限守るべき事項が示された。

○利用者のルール（RFC1855より要約）
  ・他人のメッセージの転用は許可を得る。引用は出典を示す。
  ・たとえ挑発されても激情的なメッセージを送らない。
  ・連絡先を示すなど、受け取る相手に対する気配りを心がける。
  ・送信前に誰に送られるかアドレスを確かめる。
  ・名前を見かけただけの人にメールを送って情報を求めるようなことをしない。
  ・相手がメールを読み、返事が返ってくるまで時間的な余裕を与える。
  ・長文の場合は、どこかに断りを入れる。
  ・困ったときに誰に助けを求めれば良いのかを調べておく。
  ・文化、言語、ユーモアの基準が受け取る人によって違うことを忘れない。
  ・メッセージに対して感情的な応答をする時、送信する前に一晩待ってみる。
  ・相手が受信できるコードや形式に注意する。
  ・メッセージは簡潔に、全文引用はしない。
  ・重要なメッセージに対しては相手に受け取ったことを伝える。
  ・特別な電子メール環境で身につけた標準は、一般的なルールではない。
  ・メッセージの大きさに注意する。

　コミュニティの利用者自らが、インターネットにおける文化について理解することが、円滑なコミュニケーションにとって重要である。コミュニティの雰囲気を作っていくのはそれぞれの参加者である、という意識がお互いに持てるよう、参加者や管理者が気配りをしていかなければならない。

3　管理者のルール

　電子的コミュニティが活性化するかどうかは、設置目的と参加者の貢献によるところが大きい。電子的なコミュニティが活性化するためには、一定のルールに沿って運営されなければならない。管理者の役割はルールを守りながら、コミュニティを活性化することである。
　管理者が行わなければならない基本的なことは、
・電子的コミュニティをどのような目的で開設したのか、参加者に何を求めるのかをしっかりと伝えるとともに、守って欲しいことをガイドラインとして明文化しておく。
・利用者からの要望事項は、素早く適時に処理する。

・不当なメッセージや違法なメッセージへの対応は早急に行う。
・利用に対する苦情等については、寛大な心で調査にあたる。
　などである。

4　ネットワークコミュニティ活性化の演出

(1)　情報の流れを作る

　電子掲示板、メーリングリスト等を開設しても、参加者からの情報が流れないことにはコミュニケーションが進まない。商店を作っても、商品もなくお客も来ないようであれば開店休業状態である。参加者に情報交換をしてもらうためには、運営者や管理者が率先して情報を流していかなければならない。その際には、情報の質も考慮し、コミュニティの運営方針に合致するもの、参加者が求めている情報など、タイムリーに有益な情報を提供するよう運営者がまず努力する。電子的コミュニティに重要なのは「雰囲気」である。勘のいい参加者は過去の書き込みを読むことによって、どのように自分が振る舞えばよいのかを察知する。掲示板などでは、一旦、そこで有益な情報が得られないと判断されてしまうと、二度目の訪問を期待することは難しい。メーリングリストであれば、数週間も一つも投稿がないような状況では、機能停止に等しい。

　コミュニティが作られた時から、自然に活発な情報交換が進む場合もあるが、適度な情報が流れるまで管理者、運営者は「雰囲気」作りに努める。最初にどんなやりとりがされるかで、ある程度の場の雰囲気が決まってしまう。

　情報量が極端に少ない場合は、管理者、運営者がコミュニティ形成に力を尽くさなければならないが、流れる情報の量が膨大になりすぎる場合も有り得る。配信メールの量が多すぎて、メーリングリストを脱退するという例もあり、「適度な情報量」は人により感じ方が違う。川の流れでいえば、早魃で水量が少ない時期と、洪水で溢れるほど水が流れる時期があり、ネットワークコミュニティにおける情報の流れ方でも同様である。運営者、管理者は流れが止まらないように、少ない時期には、新たな話題を提供し、流れがよくない方向へ行っていると判断した場合には、それを修正するなど、参加者にとって快適に情報が流れるように努力しなければならない。

(2)　協力者を作る

　管理者、運営者に加えて、あらかじめ協力できる人に情報提供をお願いしておく方法も有効である。ネットワークコミュニティはボランタリーな集まりであることが多く、参加者の運営協力にも

Ⅴ メディア活用を進めるための基礎知識

自ずと限界があることから、協力者に過度の負担がかからないようにする配慮も必要である。

(3) タイムリーな話題の提供

われわれの日常のコミュニケーションと同様にネットワーク上では、様々な話題が流れている。ネットワークコミュニティの参加者が、その「場」に魅力を感じるためには、興味のある話題や役にたつ情報がそこになくてはならない。

参加者が興味を持つ話題を提供するのも、管理人の役目である。ただし、議論を行うには、ネットワーク上では限界がある。結論を出すことや全体の意思決定を行うような場合には、メーリングリストや掲示板は向いていない。延々と議論を続けると、結論が出ないままシステム管理者が独断で決めてしまうか、何も決められない状況に陥ってしまう。参加者が反応しやすい話題やメッセージが適時に出てくるようであれば、情報交換は止まることなく進む。

(4) 現実社会との結びつき

ネットワーク上のコミュニティの背景に地域やサークルといった実在のコミュニティが存在する場合は、ネットワーク上での提案を実社会での行動に結びつけることができる。ネットワーク上のやりとりを「オンライン」と呼ぶのに対し、対面コミュニケーションは「オフライン」と呼ばれる。ネットワーク上の「場」は、実際に集まる場所ではない。いわば仮想（バーチャル）空間である。

ネットワークコミュニティでのやりとりが、実在社会に反映するという意識を参加者が持つことによって、それぞれの参加者が発言に責任を持つようになる。ネットワークコミュニティをより活性化させるためには、時折こうした「オフライン」のイベントを行うことも効果的である。

(5) 共通の目標があること

アルコール依存症の克服を目指している人、禁煙に取り組んでいる人などが、インターネット上でコミュニケーションを図りながら、自らの目標を達成しようとする「自助グループ」のコミュニティがいくつかできている。自助グループは同じ問題を抱える人たちから構成され、お互い共通の目標に向かって努力している。子育ての悩みを抱える育児中の母親が、気軽に相談を行って悩みを解決するサイトなどでは、参加する人々は同じ問題を抱える人との交流で安堵感を覚える。ネットワークコミュニティの参加者が共通の目標に向かっている場合は、情報交換も活性化する。

(6) インターネットによるコミュニケーションがすべてではない

　ネットワークコミュニティ上で発生した問題は、すべてネットワーク上で解決できるわけではない。時には、電話やファックスといった既存のメディアを利用する場合もある。非同期的なコミュニケーションは相手の都合のよい時間に反応してもらうことができるが、電話や対面コミュニケーションでなければ伝わらないこともある。

(7) フレーミングへの対処

　文字だけによるコミュニケーションは、様々な誤解を生じやすい。軽い冗談のつもりでも、対面の会話と違い相手に不愉快な印象を与えてしまうことがある。ネットワーク上で感情的なやりとりがされることを「フレーミング」と呼ぶ。相手の立場などがよくわからない状況でメッセージがやり取りされると、受け取った相手には非常に攻撃的なものに見えることがある。感情的な対立のトラブルは、他のネットワーク参加者にも不愉快な印象を与える。文字によるコミュニケーションには限界があり、感情的なメッセージが流れた場合には、お互いに過剰に反応しないよう冷静になることが肝心である。

5　魅力的な「場」の提供

　インターネットは様々な人と接触可能な「場」を提供する。仮想（バーチャル）空間に作られた「場」であっても、魅力的な「場」はコンピュータシステムではなく、人々のコミュニケーションによって作られる。どのようなテーマで、どのような人が集まり、誰が主催者で、どのような情報交換が行われているのかが、ネットワークコミュニティという「場」の魅力となるのである。

参考文献
江下雅之　「ネットワーク社会の深層構造」　2000年　中央公論新社
坂元　章(編)　「インターネットの心理学」2000年　第2版　学文社

Q & A

Q14 社会教育指導者として参考となるウェブサイトやメーリングリストにどのようなものがあるか？

A14
生涯学習・社会教育は、広範なジャンルを扱うため、参考となるウェブサイトはたくさんあります。社会教育指導者が事業を企画するという視点において参考となる2つのサイトを紹介します。

■ 国立教育政策研究所社会教育実践研究センター

http://www.nier.go.jp/homepage/syakai/index.htm

センターにおいて実施された研修のプログラムが掲載されており、指導者研修の事業企画には大いに参考となるものです。また、調査研究報告書や研修資料のほか、情報データベースとして全国の都道府県・指定都市立生涯学習・社会教育センター等の詳細情報など他では入手できない情報が満載です。講師検索データベースは、我が国の生涯学習・社会教育をリードする著名な講師の詳細データが掲載されています。

■ 生涯学習のホームページ

http://www.nona.dti.ne.jp/~maxmona/index1.html

社会教育行政に携わる個人の方が開設しているホームページです。日本全国の公民館、図書館、博物館、生涯学習情報など、生涯学習関連サイトの総合リンク集として大いに参考となるページです。また、「生涯学習＆公民館職員の掲示板」では、社会教育関係者による活発な意見交換が行われています。

その他にも、答申などについては文部科学省（http://www.mext.go.jp/）、調査・統計に関しては総務省統計局（http://www.stat.go.jp/）、文献に関しては国立国会図書館（http://www.ndl.go.jp/）、国内の教育情報は教育情報ナショナルセンター（http://www.nicer.go.jp/）、青少年に関することであれば、内閣府「青少年のためのホームページ」（http://www8.cao.go.jp/youth2/）、独立行政法人国立オリンピック記念青少年総合センター（http://www.nyc.go.jp/）など、参考となるサイトはたくさんあります。

メーリングリスト（ML）は、社会教育・生涯学習のML、「社会教育おおさか」など各地の情報交換に活用するためのML、社会教育主事講習の受講者による近況報告用のMLなどが多数つくられています。フリーML（http://www.freeml.com/）やYahoo！グループ（http://groups.yahoo.co.jp）の中にも生涯学習・社会教育に関係するメーリングリストがあり、最近では費用もかからず容易に作成することができます。研修講座の事前・事後の参加者相互の情報交換にメーリングリストを活用してみてはいかがでしょうか。

Q15 著作権に関する最新の知識や情報をどう得たらよいか？

A15 著作権とは小説・音楽・美術.映画・コンピュータプログラム、ホームページなどの創作物を保護する権利です。現在この著作権に関して、本人の自覚のないまま他人の権利を侵害した情報を発信してしまうことが問題となっています。特にインターネット上で情報発信するときには、著作権の侵害に気をつける必要があります。

　一般に、知的財産権（知的所有権）は大きく2つに分けることができます。1つは特許権、実用新案権、意匠権、商標権といった工業所有権。そして、もう1つが文化的な創作物を保護の対象とする著作権で、これは著作権法という法律で保護されています。文化的な創作物とは、文芸、学術、美術、音楽などのジャンルに入り、人間の思想、感情を創作的に表現したもののことで、著作物といいます。またそれを創作した人が著作者です。工業所有権は、登録しなければ権利が発生しませんが、著作権は、権利を得るための手続きをなんら必要としません。著作物を創作した時点で自動的に権利が発生します。このような、著作権については社団法人著作権情報センター（http://www.cric.or.jp/）で詳しく知ることができます。

Q16 スキル中心のIT講座の次にどのような講座・事業を企画すればよいか？

A16 平成12～14年度に総務省の情報通信技術（IT）講習推進特例交付金により実施された「IT講習」では、全国で500万人以上の人たちが受講しました。この「IT講習」では、パソコンの基本操作、インターネットの利用、電子メールの送受信などの基本的なパソコン操作のスキルを修得することが目的でした。以降、ワープロや表計算などのアプリケーションソフトの操作方法を学ぶステップアップの講座が、地方公共団体や民間教育事業者により開催されてきました。

　このような、パソコン操作のスキルを習得することは、生活する上での「道具」を手に入れることであり、そのスキルをどう自分の学習や生活に生かしていくかを学ぶことが次の段階の学習内容になります。したがって、ITを駆使しながら自分に必要な情報をいかに適切に得るかという「学び方」を身につける、いわば「パソコンを学習する」のではなく「パソコンで学習する」講座の企画が必要となります。また、IT関連の講座に限らず、他の講座においても必要に応じてITの利用を積極的に図っていくことも大切です。

　さらに、情報を受け取るだけでなく、インターネットで自ら情報発信し、他人とのコミュニケーションの中で、教えあい学びあうという人と人との結びつきを支援するような事業展開も、生涯学習社会における社会教育施設の役割として大いに期待されています。

Q17 情報ボランティアをどう募集すればよいか？

A17
　情報ボランティアは、ITサポーター、ITリーダー、メンターなど様々な呼び方があります。まず、どんなことをしてもらいたいかという計画を立てます。講座の講師、サポート、企画、コンテンツ作成、デザイン、技術支援等、様々なことが考えられます。講師と講座のサポートについては研修会の計画とあわせて、コンテンツ作成については素材となる資料の分量や情報の更新頻度と併せて考えます。というのも、ボランティア登録制度を作っても、実際にやることがなければ意味がありません。募集の際には趣旨とスキル、頻度を明示しましょう。

　募集のPRについては、既存の広報媒体を使うとともに、関心のある人が見ている可能性がありますので、ホームページやメーリングリストが有効です。ぜひともやっていただきたい方には、できるだけ直接声をかけます。コアになる人材発掘が重要です。ボランティアの機会が少ない場合は、研修会を実施します。ボランティアの方々にとって魅力的な研修を組むとともに、仲間同士の交流の場を設定することによって、スキルアップや新たな企画が生まれるチャンスとなります。気軽に施設を使える状況を作ることによって、自主的な活動が広がっていきます。ボランティアの方々がやりたいことがやれる状況を作ることが大切です。

Q18 地域のNPOとの協力をどう進めていけばよいか？

A18
　情報化をめぐる学習活動においては、ボランティアやNPOの活躍が期待されています。地域のNPOと施設や機関が連携・協力体制を築いていくことによって、人的・物的・財政的資源の共有化が図られるとともに、相乗効果をもたらすようなサービスの展開が期待できます。

　平成12年度にNPOとして認証された「NPO愛知ネット」は、地域住民に対する情報サービス支援を中心に、地域の防災に対する意識向上などにも取り組み、安城市で行われるパソコン講座を受託実施しました。

　岡山市立西公民館では、平成13年度に実施されたIT関連の講座の受講生を中心に情報ボランティア「じょぼら会」を結成し、公民館のHPや地域紹介ビデオの作成、初心者を対象としたパソコン相談室の開設などに取り組んでいます。

　「栃木県メディアボランティア」は、栃木県総合教育センター内で、パソコン初心者を対象にしたパソコン無料相談会を毎週土曜日に実施しているボランティア団体です。IT講習の修了生に対するアフターケアとして相談会を開催したことがきっかけで、生涯学習ボランティアセンターの登録ボランティアが自主運営を目指した団体を立ち上げました。

　このように、公民館や生涯学習センターなどでは、情報化に関する学習機会を提供する際には、単に技能を習得しただけで終わらせるのではなく、受講者がIT関連の講座の企画・立案に参画でき

るようにしたり、受講者同士によるグループやNPOの設立など、組織化を支援していくことが重要です。

Q19 ネット上の個人情報の問題についてどう考えたらよいか？

A19 コンピュータやインターネットなどを用いた情報通信技術が進展する中、講師情報などのデータバンクを開くと、氏名や生年月日、連絡先など、プライバシーに関わる情報が記載されていることがあります。

このように、生存する個人に関する情報であって、当該情報に含まれる氏名、生年月日その他の記述等により、特定の個人を識別できるものを個人情報といいます。

個人情報は、その取扱いの態様によっては、個人の人格的、財産的な権利や利益を損なうおそれがあるため、適切な取扱いをする必要があります。そのため、個人情報の有用性に配慮しつつ、個人の権利や利益を保護する目的から個人情報保護法が制定されました（平成14年5月）。

この法においては、個人情報の取扱いについて次の点を規定しています。

1 個人情報は、その利用の目的が明確にされるとともに、当該目的の達成に必要な範囲内で取り扱われなければならない。
2 個人情報は、利用目的を制限し、適法かつ適正な方法で取得されなければならない。
3 個人情報は、その利用の目的達成に必要な範囲内で正確かつ最新の内容に保たれなければならない。
4 個人情報の取扱いにあたっては、漏洩、滅失またはき損の防止その他の安全管理のために必要かつ適切な措置が講じられるよう配慮されなければならない。
5 個人情報の取扱いにあったては、本人が適切に関与し得るよう配慮されなければならない。

これらのことに十分配慮し、個人情報を取扱うときは、個人の人格尊重の理念の下に慎重に取り扱われるものであることを理解し、適正な取扱いを図るよう配慮する必要があります。

Q20 情報化に関する助成・奨励制度にどのようなものがあるか？

A20 地域情報化に関しては、インフラや機器等の基盤整備、コンテンツ開発、人材育成など、文部科学省をはじめ各省庁の施策を反映した助成・奨励事業があります。

総務省は、各地方総合通信局(例：北海道 http://www.hokkaido-bt.go.jp/)を通じて、自治体の情報基盤整備の支援を行っています。経済産業省は、各地方の経済産業局(例：http://www.kanto.meti.go.jp/) を通じて、地域の身近な課題をビジネス化する市民活動等の支援を行っています。

インターネット等で提供できる子ども向け教材開発に関しては、子どもゆめ基金(http://cs.kodomo.

nyc.go.jp/yume/)があります。また、インターネット活用教育実践コンクール(http://www.netcon.gr.jp/) では、社会教育部門の活動事例を募集し、優れた活動に対する表彰が行われます。

　公募事業の中には、コンソーシアム応募可という説明がみられますが、これは簡単には団体・チームでの応募を認めるものです。大学、企業、NPO、学校等、様々な機関や団体等との連携・協力を考えた場合に、助成制度活用の幅が広がります。メディア教育開発センター(http://www.nime.ac.jp/)では、研究者を対象とした共同研究を募集しています。コンピュータ教育開発センター(http://www.cec.or.jp/)は、学校向けの支援プログラムや指導力の向上に関するモデル事業を行っています。情報基盤協議会 (http://www.kibankyo.ab.psiweb.com/) では、NPO法人が実施する地域密着型情報化推進事業への財政的支援を行っています。

　その他、情報処理振興事業協会(http://www.ipa.go.jp/)、情報通信研究機構(http://www.nict.go.jp/)、科学技術振興機構 (http://www.jst.go.jp/) などが、人材育成・研究助成などを行っています。

　地域情報化に関しては、都道府県が独自に実施する支援事業もありますので、それぞれ情報を集めて活用を考えてみてはいかがでしょうか。

実践事例編

Ⅵ 生涯学習を支援する多様なメディア活用の実際

VI　生涯学習を支援する多様なメディア活用の実際

VI－1　メディアがひらく学習コミュニティ／169
　　　　——学習支援ツール PushCorn——

VI－2　子どもたちの体験活動と情報交流／175
　　　　——滋賀県 IT 子どもクラブ——

VI－3　国際理解・交流事業と IT の活用／181
　　　　——帝塚山学院のインターネットスクール——

VI－4　地域が手作りするアーカイブ／188
　　　　——秋田県立図書館・仙台弁プロジェクト——

VI－5　「場」から始まるネットワーク／195
　　　　——足立区 IT サロン——

VI－6　インターネット TV の展開／201
　　　　——愛媛県「ふるさとおもしろ講座」——

VI－7　総合的な生涯学習支援システムへ／208
　　　　——『ひょうごインターキャンパス』の進化——

VI－8　情報をデザインする／216
　　　　——参加型ホームページの実践——

VI-1　メディアがひらく学習コミュニティ
―― 学習支援ツール PushCorn ――

1　事例のポイント

　インターネット、とりわけ、ウェブが普及したことで、生涯学習者の学習環境や学習のスタイルが大きく変化しつつある。

　生涯学習講座を提供する発想から、学習者自身が自らの企画でテーマを考え学習する主体的学習の支援へ。さらに、学習者それぞれがお互いに連携したり、啓発しあえる協働学習へ。東北芸術工科大学メディア環境研究室（前川道博研究室）で研究開発したウェブベースの「PushCorn」は、そうした生涯学習パラダイムの転換を促すことを意図した生涯学習支援ツールである。

　平成12年度の東北芸術工科大学公開講座「PushCorn ワークショップ『楽しく協働学習』」は、PushCorn を用いて本来の学習（目的）に専念できるように設計したメディア活用型生涯学習モデルケースである。この公開講座を契機に、各地に PushCorn を共通の道具立てとする情報コミュニティが生まれつつある。

2　メディア活用の視点

(1)　学びたいことがあってメディアが活きる

　ITの普及が情報格差という新たな壁を作り、学習者がITへの不適合を起こす問題が指摘されている。この対策としていわゆる「IT講習」が広く実施されている。IT講習は、通常、学習の手段であるはずの道具の使い方に主眼が置かれる。しかしながら、道具を「何に使うか」を学ぶ機会は極めて少ないのが現状である。学びたいことがあって、そのために道具が活きるのである。見方を変えれば、興味ある学習対象の発見、興味ある学習の持続が原動力となって、ITの活かし方が見出されてくるのである。

(2)　誰もが実践できる「eポートフォリオ」

　ポートフォリオ学習は、学習者が学習の過程で調べたこと、わかったことなどを集積しつつ、集積したものを振り返ることにより、さらに深い理解へと導くことのできる学習効果がある。学校教育では、総合的な学習の時間などにポートフォリオ学習の手法が取り入れられつつあるが、生涯学習においてももっと広く普及させていくための啓発が求められる。

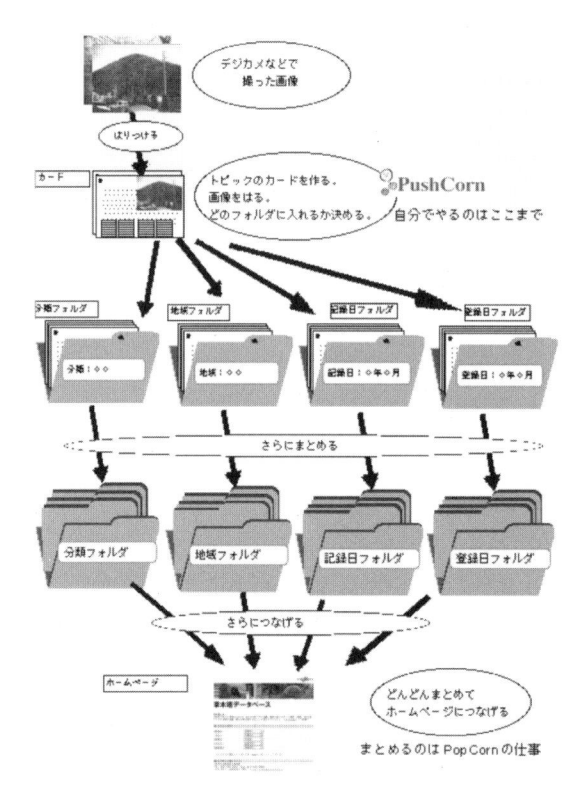

図 VI-1-1　ポートフォリオの概念

　ポートフォリオ学習は、ITを活用した「eポートフォリオ」(デジタルポートフォリオともいう)に進化させることにより、誰にでもやさしくできるようになる。さらに、ネット上に公開されることにより、その波及効果やデータの蓄積・共有の効果を高めることができる。
　今日のように、デジタルカメラやビデオカメラなどが広く普及し、データはパソコンに取り込むことが当たり前となってきた。紙ベースでポートフォリオを作ろうとすると、画像を逐一プリントしなければならず、手間もコストもかかる。さらにかさばる、他者とのデータの共有が難しい、蓄積したものの構成の組み替えがしにくいなど、煩雑な、あるいは解決しにくい問題が発生する。
　「PushCorn」は静止画、動画、テキストなどのマルチメディア素材をページに貼り付け、編集ができるeポートフォリオ学習支援ツールである。ウェブサイト自動生成エンジン「PopCorn」と連動し、ページ数が増加し続けても、その都度、複雑な論理構造が矛盾なく自動的に再編される点に特長がある。PushCornを用いることで、ポートフォリオ学習を小さく始め、やがては学習の大きな果実を手にすることができる。

(3)　「PushCorn」の特徴

　ホームページ制作には、市販のホームページエディタが広く用いられている。こうしたツールはページレイアウトの編集を主機能としている点に共通した特徴がある。素材数やページ数が増えると、ページ相互のリンク付けなどの作業が繁雑となり、ポートフォリオ作成にはあまり向かない。

Ⅵ 生涯学習を支援する多様なメディア活用の実際

図Ⅵ-1-2　PushCornで生成したページの例

ソフトも使い方の習熟や一定のスキルを要するため、誰もが使えるソフトとはなり得ない。長い間には、構造の組み替えなどが必要となり、ウェブサイトの規模の増大とともに変更の要求に耐えられなくなる。

　PushCornは、どのような構造のものであっても対応が可能な汎用的な情報アーキテクチャに基づき、ウェブページの論理構造（相互的リンク）を保証するように設計されている。

　PushCornはUNIXベースのウェブサーバ環境で動作するアプリケーションサービスとして実装した。ツールはサーバ環境で動作させるため、ソフトウェアのインストールなどの煩雑な手間がいらない。ネットワークに接続されたパソコンでウェブブラウザがあれば使うことができる。学習者から見れば、その仕掛けを理解しなくてよい。

　データのアップロードからウェブサイトの生成までの操作は、約2時間程度の制作実習で一通りの習得が可能である。

(4) ポートフォリオの長期運用の視点

　「eポートフォリオ」は、生涯にわたって作成するものであるから、成長的な変化に柔軟に対応できることは重要である。大量のデータにも対応できなければ、実際の運用には耐えられない。

　学習者は、ツール利用の開始時点では、ツールの初心者であっても、長い間にはツールに習熟し、次第にスキルを向上させていくのが常である。こうした学習者自身の成長変化にツールが耐えられ

写真 VI-1-1　PushCorn ワークショップの様子

るかどうかもメディアを評価するポイントである。

　この点、PushCorn は PopCorn をベースとしており、長期運用への対応がしやすい。既に PopCorn は多様なケースへの適用実績があり、量に対して強いことは事前に検証済である。クリップページまで含めた総ページ数が60,000を超え7年間にわたる継続運用の実例もある。

3　事業の経過と内容

(1)　モデルケース「PushCorn ワークショップ『楽しく協働学習』」

　平成14年度、PushCorn で「eポートフォリオ」を制作するワークショップのモデルケースとなる公開講座「PushCorn ワークショップ『楽しく協働学習』」を4回にわたり、東北芸術工科大学で開催した。

　ワークショップは、4回（環境学習編、自然観察編、地域学習編、旅れぽ編）に分け、受講者はそれぞれ興味のあるテーマを選び、「ポートフォリオ」「協働学習」の考え方から、デジカメを使った学習体験（フィールドワーク）、PushCorn を使った「eポートフォリオ」制作体験までを2日間の比較的ゆったりとした日程で体験した。ワークショップ終了後も、自宅でも長期的、継続的に学習に活かしていくことができるよう、市民参加型ネット「やまがたネット」の PushCorn サーバに協働学習サイトを開設した。

　延べ約80名が受講した。年齢層は小学生から70歳台までと幅広い。受講条件として、文字入力ができることを挙げた。IT 初心者も多かったが、ほぼ全員がサイトを制作することができた。

(2)　情報コミュニティ形成支援

　情報コミュニティは、コミュニティ内で相互的に教え、学ぶ関係が形成されることの意味が大きい。この相互的な学び合いが協働学習である。情報コミュニティが自律していくためには、以下の協働体制ができることを実現の条件と考えることができる。

・活動全体をコーディネートするリーダー

Ⅵ　生涯学習を支援する多様なメディア活用の実際

・システム運用管理者
・学習者にIT活用を手ほどきできるITサポーター
・学習者、サイト制作者

　PushCornサーバは情報コミュニティ単位に運用することを推奨している。技術面から学習活動などの面に至るまで、コミュニティ自体が対応能力を備えることで、さまざまな問題の解決が可能な自律の段階へと成長しうるからである。

(3)　ワークショップを恒常的な情報コミュニティに

　「PushCornワークショップ」は、地域の情報コミュニティなどが学習活動として実践する際のモデルケースとなることを想定して実施したものである。
　IT講習を機会に、これまではITにあまり縁のなかった中高年齢層にもIT活用の気運は広がりつつある。こうしたポストIT講習の気運を、地域のコミュニティ活動に活かしていくと、IT活用型生涯学習の輪を広げていくことに役立てることができる。ITが得意な人はパソコンの操作やPushCornの操作を教える側に回り、学習者との相互補完的なインタラクションを生み出すことができる。
　誰もがITを活用して自らのポートフォリオ学習を楽しみ、また、「PushCorn」を仲立ちとしたコミュニケーションで地域に根ざした情報コミュニティを作ることが、自律的な学習を通じてお互いに動機づけられる。
　公開講座受講生のうち、継続的なワークショップ希望者は、情報コミュニティ「やまがたネット」に引き継ぎ、公開講座終了後も継続的な支援を行っている。

(4)　情報コミュニティ形成支援の実績

　平成14年度に公開講座「PushCornワークショップ」を開催した時点では、PushCornが果たして「情報コミュニティ」の形成支援に役立つかどうかは全くの未知数であった。しかしながら、それから1年以上が経過し、PushCornを道具立てとして、また、PushCornワークショップ受講生などが主体となって、各地域に以下のような情報コミュニティが新たに生まれつつある。
・やまがたネット
・東根インターネットクラブ、ひがしねネット
・国民文化祭やまがた2003情報レポーター
・かすみがうらネット
・いばらきL3（生涯学習）ネット

・わが町再発見プロジェクト（ひたちなか市勝田商工会議所まちおこし支援事業）
・滋賀大学教育学部附属養護学校

いずれもPushCornサーバを運用することで、情報コミュニティが情報サービス込みの実体となっている点が共通する。

4　今後の成果と課題

　「PushCorn」の適用が、地域の有志によって地域に根ざした情報コミュニティづくりへ展開させていくことが現実に可能であること、「PushCorn」により制作・公開される学習サイトが他者の新たな学習活動の誘発に役立つことが、以上の事業実践により実証された。

　「eポートフォリオ学習」は、汎用性の高い学習方法であり、実践的である。ボランティア活動などにその手法を活かすこともできる。一例を挙げれば、先に挙げた公開講座受講生の有志は、その後、国民文化祭やまがた2003で「情報レポーター」となり、山形県内で開催された文化祭イベントをデジカメ、ビデオなどで記録し、協働して「情報レポーターサイト」を作り上げた。ワークショップで学んだことが社会活動に活かされている。さらには彼らが講師役となって、新たな学習者に対してワークショップの機会を提供することができる。このような協働企画が積み重ねられることで、情報コミュニティがさらにパワーアップしたものとなる。

　以上のように「PushCorn」という一つのツールが、学習者各自の自発的な学習の意欲を促し、さらに地域の情報コミュニティを創造する仲立ちとして役だっている。

　今後に向けては、「PushCorn」をより一層、多くの人がより平易に使えるように改善していくこと、情報コミュニティの創造を継続的に啓発していくことが課題である。とりわけ、生涯学習施設で、協働学習ワークショップなどの主体的学習啓発をどのように行っていけばよいかについては、生涯学習事業立案者が事前に知見を得ておくことも必要となろう。そうしたニーズに応えるため、「eポートフォリオ指導者養成講座」をスクーリング併用のeラーニング講座として実施する計画である。

　詳しくは、「PushCorn」サイトをご参照いただきたい。
　PushCorn http://www.mmdb.net/pushcorn/

参考文献

前川道博（2003）「ネットで協働学習できるってホントですか？」　社会教育　2003年4月号　pp.24-29．
前川道博（2002）「市民参加による情報コミュニティの創造」　ネットワーク社会における生涯学習　Vol.2, pp.16-21．

VI-2　子どもたちの体験活動と情報交流
——滋賀県IT子どもクラブ——

1　事例のポイント

　社会教育施設を拠点として、地域の子どもと地域社会がITを軸に結ばれる例として「滋賀県IT子どもクラブ」を紹介する。小学生から18歳未満まで誰でも参加できる体験情報活動のクラブとして、平成14年度から滋賀県教育委員会生涯学習課が取り組んでいる。子どもたちが地域の身近な出来事を通じて、見たこと・聴いたこと・感じたこと体験したことを記事にして、インターネット上で意見交換や交流活動を行う。直接体験と情報体験を組み合わせたユニークな活動例である。

2　メディア活用の視点

　ボランティア体験など社会奉仕体験活動は、社会参加の過程を通じて問題解決能力を育むなど、青少年が「生きる力」を獲得するために有効な体験であるといわれている。
　現在の子どもたちにとって、家庭や地域社会において自然体験活動など様々な体験活動の推進や体験活動の場の充実が必要であり、地域社会の経験豊富な社会人がこれらの活動を支援する体制づくりが重要な課題となっている。
　滋賀県IT子どもクラブは、子どもたちの直接体験の充実を図るためにITを活用しようという試みである。子どもたちの活動の場は公民館などの社会教育施設で、体験したことをまとめて情報を発信する際の「気づき」や、子どもたちの交流を通じて地域に学びの共同体が作られることが期待される。

3　事業の経過と内容

　滋賀県IT子どもクラブは、「しが子どもの世紀3カ年プロジェクトの推進」において、公民館と地域を結ぶ方策として計画された。プロジェクト推進の背景となるのは、地域社会における連帯感の希薄化、子どもたちの体験機会の減少、空間・時間・仲間の減少などがあげられる。家庭や地域の教育力の低下に対して、「生きる力」を育む地域社会の体制整備の必要性から計画が生み出された。
　この事業の趣旨は、「子どもたちが、地域の伝統行事や自然体験活動をはじめ多様な体験活動など

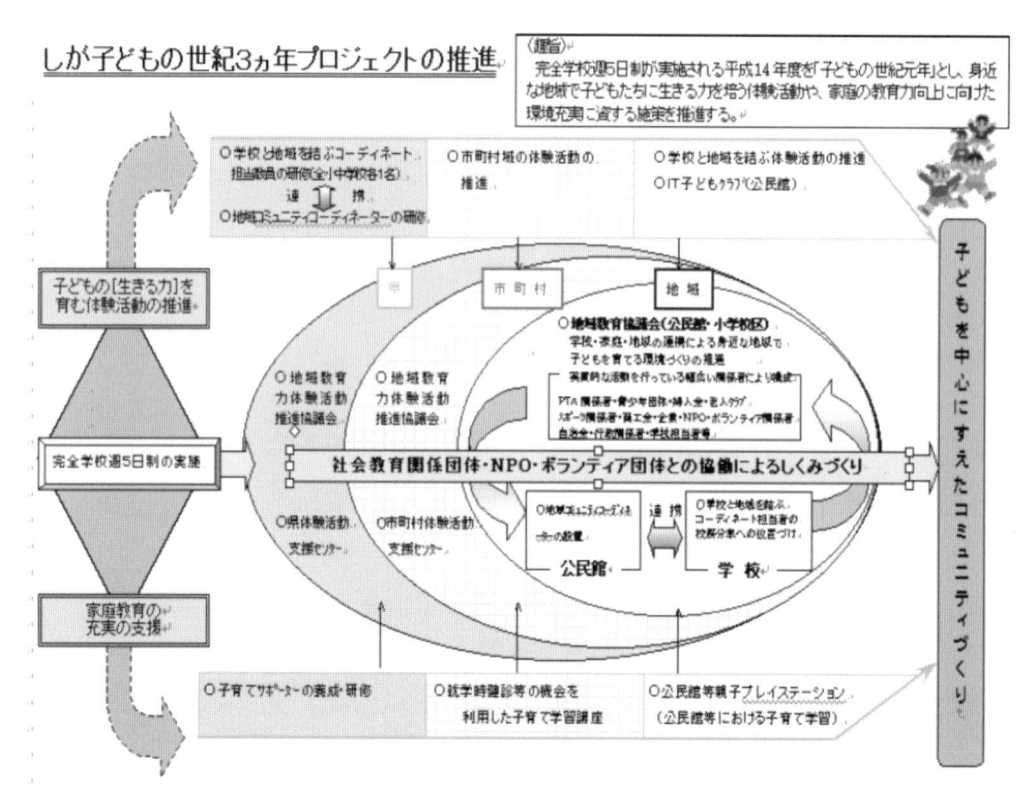

図VI-2-1　しが子どもの世紀3カ年プロジェクトの推進

の身近な出来事について取材、編集、記事づくりなどの活動を行うとともに、活動の成果をインターネット等のITを活用して発表することにより、地域のよさに気づいたり、地域の人々とのかかわりを深め、いろいろな人と意見交換を行い、広い視野をもった子どもを育てることを目的とする。」となっている。

　滋賀県IT子どもクラブの活動内容は、

①取材・編集・記事づくり　身のまわりで見たこと、聴いたこと、感じたこと、またグループで行ったことなどを取材し、伝えたいことがはっきりするよう編集し、記事にする。

②投稿

　グループまたは個人で作成した記事をファックスや電子メール、郵便等で投稿する。

③交流・再発信

　お互いの記事に関して、質問や意見交換を行い、さらに詳しく調べ直し再発信する。

である。

　入会は無料で、登録フォームへの入力または、滋賀県教育委員会事務局生涯学習課へファックス、郵送で申し込む。小学生から18歳未満なら誰でも参加できる。

　ホームページは、滋賀県学習情報提供システム「におねっと」の中に設置された。

　地域の施設やグループから様々な情報が寄せられている。さぽこね新聞（愛知川町中央公民館）、甲西町Kid'sちゃれんじ、チャレンジ教室通信（今津町チャレンジ教室）、多賀町中央公民館の活動の様子、河辺の観察（奏荘町子どもトライアル）、親子で作るTシャツ（多賀町子どもIT倶楽部）な

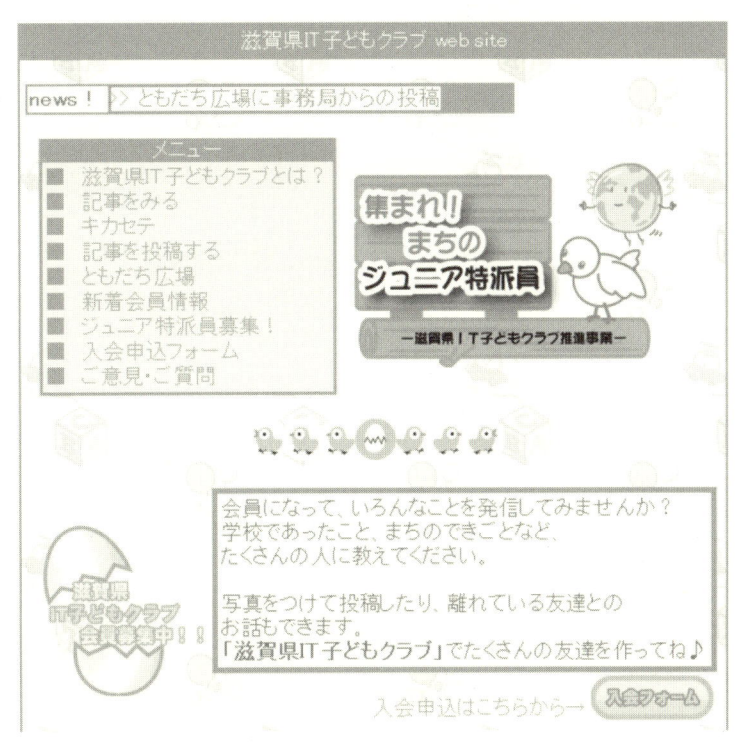

Ⅵ　生涯学習を支援する多様なメディア活用の実際

図 VI-2-2　滋賀県 IT 子どもクラブ ウェブサイト
http://www.longlife.pref.shiga.jp/itkodomo/

ど、情報発信スタイルもバラエティに富んでいる。

　クラブ員は、まちの出来事、伝統行事等、子どもたちが「ぼくのまち、私のまち」について、発見したこと、不思議に思ったことを県内の仲間に発信する「特派員」となる。

　パスワードをもらい特派員になることによって、ホームページの中の「ともだち広場」を使うことができる。他の特派員や事務局との交流ができる場として、掲示板を使った様々な交流の「よせがき広場」、写真や絵を登録して情報交換する「イメージ広場」、チャットによる「おはなし広場」がある。「ともだち広場」は、子どもたちの自由な意見交換の場となっている。

　子どもが地域の出来事などを取材して、ホームページで情報発信していくという活動例は他にもあるが、滋賀県 IT 子どもクラブの特色は、活動拠点を公民館などの社会教育施設とし、クラブという組織を作ることによって、他の施設での活動が相互の刺激となって相乗効果をあげている点が注目される。

　自然体験活動など様々な体験活動の推進のためには情報提供が重要であるが、事業を行う大人からの一方的な情報提供になりがちである。子どもの視点でそれぞれの体験活動を振り返り、交流を通じて次の活動へのステップにしていくという仕組みは、子どもたちにとって新たな意欲の喚起になる。事業を行う側からは体験活動の定着が期待でき、公民館等の施設や大人が関わることによって、よりよい事業運営に結びつけることができる。こうした仕組みが機能することによって、IT こどもクラブは「情報のメビウスの輪」と成り得るのである。

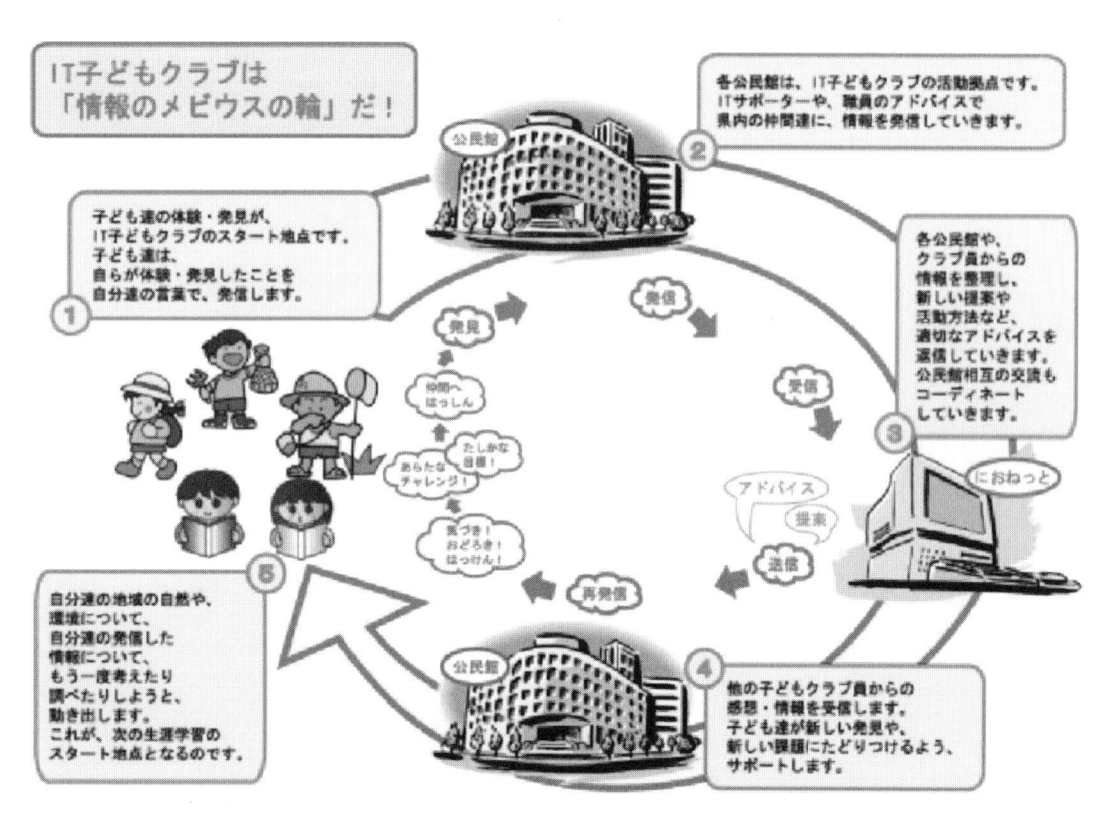

図VI-2-3　情報のメビウスの輪

4　今後の成果と課題

　実際に事業を運営していく上で課題となっている点をいくつかあげる。
　「広報」については、滋賀県内の市町村を通じて募集やパンフレットの配布を行っているが、一人でも多くの子どもに参加してもらうための効果的な広報が検討課題となっている。地域に関わる情報交流を目指すためには、まず滋賀県内のクラブ参加者を増やさなくてはならない。他県のグループや施設からの情報提供も有益であり、各地の情報が集まることによって体験学習のポータルサイトを目指すことができる。
　「企画」については、子どもたちが、「おや、なぜ、どうして」「すごい」といった、驚きや新しい発見、問題意識が生じるような働きかけのある企画をしていく工夫が必要である。テーマについて、事務局側が一方的にテーマを設定するのではなく、一人の子どもの素直な疑問や発見をクラブ員全体のテーマとして発展できるように工夫し、「IT子どもクラブ」としての連帯感が感じられるような働きかけが求められる。
　「サポート」については、学校関係者、生涯学習・社会教育関係者だけではなく、NPO、ボランティア関係者など、いろいろな立場からの支援を受けられるようにする必要がある。
　IT活用面での課題としては、公民館等の社会教育施設において、子どもたちが自由にインターネットを活用できるような環境整備を促進していかなければならない。地域の公民館が情報発信の拠

VI 生涯学習を支援する多様なメディア活用の実際

点となることによって、こうした仕組みも活用できるのである。
　IT子どもクラブの総合的な課題としては、学びの共同体をいかにして作るかがあげられる。子ども同士の関わりとともに、大人との関わりを通じて、まちづくりへと発展させることができる。
　自分が住んでいる地域を見つめ直すことから始まり、地域に対する共通認識をもつことによって連帯意識を育み、地域の中に新たな指導者などの人材が発掘され、子どもたちの活動を通じて学校・行政・民間団体が連携を強めることによって、まちづくりの新たな視点が生まれることが期待される。

　実際の交流にあたっては、子どもたちのネチケットに気を配り、ちょっとした表現が相手を傷つけたりすることや、意識しないまま被害者だけでなく加害者にもなってしまうことがあることを体験的に学ぶことができるよう配慮を行わなければならない。まず、インターネットにおけるコミュニケーションのルールを徹底することから始める。
　滋賀県IT子どもクラブを情報教育という観点から考えてみる。子どもたちは情報発信に至るまでの過程で、自分の体験を表現する、コミュニケーションができる、課題の発見や情報の分析判断ができる、まとめたことを伝えることができるというスキルを身に付けることができる。
　学習の成果を発信するためには、人に伝えたい気持ちをいかに表現するかが重要である。記事にしたりそれを編集したりすることによって、体験の振り返りや学習内容の深まりが期待できることから、時にはじっくりと時間をかけて行うことも大切である。見栄えよりも、内容をまとめるプロセスを重視したい。
　情報発信にあたっては、子どもたちが何が何でもコンピュータで表現しなければならないと思い込んでしまい、内容よりもコンピュータを使うことに多くの力が注ぎ込まれてしまう傾向がある。内容が地域の人たちとの交流の場とする、という本来の目的とITの双方向性を生かして、オンライン・オフラインの両方の交流をバランスよく行い、間接体験が直接体験を増強していくような方向性が必要である。
　出来上がりの上手い下手にかかわらず、まず情報発信することが大事であり、情報発信がなければ交流へと発展しない。情報発信したからと言ってすぐに反応が返ってくる訳ではないが、互いの地域、施設やグループの活動の様子を見ながら情報交換を進めていくことが望ましい。小さな発見でも、ささいな質問でも、相手に投げかけることが第一歩である。情報が一方通行にならないために、他の地域や施設の活動にも注目し、双方向の交流を進めていくことによって、それぞれの公民館、市町村、地域の連携が進む。様々な体験活動の報告の中に学ぶ点は、多々ある。情報発信をす

る際には、まず相手のことをよく知らなければならない。送り手、受け手といった一方的な関係ではなく、相互交流というのがポイントである。滋賀県IT子どもクラブは、そうした仕組みを提供しているのであって、地域の公民館がより一層活用できるよう、今後の環境整備や人的サポートがこの事業の成功の可否を握る。

　交流型の事業は、「継続」がキーワードとなる。長い目で交流活動を考えていきたい。地に足がついた日常的な交流を実現できるためには、お互いの紹介に始まり、共通のテーマを設けて情報交換を行うことや、発表しあうことも有効である。情報発信のプロセスは、編集したものを発信して終わりになるのではなく、そこからさらに発展させていかなければならない。

　子どもたち同士がお互いに刺激を受け合うことによって、それをサポートする周りの大人たちの視野を広めることも期待できる。コンピュータ技術に関して、大人よりも子どもの方が早く修得してしまうのは、新たな発見や経験をすぐに実行に移すことが出来るからである。子どもから学ぶ点も多く、大人も子どもも、お互い切磋琢磨することによってインターネットが学びの場となる。

参考サイト

滋賀県IT子どもクラブ　http://www.longlife.pref.shiga.jp/itkodomo/

VI-3　国際理解・交流事業とITの活用
―― 帝塚山学院のインターネットスクール ――

1　事例のポイント

インターネットによるコミュニケーション手段の進歩は、教育現場、国際交流団体、個人の国際交流のあり方を大きく変えている。インターネットは距離や時間を越えたコミュニケーションの道具となり、青少年にとって異文化に接することによって自分達の考え方を改めて見直す機会を提供する。

大阪府堺市にある帝塚山学院泉ヶ丘中・高等学校の取組み事例を参考に、青少年教育等での国際交流事業へのITの活用について解説する。

2　メディア活用の視点

英語教育にとって、情報ネットワークによって活きた英語に接することは、単語や文法を覚えるだけではなく、実際に言葉を使おうとする意欲や関心を引き起こすことにつながる。また、ネットワークを活用することによって、単なる語学教育にとどまらず、国際的な感覚が磨かれるとともに、コミュニケーションの在り方について実際に体験しながら学ぶことができる。この事例では、単なるコミュニケーションにとどまらず、マルチメディアコンテンツを国際的な共同製作として生み出す過程を通じた学習効果についても触れていく。

学習指導要領では、国際理解・交流は各教科を通して実施するということになっている。現実には、教科指導が中心であって、情報化、国際化、環境などの教育課題への取り組みは中心になりにくい。そこで、国際交流の実践は、英語の授業か、クラブ活動か、有志の生徒を集めて、というスタイルになることが多い。教科の枠にとらわれない国際交流事業は、社会教育施設や青少年教育施設事業にとっても参考とすることができる。

3　事業の経過と内容

帝塚山学院泉ヶ丘高等学校のインターネットを通じた国際交流は、Eスクエア・プロジェクト[1]との共同で平成7年「地域情報交換」プロジェクト等から始まっている。平成9年入学の国際科1年生76名を対象に、コンピュータ教育開発センター（CEC）の重点企画であるインターネットクラス

```
                紹介：自己紹介・地域・学校・国

                          ┌─────┐
                          │Learn│
                          └─────┘
                          ╱      ╲
  活動：              ┌───┐    ┌───┐    発表：
  調査・研究          │Do │────│See│    テレビ会議
  作品交換            └───┘    └───┘
  ディスカッション
```

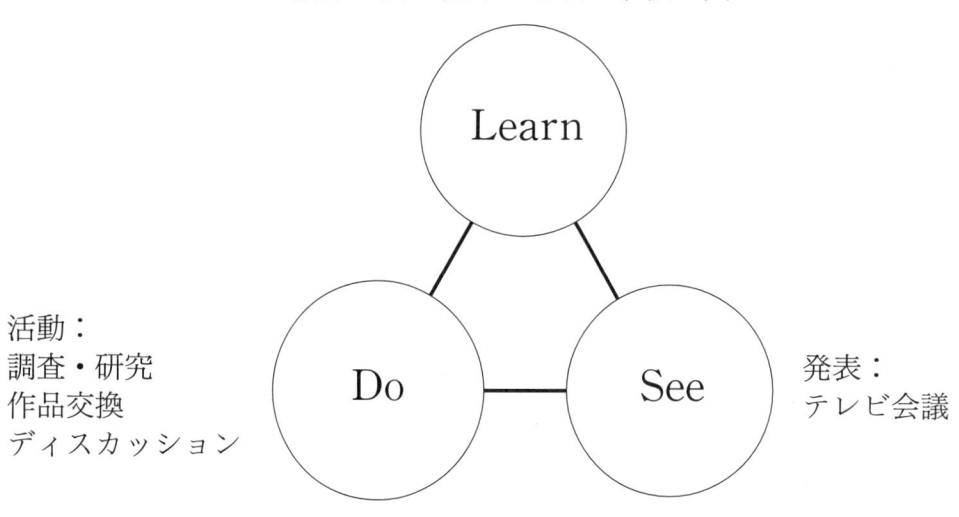

図 VI-3-1　メディアを活用した国際交流

ルームプロジェクトが行われた。英語科の辻陽一教諭が中心となり、同校は幹事校として交流先の調整にあたった。

このプロジェクトのねらいは、①バーチャルクラスルームの形成と運営実験　②授業での活用　③国際教育・情報教育　④外国語教育（英語、日本語、韓国語）　⑤時差を意識しない地域　とし、オーストラリア2校、アメリカ2校＋2大学、韓国2校、カナダ1校、日本から8校が参加して行われた。韓国ルームでは、同校が実施している研修旅行の事前学習を行い、オーストラリアルームでは多文化主義をテーマとするなど、いくつかのテーマを設定し、生徒が作った作品を海外の学校に提示して意見交換を試みた。

マルチメディアを活用した国際交流は、
　・自己紹介　　　　　電子メール
　・作品交換　　　　　絵・写真・音・映像・アニメーション
　・ディスカッション　掲示板
　・共同調査・研究　　検索・アンケート・インタビュー
　・発表　　　　　　　プレゼンテーション
という形で進められる。

お互いの事を学び（Learn）、作品交換などの活動を行い（Do）、テレビ会議などの発表（See）を通じて交流を深めることが出来る。

生徒が交流を行うためには事前の準備が必要となるが、実験的なメディアを使用し、海外を含めた学校との調整を図っていくことは、かなり骨の折れる作業である。プロジェクトに参加した学校のネットワーク環境やカリキュラム、技術的な理解度、地理的な距離や言葉の問題など、プロジェクト発足当時は、幹事校の負担は相当なものであった。

国内参加校の連絡調整はメーリングリストを通じて行い、海外との調整は電子メール以外にも直接国際電話で十分な意思疎通を図ることも必要である。こちらの意思を正しく伝える語学力も重要となる。
　プロジェクト開始当初は、マルチメディア作品を作ったことがない教員や生徒が大半で、それなりの設備も必要なことから、「マルチメディア環境」「インターネット環境」「国際交流経験」の３つが揃っていない参加校が多く、数々の試行錯誤を通じてパイロットプロジェクトが実施された。
　様々なプロジェクトの経験を活かし、その後も、同校では次々と新たな取組みが続く。
　平成11年度入学生には
(1)入学前情報教育講座
　　入学前の３月下旬、４日間にわたるパソコン研修を実施
(2)語学合宿
　　ハワイの高校生と国立曽爾少年自然の家で３泊４日にわたる合宿実施
(3)ETO（E-Trekking Osaka）（有志）
　　大阪市内をノートパソコンと携帯電話を持ってインタビュー取材をするなどトレッキング
(4)ISoN（Internet School on the Network）（有志）
　　マルチメディアコンテンツを製作し、海外の学校と作品を通じて交流
などの実践を行っている。
　こうした活動のねらいは、①情報技術の修得、②英語学習に対する動機付け・刺激、③国際交流体験、④マルチメディアコンテンツ製作能力育成、⑤プレゼンテーション能力の育成などであるが、当初、参加する生徒の意識としては、英語の学習や国際交流に対する活動の意識が強く、パソコンそのものに興味のある生徒と、興味のない生徒に分かれてしまう傾向があった。パソコンをツールとして使えるようになってくると、マルチメディアコンテンツの製作に没頭する生徒も増えてきた。
　同校が、マルチメディアコンテンツの製作にこだわる理由は、今後ネットワークを通じた共同作業の比重が教育の世界でも高まるとの見方からである。インターネットを通じたコミュニケーションでは、生徒は、英語の学習や国際交流が出来たという満足を感じる。生徒の感想文でも、海外の生徒と時間を共有できてうれしいと素直に表現している。インターネットは、人と人が出会う場を提供するとともに、情報交換や作品の共同製作の場として使われている。マルチメディアコンテンツを作って海外の子どもたちと作品を通じた交流を行うことは、未来に役立つ国際的な共同プロジェクトともいえる。

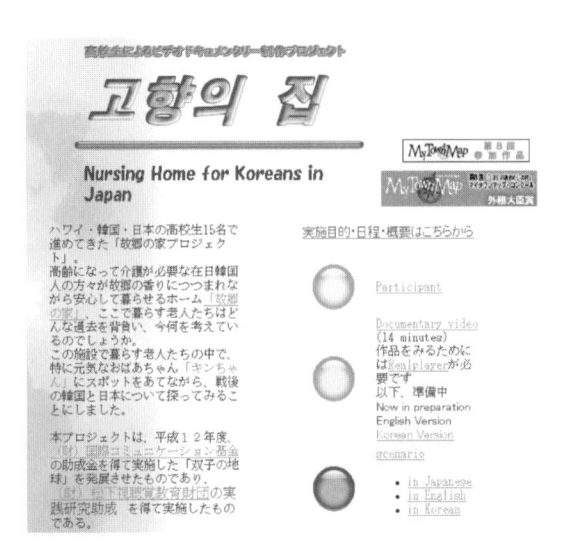

図VI-3-2 「故郷の家」プロジェクトのホームページ

　生徒たちの認識と技術力が高まることによって、インターネットを通じて会話をするだけではなく、作品の製作にあたって自分たちの意見を出し合い構成していく過程を経験することができる。
　ISoN (Internet School on the Network) では、マルチメディア等の技術講習会に参加した生徒が、電子メールを通じて海外の生徒と交流を行いながら、韓国の生徒と日本の生徒がアニメーションの原画を分担して作成したり、原稿の英語化にハワイの生徒が日本の生徒を助けたり、コンピュータに強い生徒がアニメーション作成ソフトの使い方を他の生徒に教えるなど、校種、国、年齢を越えた交流が行われた。
　「ISoNは、コンピュータ技術を学ぶだけでなく、もっと大きな意味があったと思う」と、プロジェクトに参加した生徒が感想を述べている。マルチメディアを通じた交流の意義に、参加者自ら気づくことが出来た。
　ETO (E-Trekking Osaka) は、ハワイから招待した高校生とともに、大阪市内をノートパソコンと携帯電話を持ってインタビュー取材し、取材結果をパソコンで処理し発表会を開催するというイベントである。ファッション、食べ物、演劇、おもちゃ箱などのテーマ別に分かれた10程度のグループが、指定されたチェックポイントを回り、取材を行い、その状況をインターネットを通じてホームページに掲載するなどの活動を行う。最終ゴール地点は、各ポイントでインタビュー相手から受け取ったキーワードを組み合わせて、携帯端末でホームページにアクセスして謎が解ける仕組みになっている。
　各グループでは、英語の得意な生徒、デザインや映像に強い生徒などがそれぞれ持ち味を出して協力し、トレッキングからプレゼンテーション資料を作るまで、様々なコミュニケーションが行われた。この取組みは、メディア操作の習熟と取材などのフィールドワークの方法、プレゼンテーション、共同作業、異文化や国際的なコミュニケーション能力の修得など、様々な要素を持っている。
　「故郷の家」プロジェクトでは平成13年、大阪府内の私立高校3校とハワイと韓国の生徒が参加し、メールグループによる交流を行っている。
　故郷の家は、在日韓国人の方々のための老人ホームで、そこに暮らす老人への取材とビデオ作品

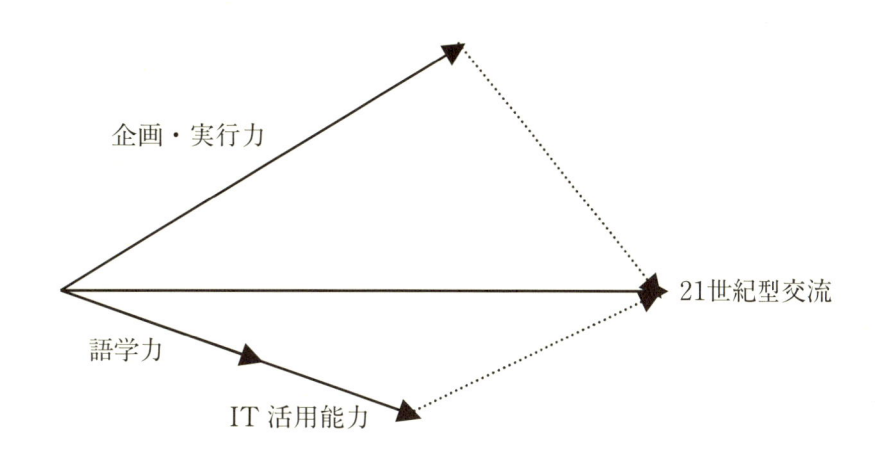

図 VI-3-3　国際交流に求められる能力

に関するシナリオについて3カ国の生徒が意見交換を行った。インタビューを通じて、戦後の日本と韓国について探り、共同作業でドキュメンタリーのビデオ作品にまとめた。

4　今後の成果と課題

(1) インターネットを通じた交流の成果
①マルチメディアコンテンツ共同製作

　インターネットを通じた国際交流で問題となる英語の壁を乗り越える方法のひとつとして、マルチメディア作品の交換は有効である。生徒が描いたイラストやビデオは、言葉がなくても一目見ればわかることもあり、それぞれの作品が直接語りかけるものを持っている。言葉にとらわれることなく、自分の作品で表現ができるという点で、英語が苦手な生徒も絵のセンスで力を発揮する機会ができる。

②コミュニケーション能力の育成

　日本人と外国人の間に生じている文化摩擦は、それぞれの文化における考え方ややり方の違いに生じるものが多い。日本文化の中で当然だと思っていることでも、文化が違えば異なる捉え方になる。コミュニケーションの方法も、言葉以外のニュアンスを気にする日本人と、ストレートに表現する外国人のタイプでは、やり方が異なるのも当然である。こうした文化の違いは、知識としての理解には限界があり、実際に体験することによってその違いに自ら気づくことができる。

③日本や自分について知ること

　海外の生徒達とのコミュニケーションでは、自分達のことが説明できなくてはならない。学校のこと、郷土のこと、自分のことなど、まず自分自身を知ることが必要である。さらに、日本の民話・昔話・風習などを音声やバックグランドミュージック、アニメーションなどを用いてマルチメディア的に表現することによって日本や日本文化への意識が高まる。

　これからの国際交流に求められる能力として、辻教諭は、企画・実行力、語学力、IT活用能力を

あげている。情報機器を使うことによって、情報交換のスピードが増し、安価で簡単な連絡・交流が日常化している。インターネット上で多彩な交流ができるとともに、より一層理解を深化させたり、多様化させることができる。

(2) IT慣れした若者と英語学習

　メールといえば携帯電話のメールを指すように、若者にとってメールは気軽な情報伝達手段となっている。電子メールが日常的なツールとなった現在、海外との電子メール交流に対しては、興味関心が低くなっている。また、高校生の英語学習においては、英語の学習という本来的な目的ばかりが着目され、異文化に触れるという経験が疎かにされる傾向もあるという。海外への留学目的が、「様々な経験を積むため」ではなく、単に「英語の学習のため」と捉える父母や留学生も増えている。

　インターネットを通じた国際交流を行う場合のポイントは、次のようになる。

①交流目的は何か

　社会教育の分野では、姉妹都市との交流、派遣国の事前学習にインターネットを活用するなどが考えられるが、インターネットを通じた交流を行う際の目的をしっかりと定めておくことが重要である。そうした目標がないと単なる自己紹介だけで終わってしまう。

　インターネットを通じたコミュニケーションは、実際の交流を補う形と捉えた方がよい。インターネットは、様々なコミュニケーションの機会を提供するが、実際に会って交流をした時のインパクトは非常に強力である。対面によるコミュニケーションは、瞬時に膨大な情報を得ることができ、インターネットによる交流を忘れさせるほどである。インターネット上での交流には限界があることを理解しておかなければならない。

②交流先との調整

　海外の学校との交流では、休日や学期制が日本と異なる。交流先とどのようなツールでやりとりするのか、あらかじめ決めておかなければならないルールは何かなど、きちんとした調整を行わなくてはならない。お互いに言葉が違う中での打ち合わせは容易ではないが、文化や環境の違いを克服していく努力が必要である。インターネット上の交流にあたっては、

・コミュニケーションツール（チャット、電子メール、メーリングリスト、電子掲示板等）
・通信環境（ブロードバンドが利用できるか、ネットワークの構成等）
・ソフトウェア環境（共通のアプリケーションソフト、コンテンツ作成ソフト）

の確認を行う。

　特にテレビ会議を行う場合は、日本が昼の時間でも相手が深夜や早朝など時差に応じて対応が難しい場合がある。電話回線を使用したテレビ電話は、インターネットに比べて安定しているが、国際電話代というコストがかかる。また、テレビ電話を使う場合には通信速度や形式などの確認が必要である。インターネットによるテレビ会議システムは、電話代を気にする必要はないが、時間帯や使用するネットワークの状況によって常に同様の結果が得られるとは限らない。実施する前に、充分な試験が必要である。テレビ会議のようなリアルタイムの交流は、目標設定がしっかりしていないと、単なるイベントで終わってしまいがちになり、継続性がなくなってしまう。

③セキュリティ等の考慮

　マルチメディアコンテンツの交流では著作権や肖像権に対する理解を徹底しておく必要がある。また、交流に際して、パブリックサーバ（誰でも自由に使えるところ）などは、不特定多数の参加者が利用しているので、あらかじめ交流時間や交流先、使用するサーバを決めた上で行う。学校の授業でない場合は自由な雰囲気になる場合もあり、使用する際の最低限のルールはお互いに守らなければならない。参加者の「いたずら」には充分注意する。

　チャットや電子掲示板の他、ネットミーティングのように自由にインターネット上で顔を見ながら会話が出来るシステムが普及している。語学力さえあれば、海外の人との会話を楽しむことは、特別なことではなくなった。誰もが自由に交流が出来るという面白さはあるが、しっかりした目標がなければ、一時的なおしゃべりで終わってしまう。インターネットを活用して、国際交流事業を進めていくためには、事業を企画する側にしっかりとした目標設定と事前の準備が要求される。

　　　　　　（図・資料は、帝塚山学院泉ヶ丘中学校・高等学校　辻陽一教諭提供）

参考サイト
Eスクエア・プロジェクト　http://www.cec.or.jp/es/E-square/
帝塚山学院泉ヶ丘中・高等学校　http://www.tezuka-i-h.jp/

注
(1) Eスクエア・プロジェクトは、情報処理振興事業協会（IPA）と財団法人コンピュータ教育開発センター（CEC）が事務局となって推進している。

VI-4　地域が手作りするアーカイブ
―― 秋田県立図書館・仙台弁プロジェクト ――

1　事例のポイント

　生涯学習における教育情報は、主に一方向の知識や資料などの伝達を中心に考えられてきた。しかし、今後の生涯学習に関するネットワークは、「学び」の情報ネットワークとして、「学びのコミュニティ（learning community）」をどのようにネットワークに構成するかという点を中心に考えていく必要がある。つまり、「学び」の情報ネットワークは、自立協働的なネットワークであり、人々が超組織的に結びつく自立的かつ協働体的な学習の場をつくろうという考え方である。従来の専門的知識伝達型のネットワークでは、指導者と学習者の知識の格差を前提とした一方向的なコミュニケーションが特徴であったが、「学び」の情報ネットワークでは、学習者と指導者や学習者間の相互的なコミュニケーションとなる。したがって、学生から高齢者に至るまで自然と情報通信技術を使って学習できるような環境を創り出していく必要がある。そのためには、社会教育施設を支援する体制の整備や地域と学校の連携などとともに、学習者間での情報の交換、共有、更新、創造がなされる社会教育施設を作っていくことが基本的要件となる。

　一方、各地域の人々が、自分の住む地元の情報について知り、そこから新しい学習を求めていく姿は、小学生から高齢者までよくみられる。しかし、各社会教育施設のもつ情報が、これらに充分対応できる学習情報環境であるとはいえない。しかし、地域からの情報発信の実態は、特定の分野や個人の興味関心による事例が多く、地域としての住民が発信する総合的な状況になっていない。また、発信される情報が全国的に相互に関連をもたず、単なる一方向の発信であり、各地の情報発信を新しい視点でどのような構成にすべきかを検討する必要がある。

　そこで生涯学習、特に、地域社会を視点として、情報活用の推進を目的とした総合的な情報の蓄積、並びに生涯学習での地域情報の活用推進を目的として、それぞれの施設や市町村の所蔵資料や地域情報をアーカイブすることがいろいろな県や市町村で始まってきた。ここでは、秋田県立図書館と仙台弁プロジェクトの事例について紹介する。

2　秋田県立図書館の民話収集

［概　要］

　公共図書館における情報通信技術の導入は、主に書誌情報の検索を中心として行われてきたが、

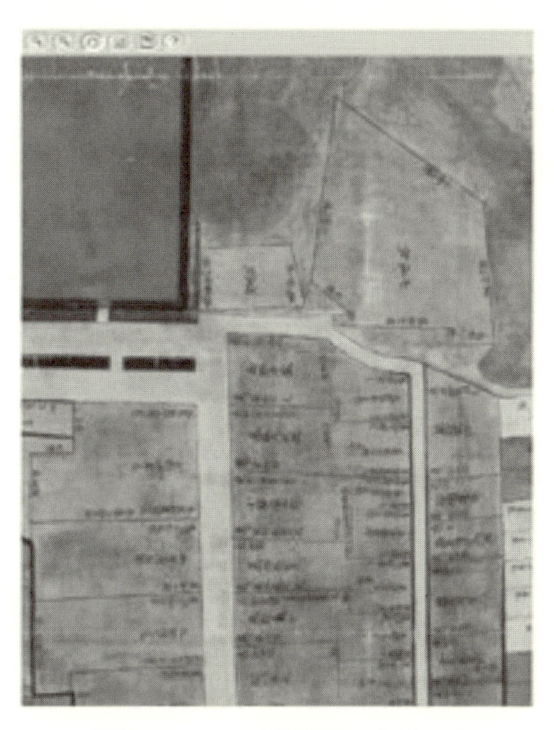

Ⅵ　生涯学習を支援する多様なメディア活用の実際

写真 Ⅵ-4-1　大型絵図のデジタル化

　近年、インターネット等の普及により図書館自らが様々な地域情報や所蔵資料をデジタル化して発信する電子図書館的なサービスが行われ始めた。
　秋田県立図書館においては平成7年度から所蔵資料のデジタル化事業を始め、平成9年度から11年度まで文部科学省から委嘱を受けた秋田県社会教育施設情報化活性化推進事業を実施するとともに、地元新聞の記事索引やレファレンスデータベースの作成をしている。
　ここでは地域資料を所蔵の有無にかかわらず広く収集し、デジタル化して提供しており、この事業にボランティアが積極的に参加していることが特徴としてあげられる。その意味で、秋田県立図書館における電子図書館構想は現在の図書館に新たな役割を与える可能性を秘めている。

［メディア活用の視点］
①古典籍資料のデジタル化
　秋田県立図書館には明治期を中心として多数の古典籍資料が所蔵されている。ここではそれらの古典籍資料をデジタル化し、総数として約7万コマの画像ファイルを作成している。また、画像は、将来のブロードバンド化に対応するため、マイクロフィルムと4×5フィルムを基本媒体として、100Kバイトから数十Mバイトの異なるファイルサイズを同時に作成している。これらは、古典籍資料の再度のデジタル化を将来的にも少なくするために、高品位な解像度でデジタル化している。
②大型絵図のデジタル化
　大型絵図の電子化にあたっては、秋田県立図書館で所蔵する江戸期の国絵図で最大の物は、長さ12m、幅6mのサイズがあり、通常の方法でのデジタル化は困難である。そこで、MrSID（Multi

-Resolution Seamless Image Database）と呼ばれる新画像フォーマットを利用し、高解像度、高圧縮のファイルを作成している（写真Ⅵ-4-1）。

　この絵図は電子化した段階では20Gバイトのファイルサイズであるが、これをMrSIDファイルとして500Mバイトに圧縮し、高解像度で閲覧が可能となっている。
③画像データベースとリンクの作成

　電子化された多数の画像ファイルは、適切な検索機能がなければ利用しにくい。そこでデータベースには画像データとメタデータ（画像に関する情報を表すデータ）を加えて検索システムを構築している。さらに画像ファイルにはサムネイルを作成し、その一覧を表示し画像を選択表示できるように構成されている。

［事業の経過と内容］
①地域資料の電子化

　秋田県立図書館では、民話の音声による収集が行われている。秋田県内の語り部の協力により、1話5分程度の民話をリアルメディア方式により、ホームページから提供している（写真Ⅵ-4-2）。

　ここでは音声だけではなく、民話のあらすじや解説、ことばの説明、関連する図書館資料の紹介等を加え、より多角的な情報の提供を試みている。また、県内の祭りも動画データとして作成し、提供している（写真Ⅵ-4-3）。

　これらのデータはCD-ROMとしても作成され、小中学校の学習資料としての活用事例も報告されている。

　また、県内の他の社会教育施設とも連携し、各機関の所蔵資料のデジタル化も推進していることは特筆すべきことである。
②情報ボランティアの育成

　秋田県立図書館では、図書館ボランティアに対して継続的にホームページ作成研修を実施しており、秋田県立図書館のホームページ内に、ボランティアのページを設け、ボランティア活動の状況を発信している。図書館ボランティアの中には高齢者の方々も多く、このような活動は当初、難しい面もあると考えられたようではあるが、実際にはボランティアの学習意欲が強く、また数度にわたる研修を行ったため、現在は自立した活動となっている。現在も継続して研修を行い、さらに情報活用能力を高めながら、情報ボランティアとして育成している。また民話のデジタル化についても、民話ボランティアと図書館情報ボランティアが共同で活動し、ボランティアとボランティアの共同活動の場として、図書館の技術と機能を使ってもらうという考え方になっている。

Ⅵ 生涯学習を支援する多様なメディア活用の実際

秋田県立図書館のウェブページ
http://www.apl.pref.akita.jp/

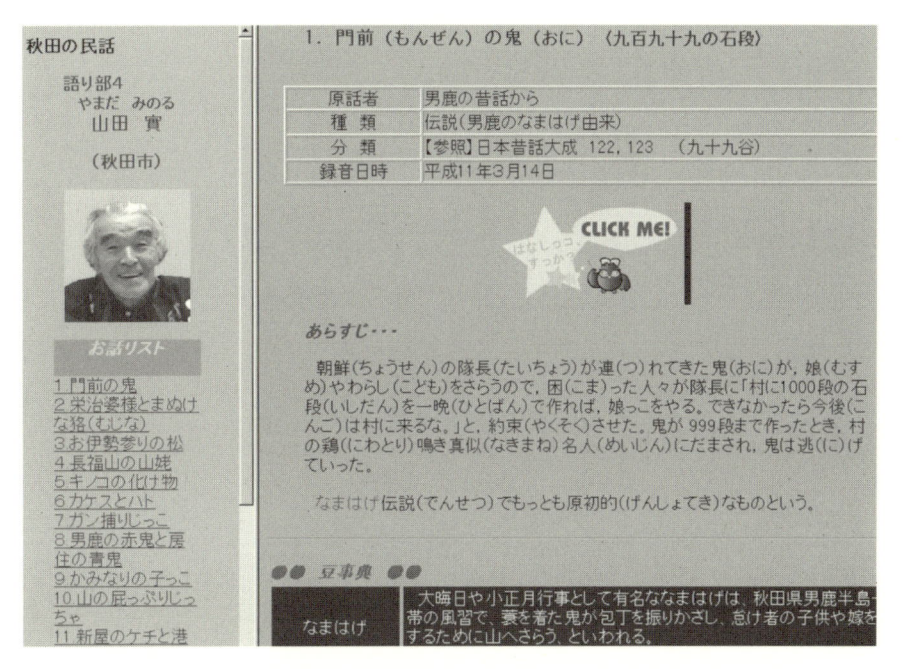

写真Ⅵ-4-2 民話のデジタル化
http://www.apl.pref.akita.jp/apic/Minwalist.html

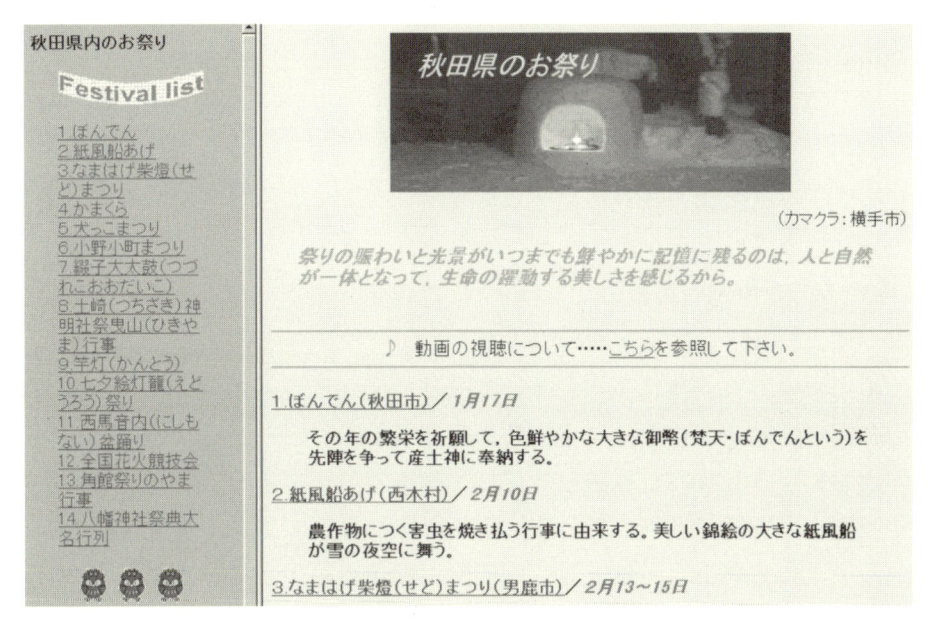

Ⅵ-4-3 秋田県の祭りのデジタル化
http://www.apl.pref.akita.jp/apic/fes.html

3　映像で残す仙台弁プロジェクト

［概　要］

　仙台市の東北弁の収集とデジタル化を推進している「映像で残す仙台弁プロジェクト」（以下仙台弁プロジェクト）は、失われてゆく仙台の文化をデジタルで残そうと、仙台弁による対談をビデオに収録するプロジェクトで、「メディアボランティア仙台」のボランティアが活動している。

［メディア活用の視点］

　せんだいメディアテークは、ギャラリー、図書館、情報サービス機能など、いろいろな機能を持った施設として平成13年1月に開館した。この施設は、美術や映像文化の活動拠点であると同時に、すべての人々がさまざまなメディアを通じて自由に情報のやりとりを行い、使いこなせるようにする公共施設である。図書館やギャラリーを中心に年間約100万人の市民が利用しているが、その中で情報発信にからむ活動の主体は、あくまで自立的に活動する市民である。その活動を活性化し、サポートするために、設備や、外部の指導者を含めたスタッフがあると考えられている。したがって、せんだいメディアテークでは、活動の主体はボランティアなどの市民、活動拠点はメディアテーク、支援スタッフはメディアテーク活動支援室、という考え方で、地域情報の収集・保存・発信をしていく活動を多様に展開している（写真VI-4-4）。

［事業の経過と内容］

　仙台弁プロジェクトは、市民と職員のワークショップの1つとして「杜の都の知恵袋　方言をあつめる、んだ！」というイベントがあり、そこに集まったメディアボランティアのグループが中心となって、「実際に方言の情報を集めよう」ということになり始まった。この活動では、せんだいメディアテークとして、将来いろいろな市民の方がそのテーマのもとに集って、メディアを活用した活動を行っていくための1つの核になるようなものを目指して事業化しており、最初からボランティアと職員との共同で活動を進めたプロジェクトであった。

　ここでは、仙台弁による方言の伝承者を特定し、特定のテーマを設定し、それについて対談する様子をビデオで収録する方法で着手している。古くから仙台弁で語れる方々により、市内の老舗の料理店等で、仙台随一の繁華街である一番町の戦前の様子などの古い写真を見ながら語り合う映像にしている（写真VI-4-5）。

　収録されたビデオは、プロジェクトのメンバーによって編集され、「街の歴史を語る一番町界隈」

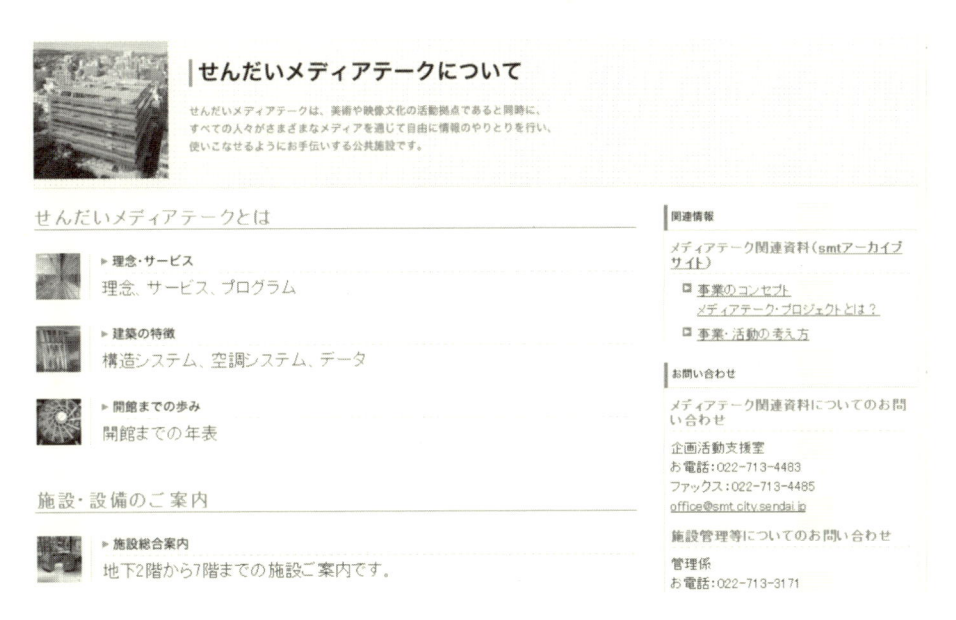

Ⅵ　生涯学習を支援する多様なメディア活用の実際

写真 Ⅵ-4-4　せんだいメディアテークのウェブページ
http://www.smt.city.sendai.jp/

という映像作品として、映像ライブラリーに加えられている（写真 Ⅵ-4-6）。

4　今後の成果と課題

　秋田県立図書館の例にみられるように、今後の図書館では、従来の図書館技術の他に、電子図書館としての技術的な面を理解し、予算の要望を始めとして関係業者との交渉、地域やボランティアとの連絡調整等、電子図書館の構築・運営をトータルでマネージメントする能力を持つデジタルライブラリアンの育成が必要である。特に、コンピュータ普及によって、これまでとは違った方法で多量のデジタル化が容易になった。そこでは、従来個別に管理されていた様々な情報をアーカイブし、図書館という公的機関においてデータベースとして整理しなおし、公開することには、大きな意義があると考えられている。

　また、仙台弁プロジェクトは、メディアボランティア養成講座に参加した方々が、その後、20世紀から21世紀にかけて記録として残す価値のある映像を作品にしようという新しいプロジェクトとして発展した。そのひとつとして最初に「仙台弁」をとりあげた。それが、さらに発展して現在「わらべ唄」を郊外で収録し、編集作業をしている。その結果、メンバーのコアになる人たちが出て、記録の映像も蓄積されてきた。このような活動連鎖には、人々の活動へのモチベーション、活動の成果へのニーズなどが、いわば「活動のマーケット」の中で自然に新しい活動を生成するような状態を作ることが必要であると考えられている。

　秋田県立図書館の「情報ボランティア」や仙台市の「メディアボランティア仙台」など、各地域で手作りのデジタルアーカイブス化が行われてきている。このように生活圏の拡大や生活の多様化に伴って住民が自発的に形成し、自主的に参加する各種の機能集団が出現してきた。この他にも、岐阜県の「NPO法人地域資料情報化コンソーシアム（http://dac.gijodai.ac.jp/npo-dac/）」や、

写真VI-4-5　仙台弁プロジェクトの撮影風景

写真VI-4-6　映像ライブラリー

山梨県の「NPO法人地域資料デジタル化研究会 (http://www.mt8.ne.jp/digi-ken/)」などのように、NPO法人として活躍している組織もある。これらの組織は目的を同じくする人々の集りで、ボランティア、スポーツ、レジャー、趣味などさまざまな領域にわたっており、かつて行政が果していた機能を代替し、さらには行政の枠によっては果たしえない機能を果たしつつある。

参考サイト
秋田県立博物館　http://www.apl.pref.akita.jp/
せんだいメディアテーク　http://www.smt.city.sendai.jp/

VI-5 「場」から始まるネットワーク
―― 足立区ITサロン ――

1 事例のポイント

　平成12年度終わりから平成13年度にかけて全国で550万人を対象に「IT講習」が開催された。会場となったのは、地域の公民館、学校、民間施設などである。IT講習終了後、社会教育関連施設では、どのように継続的な学習を進めるかが課題となった。

　足立区生涯学習センターでは、パソコンを媒介に誰もが集える交流の場「ITサロン」を開設し、ボランティアが運営にあたっている。サロン運営を通じて区民と施設が協力することによって、ITを活用した地域のネットワークづくりを目指す事例をとりあげる。

2 メディア活用の視点

　足立区生涯学習センターは平成12年7月にオープンした生涯学習の拠点施設であり、足立区立中央図書館や放送大学東京足立学習センターとの複合施設となっている。施設面では、コンピュータ研修室や個人利用のためのコンピュータ学習室など、コンピュータを利用した生涯学習が可能な施設となっている他、ビデオスタジオ、ビデオ編集室を備え、情報化への対応、映像制作利用機能を充実させている。

　生涯学習ボランティア入門講座は、準備期間から毎年継続実施し多くの参加者が受講している。この講座の修了者が「楽学の会」という自主グループを組織し、生涯学習振興公社と協力しながら講座の企画運営、学習情報の収集提供などの活動を進めてきた。生涯学習センターのオープンにより、コンピュータの操作技術支援を行うコンピュータボランティアと地域の映像資料の記録作成を行うビデオボランティアの活動も行われるようになった。

　地域の人材が集まる「場」が、新たなネットワークを生み出し、生涯学習センターは地域情報発信の拠点となることが期待されている。

3 事業の経過と内容

　財団法人足立区生涯学習振興公社は、足立区の生涯学習施設の管理運営受託と、教育委員会からの受託事業と公社自主事業により区民に様々な生涯学習の機会を提供している。

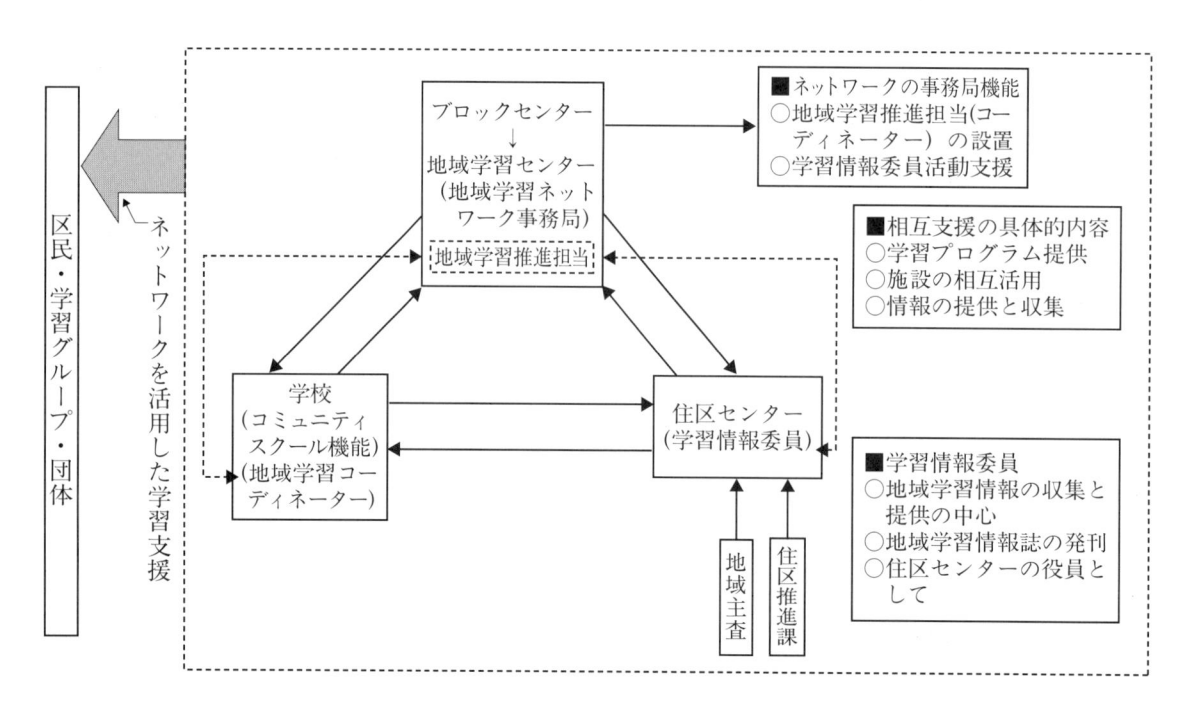

図Ⅵ-5-1　第二次足立区生涯学習推進計画の地域学習イメージ

(1) ITサロンの取組み

ア）取組みのきっかけ

　平成13年度に実施されたIT講習会は、足立区でも2万人を対象に行われ、生涯学習振興公社も実施主体のひとつとしてIT講習会を開催した。参加した区民からは、IT講習会だけではなく、継続的に学習できる環境を求める声が上がったが、区としても具体案づくりが進まない状況にあった。

　その中で、生涯学習振興公社として取り組むべき策を検討し、ITサロンのアイデアをまとめあげた。ポイントは、以下の3点であった。

　①IT技術習得を目的にするのではなく、区民のネットワークづくりのきっかけとする。
　②パソコン操作に習熟した区民がボランティアとして初心者の区民との交流の中で相互に学びあうという、教室とは違った交流の場とする。
　③ITに関して、身近な場所で、年間を通して定期的に学ぶ場所をつくる。

イ）ITサロンの開始

　13年度は年度途中の発案ということもあり、生涯学習センター1箇所で試行として11月から実施することになり、9月にボランティアを募集してスタートを切った。

　生涯学習センターでは、すでにコンピュータ学習室での個人利用の区民へのパソコン利用サポートなどを行うコンピュータボランティアが平成12年秋から活動をスタートしており、パソコン操作を覚えたい区民と教えるスキルを持った区民相互の学びあいという観点からも、ボランティアによる運営という位置づけを中心として事業を開始した。

　このITサロンは、地域のネットワークの核となるという、第二次足立区生涯学習推進計画の理念

Ⅵ　実践実例編

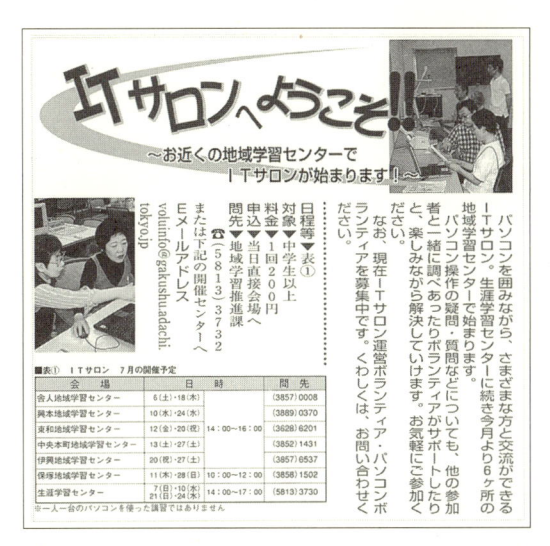

図Ⅵ-5-2　平成14年7月の「公社ニュース　ときめき」の記事（平成14年7月）

写真Ⅵ-5-1　「ITサロン」の受講風景

を実現するための具体的取組みの一つとして位置づけ、区内13箇所の地域学習センターにおいても実施することを目標とした。平成14年度には6箇所の地域学習センターで新たに開催することとし、ボランティア募集、打ち合わせ会を経て、14年7月に一斉にスタートした。ITサロンの運営はすべてボランティアによって進められており、この会場拡大はボランティアの力によって進められた。残る7箇所は平成15年度から実施。

ウ）ITサロンの内容

　ITサロンはいわばパソコンを媒介とした井戸端会議である。

　各会場とも、月に2回から4回程度、主に午後の2時間程度の時間、普段はサークル活動等で利用している学習室にインターネットに接続したパソコンを通常3台置いて開催している。参加者は

運営ボランティアに操作を教わったり、質問したり、パソコンについて話をしたりしている。ゆくゆくは、サロンの場を利用して、地域のホームページ作りなど、地域情報の拠点となることを目指しているが、現状ではまだまだパソコン操作習得がメインとなっている。

　普段はサークルの活動や研修会等で使われている会場をサロンで利用するために机を並べ替えたり、パソコンを設置したりする作業はボランティアによって行われている。また、時間中の進行、参加者への声かけ、パソコンに関する相談や質問への対応もすべてボランティアが担当している。

　各会場の施設職員の役割は、参加するボランティアの確認（インターネットを利用して参加の連絡を行うようになっている）、参加者の受付事務、物品の管理などである。

　参加者は公社の自主事業であるため、パソコンや会場等の使用料相当負担として1回200円の参加費を受付で支払ってから参加する。

　参加者数、参加ボランティア数は会場や日程により様々である。パソコンが足りないくらい参加者とボランティアが集まることもあれば、パソコン1台に参加者1名、ボランティア1名というマンツーマン的状況になることもある。後者の場合にはパソコン教室的になってしまうという問題もある。

　周知やサロンで解決しなかった疑問への回答を可能にするため、ウェブITサロンを開設し、掲示板や各センターの開催日やボランティアの紹介などを行っている。
　(http://gakushu.adachi.tokyo.jp/itsalon/)

エ）ボランティアの状況

　ITサロン全体の調整、ボランティアの募集受付、コーディネートについては生涯学習センター内にある生涯学習部学習事業課が担当している。

　ボランティアの活動は割り当て制ではなく、任意に希望活動日と会場を選んで活動するようになっており、活動会場は事前に申告して登録するが、複数の会場に登録することもできる。登録ボランティアは平成15年11月末現在で約140名。このメンバーでトータル毎月20回以上行われているITサロンの運営に当たっている。

　ボランティアは男性が8割近く、会社勤めを終えた年齢層の方が中心。このことも従来の足立区の生涯学習にはあまりみられなかったことであり、会社人間で退職後も地域のつながりを作りづらいという方々が積極的に地域の活動に関わろうとする姿がみられる。参加者もIT講習会をきっかけにパソコンに関心を持ち始めた高齢者層の方々が多く、きっかけづくりということが重要であることがわかる。

オ）ボランティアの受付方法

表6-1 ITサロン 10月の開催予定

会　　場	日　　時		問合せ先
中央本町地域学習センター	11(土)・18(土)	14:00〜16:00	☎(3852)1431
東和地域学習センター	10(金)・25(土)		☎(3628)6201
舎人地域学習センター	2(木)・12(日)・25(土)		☎(3857)0008
興本地域学習センター	12(日)・26(日)		☎(3889)0370
伊興地域学習センター	11(土)・18(土)		☎(3857)6537
花畑地域学習センター	4(土)・17(金)		☎(3850)2618
梅田地域学習センター	5(日)・18(土)		☎(3880)5322
鹿浜地域学習センター	5(日)		☎(3857)6551
竹の塚地域学習センター	10(金)		☎(3850)3107
	16(木)	19:00〜20:30	
保塚地域学習センター	9(木)	10:00〜12:00	☎(3858)1502
	16(木)	14:00〜16:00	
生涯学習センター	5(日)・8(水)・19(日)・22(水)	14:00〜17:00	☎(5813)3730

　ボランティア希望者は、申込要項を確認後「運営ボランティア申込書」に必要事項を記入し、学習事業課へメールやファックスにて送信するか、各地域学習センター及び生涯学習センター窓口へ持参して申し込みを行う。各地域学習センターに申込書が提出された場合は、学習事業課へ送付される。「募集要項および申込書」は生涯学習センター及び全地域学習センター窓口で配布しているが、学習事業課からメール、ファックス、郵便で送付することもできる。

カ) サロン運営にあたっての連絡方法

　各センターから運営ボランティアへの連絡・意見交換等は、個人及びメーリングリストで一括送信する方法などで基本的にメールを使用している。メーリングリストは、ボランティア全体と会場単位のメーリングリストを運用している。ボランティアは登録時にメーリングリストへ登録される。メーリングリストの入力管理は学習事業課が行い、メール環境がないボランティアについては、電話、ファックス、郵送にて対応している。

　学習事業課から各センター担当者に新規登録者の個人情報をその都度送付しているが、名簿及びアドレスなどの個人情報の取り扱いには充分注意するよう周知徹底している。

4　今後の成果と課題

(1) 今後の展開に向けて

ア) 充実に向けてのボランティアとの共同作業

今後に向けては会場の拡充、開催日数の拡大といった量的拡大と、内容面での充実の両面を目指している。したがって、パソコンを習いたい、教えますという交流だけではなく、パソコンを道具として地域でできることを模索していくところから始めようとしている。
　これまでもサロンにおいてボランティアの発案による暑中見舞いづくりや年賀状作りのイベントを行ったが、情報発信の道具としてのパソコン及びインターネットを活用した取組みを進めるべく、有志による検討会をスタートさせた。
　検討会は、運営や内容の検討を行うチーム、会場ごとのホームページづくりを検討するチーム、サロンで利用するパソコンのメンテナンスを担当するチームの3チームで構成されている。実際に集まって打ち合わせを行うのは限りがあるため、メーリングリストやコラボレーションサービスを活用して検討や打ち合わせを進めている。

イ）サロン以外での取組み
　これまでにも、視覚障害者のパソコン勉強会へのサポート、青少年の土曜休日対応事業でのパソコン指導などの実績があるが、今後、地域学習センターを会場とした新しい活動の場として、地域学習センター利用団体へのパソコンサポート活動も検討している。

(2)　取組みのポイント
　ITサロンの取組みにおいて、重視していることは、以下の点である。
①区民と施設（生涯学習振興公社）との協働事業であるということ。
②職員がお膳立てをして区民が参加するというパターンから、職員自身が意識を転換する。
③ボランティアはサロンのあり方や内容にも主体的に参画し、意思決定を行っていく。
④サロンという事業を成功させることが目的ではなく、サロンをきっかけにITを活用した地域の
　ネットワークづくりが進んでいくことを目的とする。

　足立区では生涯学習の推進において、地域課題の学習に力点を移し、住民自らが地域の課題について学ぶこと、住民相互で学習しあう環境作りに取り組んでいる。従来の施設に集まって学ぶという学習機会の提供とともに、ITを活用したeラーニング・システムも必要となる。システム構築にあたって、住民自身が地域につながりのある内容構築にあたるなど、ITサロンボランティアの今後の活動が期待される。

VI-6　インターネットTVの展開
──愛媛県「ふるさとおもしろ講座」──

1　事例のポイント

インターネットを活用することによって"集める"学習から、"届ける"学習へと事業を広げていくことも可能となる。愛媛県生涯学習センターでは、ふるさと「えひめ」に対する理解を深めるために、独自に進めている地域学の講座を、平成5年度から開設している。平成13年度からは、この講座をインターネットでも配信するようになっている。

2　メディア活用の視点

公的な施設や機関がITを活用して生涯学習講座を広く公開していく事例は、それほど多くはみられない。大学が社会人対象の公開講座をインターネット等で公開する試みは散見される。けれども、その内容は職業教育やスキルアップ、文学など、いわゆる一般教養的な内容が取り上げられるケースが多い。そういった事業とは一線を画し、地域の社会教育施設が地域に密着した学習内容を市民のために提供していく事業は、地域でのITの有効活用という点で評価できよう。

また、インターネット講座のために内容を作成するのではなく、実際の公開講座を収録して加工するという方法は、新たにITを活用しようとする社会教育施設にとって、取り組みやすさという点でメリットがある。実際の取組みの中から、みえてきたノウハウや課題についてみていくことにしよう。

3　事業の経過と内容

愛媛県生涯学習センターでは、四国で生まれ、長い歴史の中で培われた遍路文化について調査研究し、成果を広く内外に発信している。当センターの研究員を講師とした講座は、平成5年度からはじまった。平成13年度からは時間的制約の多い勤労者や、育児・介護などの従事者、あるいは施設から遠隔地に居住する人々への学習機会の拡大を目的として、インターネットによる生涯学習講座「ふるさとおもしろ講座」を開設し、併せて、これまで生涯学習講座になじみの薄かった県民層の学習活動の促進も図ることとした。

表VI-6-1　ふるさとおもしろ講座

回	内容（テーマ）	開始時期
1	接待の風習 －遍路と接待、さまざまな接待－	10月上旬
2	遍路と宿と交流（1） －宿の変遷－	10月中旬
3	遍路と宿と交流（2） －遍路の宿－	10月下旬
4	遍路にまつわる人と文化の交流 －人の交流、文化の伝播－	11月上旬
5	新四国八十八ヶ所 －新四国のおこり、愛媛県の 　新四国、小豆島四国－	11月下旬
6	遍路道の整備と活用 －遍路道の整備、遍路道の活用－	12月上旬
7	遍路資料の保存と情報の発信 －遍路資料の保存、遍路情報の発信－	12月中旬
8	現代の遍路意識 －現代の遍路諸相と遍路びとの思い、 　若者の遍路意識と遍路体験－	1月上旬

[講座テーマ]
○「平成13年度　ふるさとおもしろ講座－四国遍路－」　四国で生まれ、長い歴史の中で培われた遍路文化を歴史的に考察し、愛媛の魅力を探る。
○「平成14年度　ふるさとおもしろ講座－伊予の遍路道－」　昭和20年以前の歩き遍路が利用した愛媛県内の主な遍路道を考察し、愛媛の魅力を探る。
○「平成15年度　ふるさとおもしろ講座－遍路のこころ－」　現代のお遍路さんに光を当てて、地域の人々との交流など、様々な観点から現代に息づく遍路文化を紹介する。

　各年度のテーマは遍路文化について異なる切り口で紹介していくという構成になっている。講義は2時間で回数は8回～9回、3か月程度で講座が修了する学習プログラムである。
　インターネット講義コンテンツは動画、音声、レジュメ、関連写真からなっている。動画・音声については、センター内で開催された講座をビデオ録画し、デジタル化、モジュール化といった編集後、同センターが保有する生涯学習情報サーバに登録し、インターネットで配信している。
　ホームページの状況をチェックしてみると、毎回、実際の講座を開催してから2週間程度でインターネット講義として公開されているようである。
　メインとなる動画は、2時間の講座を8から15パートに分け、各パートは3分から最大でも18分、

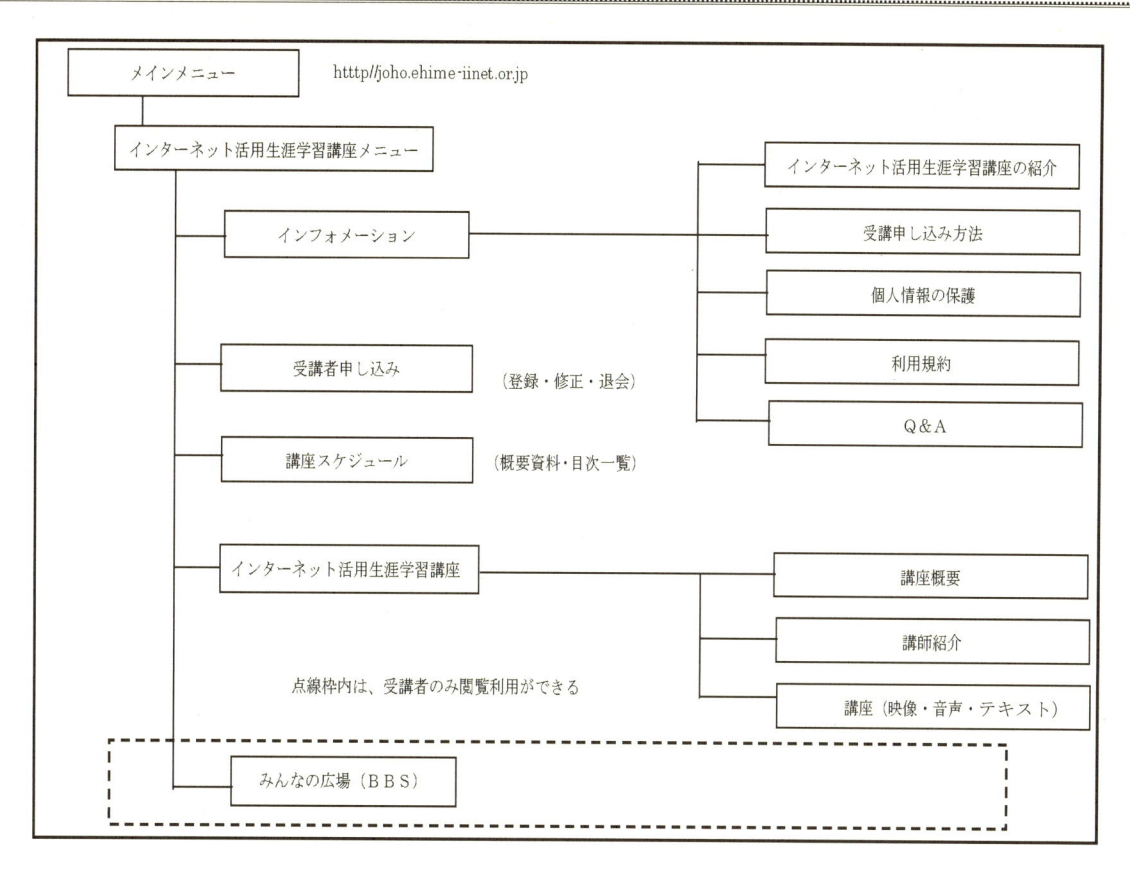

図VI-6-1　インターネット活用生涯学習講座　流れ図

平均10分程度という長さに区切られている。このくらいの長さであれば、時間があるときには続けてみることもできるし、途中で、何かで中断しても、中断したパートから再開すればストレスなく学習を継続することができる。

　動画は講師のウエストショットと、OHPやプロジェクター等で映し出されたスクリーン上のプレゼンテーション資料を切り替えた画面だけで構成されている。切り替えといっても、通常は2台以上のカメラからの映像を、スイッチャーで切り替えていくが、この場合、講師からスクリーンへはゆっくりパンし、ズームしていくことから、1台のカメラで撮影していることがわかる。音声と録画の役割は兼務とすれば、収録スタッフは2人でまかなっていることがうかがえる。

　この動画コンテンツは、インターネットへの接続方法がブロードバンド回線加入者を対象にしたサービスである。ブロードバンドで視聴すればスクリーンのプレゼンテーション画面も見えるし、音声もクリアに聞き取ることができる。しかし、インターネット利用者の中には、まだブロードバンドに移行せず、ナローバンドの利用者もいる。そうした利用者のために音声コンテンツが用意されている。動画・音声とも無料版のあるRealNetworks社のReal One Playerを利用しており、利用者の利便性を考慮している。動画・音声については手作り感がある割に、視聴者を意識した丁寧な作りをしており、非常に好感の持てるコンテンツである。

　動画・音声コンテンツには、ストリーミング再生方式とダウンロード再生方式が選択できるようになっている。ストリーミング再生方式においては、利用者の通信速度を自動的に判断し、通信速度に応じ、3種類の画像密度で配信している。14年度からは蓄積して視聴したいという利用者の利

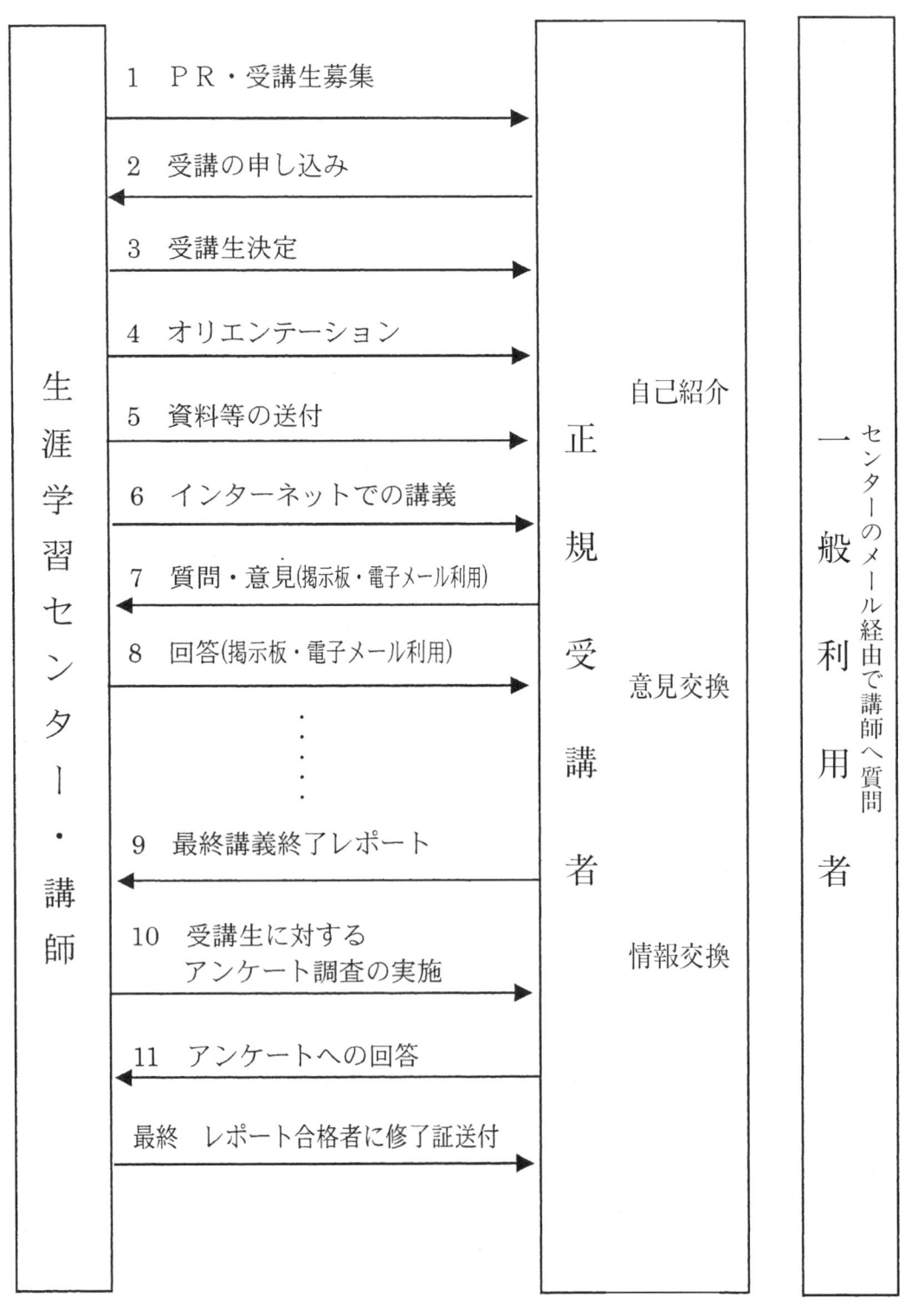

```
                    生涯学習センター・講師                    正規受講者                    一般利用者
                          │                                    │                             │
                          │ ──1 PR・受講生募集──→              │                             │
                          │ ←─2 受講の申し込み──                │                             │
                          │ ──3 受講生決定──→                   │                             │
                          │ ──4 オリエンテーション──→            │  自己紹介                    │  セ
                          │ ──5 資料等の送付──→                 │                             │  ン
                          │ ──6 インターネットでの講義──→        │                             │  タ
                          │ ←─7 質問・意見(掲示板・電子メール利用)│                             │  ー
                          │ ──8 回答(掲示板・電子メール利用)──→  │  意見交換                    │  の
                          │           ⋮                        │                             │  メ
                          │ ←─9 最終講義終了レポート──           │                             │  ー
                          │ ──10 受講生に対する               │                              │  ル
                          │      アンケート調査の実施──→        │  情報交換                    │  経
                          │ ←─11 アンケートへの回答──           │                             │  由
                          │ ──最終 レポート合格者に修了証送付─→  │                             │  で
```

図 VI-6-2　インターネット活用生涯学習講座　進行イメージ

便性を考慮し、ダウンロード再生方式も取り入れている。

　レジュメに関しては、講座全体を解説する学術整理報告書と、その概要がテキスト（文字情報）で提供されている。関連写真については、各回の講義に関連する場所や風景が10点程度解説付きで掲載されており、具体的なイメージを提供することで、講師の講義を補完しているといえる。

　ここで本事例から講座を提供するにあたっての工夫・配慮について考えてみる。

①講座の著作権について

　このインターネット講座では、生涯学習センターの研究員を講師に充てることで、通常はその処理が煩雑な著作権や著作人格権、肖像権等の人権に関わる部分で問題をクリアにしている。大学の講師など外部の講師であれば、著作権は講師が保有し、インターネット講座として公開するにあたって、別途、著作権料を請求されることもある。また、著作人格権である同一性保持権により、一連の講座内容を勝手に分割することはできない。

　講座コンテンツは、研究員による現地踏査のレポートが主となっている。写真は研究員が現地で撮影したもの、データも研究員が独自に調査したものである。他から提供を受けた関連資料等については、承諾書を取ることで対応している。厳密に言えば、研究員も他に譲り渡すことのできる経済的な著作権と、譲り渡すことのできない著作人格権を持っており、所属機関である生涯学習センターと著作権契約を結ぶ必要があろう。この場合、映画制作会社の制作スタッフが著作権を主張せず、映画制作会社がすべての著作権を持つのと同じく、生涯学習センターがすべての著作権を持つ形になっている。組織内の研究員がほとんどの部分の著作権を持っているコンテンツを使うというところに、この事業がスムースに展開できている秘訣があるといえる。

②コストについて

　費用については平成13年度　3,146千円、14年度　2,936千円と公表されている。これには、撮影・編集・デジタル化の費用で、サーバ管理費用は含んでいない。サーバは、従来からの県の生涯学習情報提供サーバを使っている。ライブストリーミング方式であればストリーミングサーバが必要になるが、オンデマンド方式であれば、通常のウェブサーバでも動画を流すことができるためである。インターネット配信に使用する機器類は、生涯学習情報提供システム用と兼用することで、この事業の経費縮減を図っているという。

　1講座にかかる費用を単純に講座数で割ると、平成13年度は393,250円、平成14年度は325,222円となっている。1年目、2年目ということもあるが、この事業は小規模なスタッフ体制で動いており、経費的にはまだ絞り込める余地があるのではないかと思われる。映像スタッフの1日の費用は、上下の幅はあるものの、6万円がひとつの目安になっている。

③正規受講者と一般利用者

 この講座では、正規受講者と一般利用者の位置づけがなされている。どちらも、地域学を広く県民に普及・促進するため無料で公開されているが、正規受講者は事前に申し込みをしてインターネットで受講し、一般利用者は申し込みをしないで受講する。正規受講者には、ID・パスワードを通知し、電子掲示板機能（みんなの広場）を利用して、講義に対する疑問や質問、情報交換等、受講生同士のやりとりや講師と受講生との会話ができるようなっており、全講義終了後、レポートの提出と引き換えに、修了証を交付している。これに対して、一般利用者は生涯学習センターのメール経由で講師へ質問をすることはできるが、受講者として登録されているわけではないので修了証は交付されない。正規受講者の現在の募集定員は、50名（県内40名、県外10名）である。

 主催者の側から見ると、正規受講者の氏名、年齢、性別等の属性とアンケート情報などの評価を得ることはできるが、一般利用者については、アクセス数しかわからない。

4　今後の成果と課題

 インターネット講座へのアクセス数は、平成13年度は6,755件、平成14年度は7,633件と順調に伸びているという。正規講座への申し込みも50人の募集定員に対して122名と2倍以上の人気である（平成13年度）。受講者へのアンケートをみると、受講の理由として、四国遍路というテーマに対しての関心が高いことが多くあげられている。インターネット講座という学習方法に対する関心からの受講もあるが、やはり、テーマの善し悪しが講座の人気を左右することは疑いのないところであろう。中でも地域に根ざしたテーマは、地域のアイデンティティを確認したいという人々の思いから、生涯学習施設が取り組むテーマとして受け入れられやすい。

 人気という点では、「ふるさとおもしろ講座」は成功しているといえよう。しかし、正規受講者のうち、最後まで継続して講座を視聴できなかった受講者もいたようである。スクーリングで講師と直接ふれあう機会をもったり、生涯学習ツアーにより、ポイントとなる札所を講師の説明を聞きながら、実際に見てまわるといったプログラムを織り込むことで、インターネット講座がより積極的に受講者に受け入れられるようになると思われる。

 それでも、ふるさと愛媛に関するテーマへの要望は強く、先のアンケートでも、遍路に関する別角度からの切り込みを期待する声、愛媛の歴史上の人物（正岡子規等）や郷土史、あるいは愛媛の自然科学等に関する内容を求める声が多かった。平成15年度からは、総合科学博物館と歴史文化博物館においても、その施設の特徴を生かしたインターネット講座を配信している。また、生涯学習

センターを核として、県・市町村・大学等高等教育機関・民間教育機関が連携を図り、「愛媛に関する学習機会」を総合的・体系的に県民に提供していく仕組みづくりも検討している。

参考文献
大西　勲　「愛媛県におけるインターネットによる生涯学習講座」　視聴覚教育　通巻673号　日本視聴覚教育協会　2003年　54頁

VI-7　総合的な生涯学習支援システムへ
―― 『ひょうごインターキャンパス』の進化 ――

1　事例のポイント

　成熟の時代を迎えて、生涯学習は、単に心の豊かさを育むだけではなく、学びを通じて能力を培い、市民の創造性が発揮されることで、柔軟で活力ある社会の形成に資するものである。
　こうしたなか、兵庫県には、県、市町の機関に加え、多数の大学、博物館・美術館、民間事業者等や、学習活動を展開する各種団体・NPOなど、豊富な学習資源が存在しており、これらの資源をネットワーク化し、県民の学習活動を総合的に支援する仕組みづくり（包括的な生涯学習システム）が重要な課題となっている。兵庫県では、この取組みの主要な柱に生涯学習情報ネットワークシステム「ひょうごインターキャンパス」を位置づけ、平成16年度から機能の拡充を図った。なかでも注目されるのは、学習履歴保存機能としてのインターネット版「生涯学習パスポート」の提供である。
　「生涯学習パスポート」は平成11年に国の生涯学習審議会が答申した『学習の成果を幅広く生かす』で提言されたものである。

2　メディア活用の視点

　新しい「ひょうごインターキャンパス」では、インターネットを活用して学習情報の一元的提供はもとより、電子メールによる学習相談や生涯学習ライブラリー、マイページの提供など、県民の学習活動を総合的に支える様々な機能が提供されている。単なる「学習情報システム」ではなく、県民の学習活動を様々な面から支援するほか、県内の生涯学習機関のネットワークの形成を支えることを通じて、より有機的な生涯学習の支援につながる「総合的な生涯学習支援システム」への進化をめざしている。

3　新「ひょうごインターキャンパス」における県民の学習支援機能

(1)　「ひょうごインターキャンパス」の経緯と成果
　「ひょうごインターキャンパス」は平成10年度から運用され、県内外の様々な生涯学習機関が実施する講座情報等の一元的な提供を行ってきた。このシステムは、学習者が自分に適した学習情

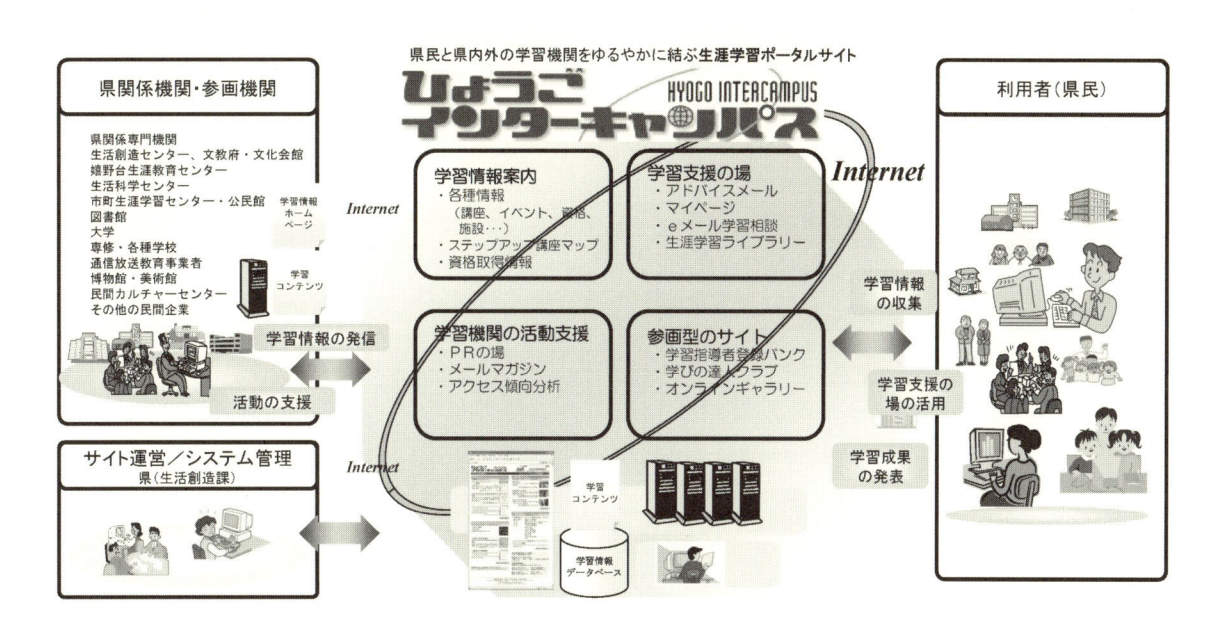

図Ⅵ-7-1　新「ひょうごインターキャンパス」概念図

報をインターネットを通じて検索し、同時に自らの学習成果を発信できる学習情報システムとして、全国に先駆けたものであり、これを通じて、県内の様々な生涯学習機関が共同して学習情報を発信してきた。提供された情報数やアクセス等から見ても、一定の評価を得てきたと言えよう。
　しかし、開発から6年を経て、機能の限界や性能の相対的低下が見られることなどから、平成15年度にシステム更新に着手し、機能の大幅な拡充作業を進めた。

(2) 新「ひょうごインターキャンパス」の主な機能
　次に、新しい「ひょうごインターキャンパス」の主な特徴と機能を紹介する（図Ⅵ-7-1、Ⅵ-7-2参照）。
①総合的な生涯学習のポータルサイト（兵庫県内の生涯学習への総合窓口）
　生涯学習機関が提供する講座情報等にワンストップでたどり着ける、生涯学習のポータルサイトとして、機能を拡充し、いわば、生涯学習版ヤフーとして機能させる。
②情報提供機能の充実
　様々な検索方法により、利用者が、その希望する情報に素早く、簡単にたどり着けるしくみや、テーマ別の学習情報一覧表など、読み物として親しみやすい学習情報を提供している。
　さらに、地域ごとの特徴ある学習情報を掲載した「マイ地域」のページを設けている。
③学習支援機能の充実
　講座申込みができる機能のほか、学習者の学びを具体的に支援する様々な機能を提供している。具体的な機能は以下の通りである。
　ア　ステップアップ・モデルの提供
　　各生涯学習機関が入力した学習情報について、具体的な学習課題、分野ごとに、「基礎・入門」から「実践」へと展開する道筋等がわかるよう整理した事例を示すステップアップ・モデルで

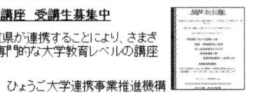

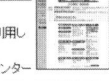

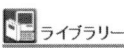

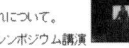

図VI-7-2　新「ひょうごインターキャンパス」トップページ

Ⅵ　実践実例編

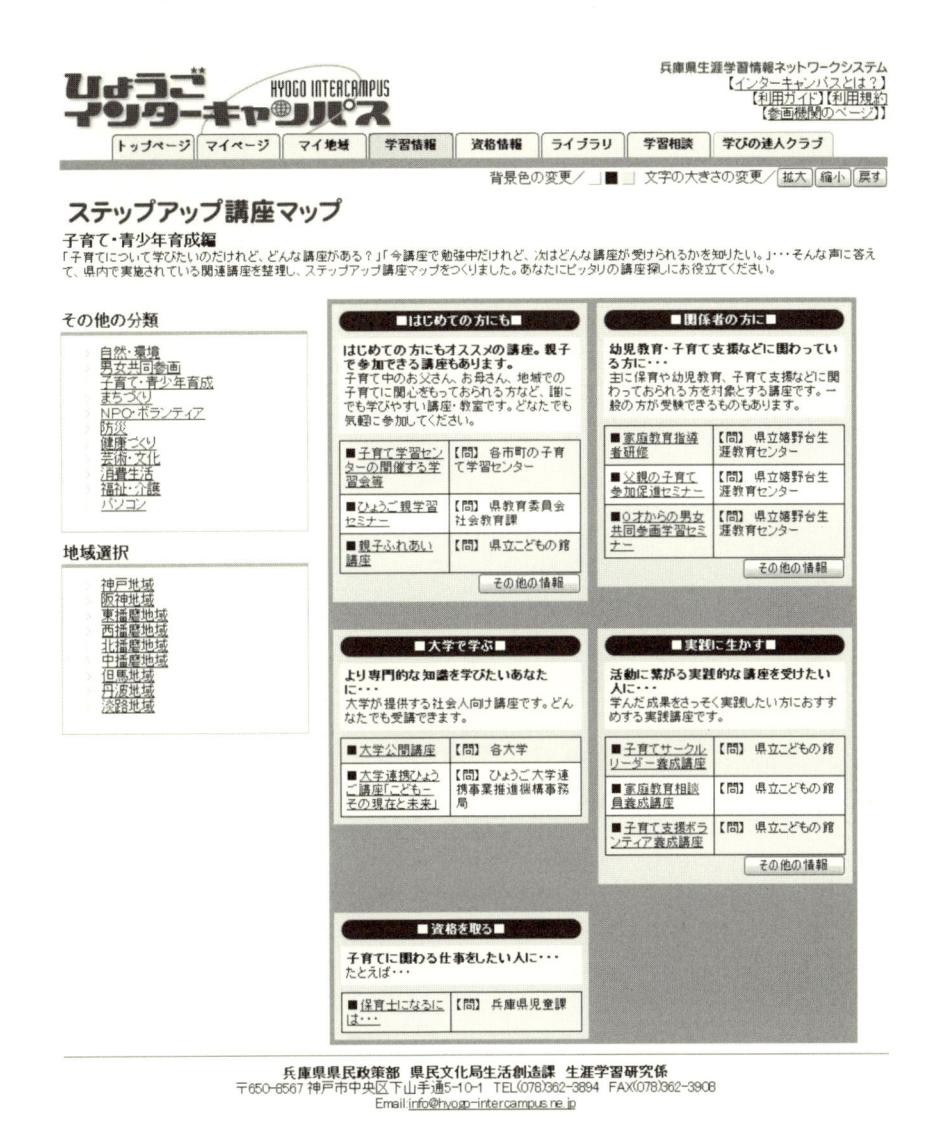

図Ⅵ-7-3　「ステップアップ講座マップ」画面

ある（図Ⅵ-7-3参照）。
イ　「マイページ」の提供
　利用者が、自分の興味分野に係る講座スケジュールカレンダーを作成したり、学習履歴を記載、保存できる個人ページである。
ウ　電子メールによる学習相談
　利用者が、個々の学習に関して抱いた疑問について、事前に登録された技術者や大学教員、あるいは学習ボランティアの方々などに電子メールにより相談ができる機能の提供である。
エ　生涯学習ライブラリーの提供
　県等の学習機関が行う講座やフォーラムの内容をコンテンツ（動画、テキスト等）として提供し、遠隔地での学習機会の格差是正や在宅学習の機会充実を図る。特に、県が実施するシンポジウム等、地域の課題解決にとって重要なものについては、その内容を45分程度に編集し、「ひょうごインターネットフォーラム」として動画配信するものである。

④「学びの達人クラブ」の拠点サイト

　学習成果発表の場や、学習グループ内のメーリングリスト機能を提供し、学習成果の発表、学習者相互の交流・情報交換の場として活用できるページを設け、講座等の修了者によって構成される「学びの達人クラブ」の拠点として機能させる。

⑤県内の生涯学習機関のネットワークの結節点

　生涯学習機関専用ページを設け、相互の情報交換の場とするほか、メールマガジンを発行するなど、県内の生涯学習機関ネットワークの結節点として機能させる。

4　インターネット版「生涯学習パスポート」（学習履歴保存機能）の提供

　新「ひょうごインターキャンパス」で提供する重要な学習支援機能のひとつに、「生涯学習パスポート」（学習履歴保存機能）の取組みがある。県、市町、民間等の様々な学習資源を活用した県民の学習活動を個人の学習歴として記録する場をインターネット上に設けることで、個人の学習活動を支援し、その成果活用に結びつけていく公共的なツールである。

　なお、インターネット利用の性格上、紙によるパスポート以上に、利用者のプライバシー保護を基本とし、ID・パスワード方式で本人以外による閲覧を不可としている。

(1)　検討の経緯

　本県では、平成13年度から14年度にかけて、「生涯学習研究開発会議」において「広域的・体系的な学習支援システム」の研究を進め、その一環として、県民の学習成果の活用支援のあり方を検討してきた。

　この会議では、生涯学習は個人の生きがいや心の豊かさを育むとともに、学習を通じた個人の成長は社会を豊かにするとの観点から、学習の主体である県民が社会に対し、その人ならではの貢献ができるように支援することが重要であること、そして、その効果的な支援のためには、行政のみならず、多様な学習機関との連携のための仕組みづくりが重要であることが指摘された。

　新「ひょうごインターキャンパス」が提供するインターネット版「生涯学習パスポート」は、この研究会議での議論を具体化しようとするもので、学習者が学びの成果をふりかえり、その意味を再発見し、励みとしながら、学びの継続・深化や地域の課題解決への参画といった新たなステップに踏み出すための"学びのデータバンク"として活用するものである。

(2) 「生涯学習パスポート」の概要

　「生涯学習パスポート」は、上記 3 -(2)③で説明した「マイページ」機能の一部として提供している。そこでは、インターキャンパスの個人ページ内に学習者が受講した講座等の内容や成果、今後の学習予定等を記録することができる。また、自ら設定した学習ジャンルごとに過去の学習履歴を一覧表にし、活用することも可能である（図Ⅵ-7-4、図Ⅵ-7-5参照）。たとえば、学習相談の際に引用したり、プリントアウトして、学習履歴書として再就職の際の自己 PR に利用する。あるいはボランティア活動に参加する際の自己紹介用に使う。自分の学習履歴を再就職先や活動グループ内で共有してもらうなど、様々な活用の可能性がある。

　記録する内容は、講座等の受講歴だけではなく、ボランティア活動等の社会的な活動や、読書、美術館・博物館での鑑賞など、幅広く生涯学習に含まれるあらゆる活動を記載することが可能である。また、インターネット上での情報収集先のリンク集を作成したり、学習グループ内でメールを交換し、ファイルを共有することも可能となる。

(3) インターネット版「生涯学習パスポート」の意義

　　この「生涯学習パスポート」は、"学習者にとっての使いやすさ"を基本に、単なる学習記録に留まらないインターネットの機能を活用した総合的な学びのツールとし、①個々の学習活動を記録する作業を通じて、自らの学びを振り返り、学びの成果を確認すること〈学びの自己評価〉、②学習から得られた知識・知見・情報等を蓄積し、必要に応じてこれを参照すること〈学びの蓄積〉、③過去の学習履歴をジャンルごとに整理することにより、今後の学習計画の参考として利用すること〈学びの体系化〉、④学習の成果を自主的なグループや社会に発信していくこと〈学びの循環〉、⑤ NPO やボランタリー組織等への就業など、社会的な活動等への参画や応募に際し、関連分野における学習履歴として添付・活用すること〈学びの社会的活用〉など、さまざまな側面から学習活動とその成果の活用を支援する機能を持つことが期待される。

4　今後の成果と課題

　新「ひょうごインターキャンパス」は、生涯学習のポータルサイトとして"リアルタイム""オンデマンド""双方向性"など、インターネットの特長を最大限に生かした、多様な学習支援機能を搭載することとしている。それは、従来の学習情報検索機能に偏ったシステムではなく、学習情報の収集から学習計画の作成、学習活動の継続・深化、さらには、学習成果の評価・蓄積、発信・活用

図 VI-7-4　「生涯学習パスポート」登録画面

図 VI-7-5　「生涯学習パスポート」一覧表画面

に至る学習者のトータルな学びとその活用をサポートするシステム、すなわち「総合的な生涯学習支援システム」である。

　むろん、かかるシステムが円滑に機能するためには、県や市町だけではなく、大学や民間学習機関、団体・NPO等、様々な機関のネットワークとシステムへの積極的な参画、そして何よりも県民の学ぼうとする意欲が重要であることは言うまでもない。この県民の意欲と、これを支える県内の生涯学習機関が寄り集まって、県民の学習活動を総合的にサポートしていく、その結節点としてもこのシステムは機能していくことになる。

　この意味で、当システムは、その稼働後の成長こそが大いに期待されるところである。新「ひょうごインターキャンパス」が県民に親しまれ、学習者の創意工夫を通して広く活用されることを期待し、更なる充実に向けて、今後とも積極的に取り組んでいきたい。

VI-8　情報をデザインする
──参加型ホームページの実践──

1　事例のポイント

　ホームページにおいては、様々な情報が提供されているが、利用する側の望む情報をいかに早く的確に提供できるかといった『情報のデザイン』が、今日重要な要素となっている。北海道庁の「北海道人」は、北海道に関するすべての情報が絶妙に配置されており、これから求められるポータルサイトの在り方を提案している。
　また、「北海道人」「仙台市博物館」には、利用者が直接参画することにより、情報データベースを創り上げていくといった特筆すべきコンテンツがある。
　一方、「障害者マルチメディア情報センター」のホームページでは、障害者・高齢者・健常者の区別なしに、インターネット上で提供される情報をすべての人が使いやすいようにデザインするという「ユニバーサルデザイン」の視点の重要性が指摘される。

2　メディア活用の視点

　これまでホームページにおいては、サイト管理者の有する情報を提供するためのコンテンツが中心であった。
　しかし、ここで紹介する「参加するホームページ」という新しい視点は、情報収集の場として活用するホームページから、利用者の手で創り上げていくホームページを提案するものであり、利用者各々の有する情報を登録し、全国的な情報データベースを構築したり、学習した成果を登録し、学習者間の交流を促進したりするものである。
　利用者にとってこうしたホームページへの参画は、学習への動機付けや、意欲の喚起にたいへん有効であるといえる。
　生涯学習・社会教育事業のプログラムにおいても、情報収集手段のひとつとしてインターネットの活用はなされてきたが、こうした参加型ホームページの活用は、プログラムの広がりとともに多様な地域の学習者との交流を促進し、新たな可能性を提供するものである。とかく、インターネット＝バーチャル体験と称され、これまで体験活動の対局に位置づけられてきたが、こうした参加型ホームページは、社会教育施設や青少年教育施設等において、大いに参考とすべきものではないだろうか。

Ⅵ 実践実例編

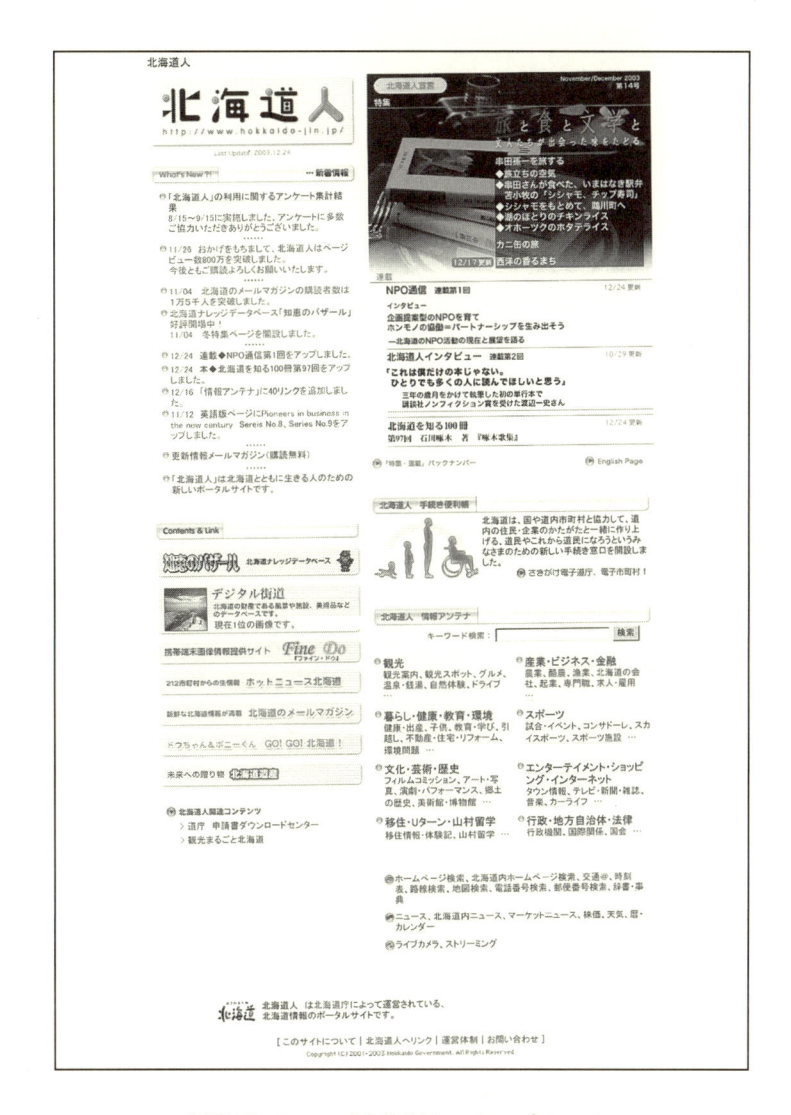

写真 Ⅵ-8-1 「北海道人」トップページ

3 事例の実際

⑴ 情報をデザインするポータルサイト"北海道人"〜北海道庁〜
http://www.hokkaido-jin.jp/

「北海道人」は、北海道に暮らす人々、北海道を想うすべての人々のための玄関サイトというコンセプトのもとに、北海道庁が平成13年度に事業化し、同年10月31日に開設し、運営しているものである。トップページは、複雑な技術などは使わず背景、デザインパーツを淡くまとめることで視認度を高めすっきりとした感じの構成となっている。また、コンテンツは、北海道の財産である風景や施設などをデータベース化した「デジタル街道」をはじめトップストーリー、手続き便利帳（北海道212市町村と連携した総合手続きサイト）、情報アンテナ（「北海道」をキーワードに集めたリン

http://www.hokkaido-jin.jp/

「北海道人」には、あなたの想いを叶えるための情報が、ぎっしりと詰まっています。

トップストーリー

北海道の魅力を掘り起こし、全世界に紹介する、北海道ストーリーの玉手箱。

● 特集
専門のライターが、北海道をくまなく取材し、北海道の魅力を、新鮮に、深く、楽しく紹介していきます。ゆくゆくは「北海道の魅力」のデジタル特集本として定着を目指しています。（1月～2月毎発行）

● 新世紀ビジネスの開拓者達
「創造の地、挑戦の地、北海道」では、数々のベンチャーが世界をターゲットに活躍中です。北海道の起業家達の真摯な挑戦を紹介します。

● 北海道新移民物語
国外、道外、ジャンルを越えて様々な目的で北海道に移り住んだ方々の移住物語をインタビューしました。

● 北海道を知る本百冊
北海道のアイデンティティを探し、北海道のことをもっと知りたい方々に送る北海道ライブラリー。毎週1冊ずつ紹介していきます。

● 北海道遺産
次の世代に残したい北海道の「宝物」。あまりにも身近すぎて気がつかなかった北海道の風物の中に、大きな価値を持つ地域の財産が隠れていました。「北の記憶」を「北の未来」へ。北海道遺産第1回選定分25件を1ヶ月に2件のペースで紹介します。

手続き便利帳

さきがけ電子政府・電子道庁・電子自治体の入り口

北海道212市町村の協力により、自分の住む市町村、道、国関係機関、民間のライフイベント毎の手続き情報を同一画面から入手することを可能にしました。
北海道庁のダウンロードセンターとリンクしており、手続き用紙の入手も居ながらにして行うことができます。今後、認証基盤の整備など、電子政府・電子道庁・電子自治体の取組が進むにつれ、オンライン手続きの総合窓口に発展していく予定です。

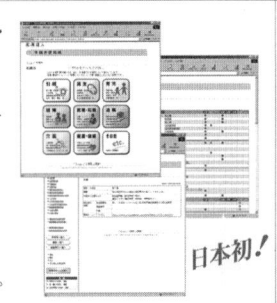

日本初！

情報アンテナ

北海道情報最強リンク集

「ラーメン」「コンサドーレ」など約400の「北海道」にふさわしいカテゴリーを設け、「北海道」をキーワードに自己推薦を中心に約4000のリンク集で出発した、発展するリンク集です。トップストーリーやデジタル街道で得た興味をもっと詳しく知りたい方も、すぐ詳しい知識を得ることができます。開設以来リンクは順次増え続けており、北海道をエンジョイするための最強のリンク集を目指しています。

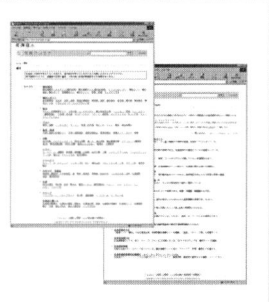

デジタル街道

北海道発
デジタルアーカイブ街道

北海道では、フィルムコミッション、北海道遺産、観光振興、近代美術館など画像を活用した様々な事業を行っています。これらをひとつのデータベースに収納し、北海道のデジタル画像を楽しみたい方に提供します。地域やシーン、感性から選べる多様な検索機能と、お気に入りの画像でトップページを飾る投票機能で、北海道の画像データベースの旅を堪能できます。

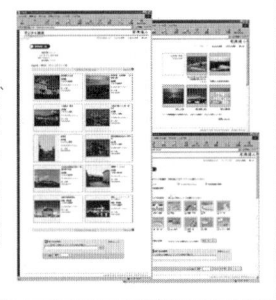

ホットニュース北海道

212市町村の
旬の情報をお届けします。

市町村のイベントや施設などを随時自由に発信できる市町村PRサイトです。市町村の特派員が我が町のイベントや施設を全道・全国にPRできる掲示板「みんなのホットニュース」。新しいニュースが常にトップに表示されるため、市町村が競ってPRすることができます。また、町の話題を掲載するその市町村専用の「我が町ホットニュース」も用意し、212市町村の旬の情報を提供していきます。

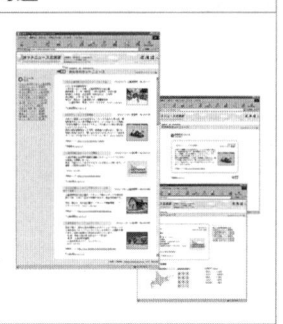

北海道メールマガジン

知事のメッセージもある
北海道情報マガジン

メールマガジン「Do・Ryoku（動・力）」では、道政の動きや知事のコラム、観光・イベント情報、募集・IJUターン情報、北海道のHPの新着情報などを、毎月2回（第2、第4金曜日）お届けします。また、道民のみなさんが参加できる行事や北海道の豆知識、広報番組、広報誌情報も掲載しますので、ぜひご愛読をお願いします。更に、施策別のメールマガジン発行も予定しています。

どうちゃんと遊ぼう

子供も大人も楽しめる
北海道産物獲得ゲーム

ポニーくんに乗ったドウちゃんが、次から次へと現れる北海道の名産品をどれだけ多く拾えるかを競うゲームです。ステージは全部で3つ、それぞれのコースには1種類だけ障害物が用意されています。これらの障害物にぶつかってしまうとポニーくんは一定時間動けなくなり更に得点もマイナスされてしまいます。あなたは全ての特産品を見ることができるかな。

特産品GET!

このパンフレットは再生紙を利用しています。

写真 VI-8-2　北海道人のコンテンツ

写真 VI-8-3　智恵のバザール

ク集）、北海道メールマガジン（9つの各部局毎に発行）、ホットニュース北海道（市町村のホットなニュースを市町村自らが自由に発信できるコーナー）、Fine Do（「デジタル街道」の画像を携帯端末で利用できるサイト）、どうちゃんと遊ぼう（北海道産物獲得ゲーム）など、北海道に関するすべての情報への入口が絶妙に配置されている。

中でも「知恵のバザール（http://knowledge.hokkaido-jin.jp/）」は、上記の一方的な情報提供のみの機能であるコンテンツに対して、双方向性の機能を持っている。仕組みとしては、Q＆A方式のナレッジデータベースで、分野に制限を設けず、利用者のニーズから知恵を生成するというもので、利用者から北海道に関する様々な質問を受け付け、その質問に全道各地、様々な分野で活躍しているナレッジマスター（賢者）という無償ボランティアが回答し、そのQ＆Aを知恵として蓄えていくものである。

特徴的なのは、行政初のRPG（ロールプレイングゲーム）仕様で楽しみながら自然に知恵を蓄積でき、ナレッジデータベースの趣旨をゲームのルール形式で徹底させ、掲示板文化との明確な差別化を図っている点である。また、サイトを訪れた人が、知恵を見て、参考になったと思ったら「感謝の念」というボタンを押すことで参加できる工夫もなされている。これまでに全国から様々な質問が寄せられており、その総ページビュー数は年間約38万件にものぼっている。

行政機関のサイトにおいては、住民のニーズに即した情報の提供ということが重要である。「知恵のバザール」は、管理運営者の有する情報を一方的に提供するのではなく、利用者とともにデータベースを作り上げていくといった特筆すべき取組みといえる。

これからのウェブサイトには、カッコよさや見た目のデザインばかりではなく、「北海道人」のよ

うに利用する側の望む情報をいかに早く的確に提供できるかといった情報をデザインする視点が重要である。

(2) 情報提供型から参加型ホームページへ　　～仙台市科学館～
　　http://www.kagakukan.sendai-c.ed.jp/

　仙台市科学館のホームページには、インターネット・ロボ、ひまわり雲画像、化学薬品データベース、水生生物図鑑、ハチュウ類・両生類・ホニュウ類図鑑、原生生物図鑑、自然史図鑑、バーチャル科学館等魅力的なコンテンツが豊富である。
　中でも、特徴的なのは利用者が直接参加するコンテンツである。
■ミニラボックス不思議ページ　(http://www.kagakukan.sendai-c.ed.jp/fushigi/)
　仙台市科学館が貸し出す「総合学習支援ユニット[1]」を活用し実験し、児童・生徒が調べたことを投稿できるのが「不思議ページ」である。調べたことや感想等を書き込め、送った原稿はすぐにホームページ上で見ることができ、「総合的な学習の時間」等における新しい形の発表を提案している。また、これにより、いろいろな学校の児童・生徒と経験を共有し、新たな学習への動機付けを期待することもできる。
■インターネット生き物調査　(http://web2.kagakukan.sendai-c.ed.jp/ikimononeo/iki)
　インターネットを活用し環境と生き物の関係を学ぶことを目的に、全国10カ所の科学館と連携し、セミ、タンポポ、鳴く虫、外来植物の調査を実施している。
　調査にはだれもが参加することができ、インターネットを活用して、調査した内容を入力し、調査結果を送ると3分後には自動的にデータを地図で見ることができるというものである。
　各種の調査にあわせて調査する生き物の図鑑を見ることができ、写真やイラストのほか、虫の鳴き声などの音を聞くこともできる。

(3) 見る人に優しいサイト～障害者マルチメディア情報センター～
　　http://www.smc.pref.shizuoka.jp/top/

　障害者マルチメディア情報センターのホームページのコンセプトは、「わかりやすく」「操作しやすく」、「見やすく」である。
　ホームページを訪れる人は実に様々であり、視覚・聴覚に障害を持った人、体の不自由な人など、

Ⅵ　実践実例編

写真 Ⅵ-8-4　仙台市科学館のトップページ

写真 Ⅵ-8-5　ミニラボックス不思議ページ

写真 VI-8-6　インターネット生き物調査

どんな環境の人が訪れても戸惑うことなく利用できるということが大切である。

　本サイトのトップページには、「このホームページは見る人に優しい作りになっています」という表記がなされ、様々な工夫がされている。

■表示について
・環境が整っていないパソコンからも快適に閲覧できるように、解像度が600×800のディスプレイでもきちんと表示できるようにする。
・表示する1画面の内容は、スクロールしなくてもすむような量にする。
・背景と文字を同系色にしない
・文字の大きさを大、最大にしてもレイアウトが崩れないようにする。
・文字が見やすいように背景画像は避ける。

■画面構成について
・フレーム構成の画面は、音声化ソフトでは適切に読み上げられない場合があるので避ける。
・テーブルの多様は避ける。テーブルを使用した場合は、読み上げ順序に問題がないか検証する。

■リンクについて
・目次となるリンクはページの上部と下部に貼る（各ページへのリンクは移動しやすいように、目次リンクがページ上部だけだと、他ページへアクセスするにはページ最上部まで戻らなければならず、視覚や肢体に障害のある方々には不便である）。
・クリッカブルマップ（画像内のある範囲にリンクを貼る）は避ける。

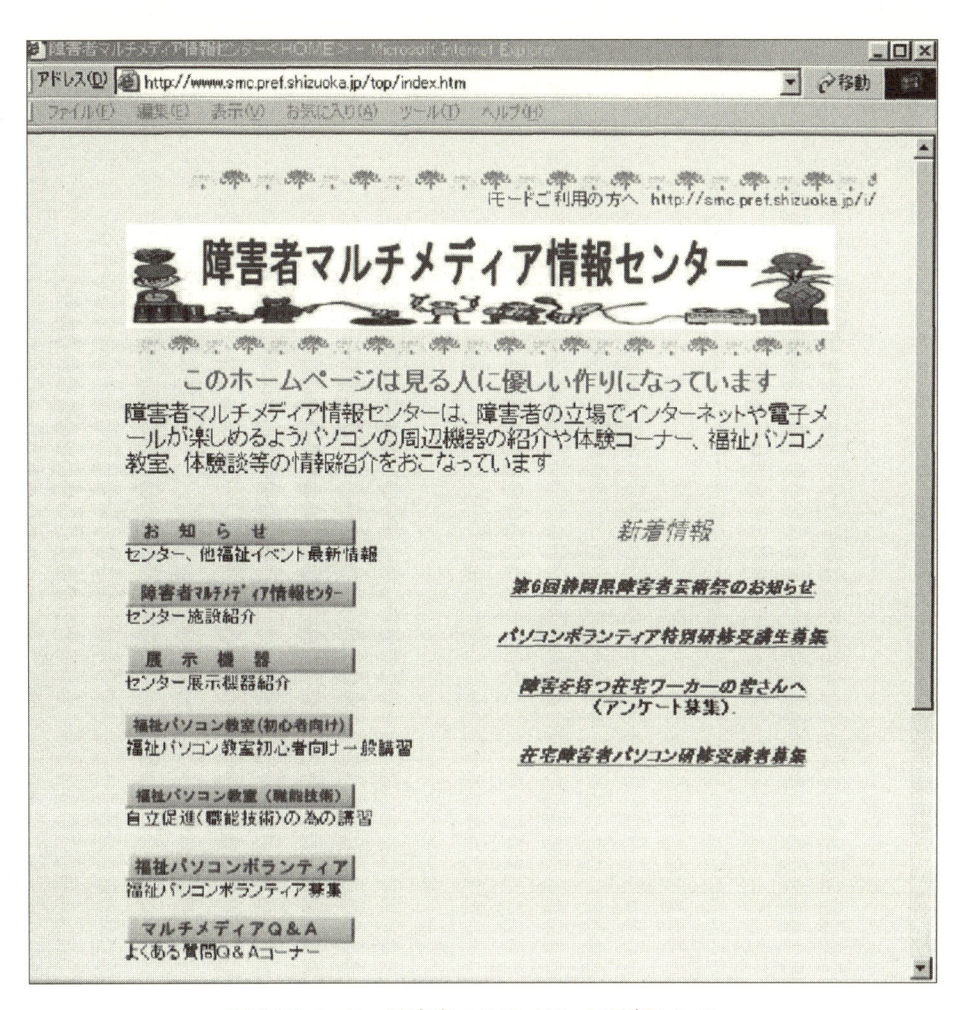

写真 VI-8-7　障害者マルチメディア情報センター

　使い勝手とデザインの折り合いが難しいところであるが、基本的には、「シンプル」で「リンクしやすく」、「閲覧しやすい」ということがキーワードになりそうである。
　障害者をターゲットとするサイトのみならず、障害の有無や年齢などの条件に関係なくだれもが同じようにインターネット上で提供される情報を利用できるようアクセシビリティの改善はますます重要になるのではないだろうか。

4　今後の成果と課題

　参加型ホームページとウェブアクセシビリティに関する実践についてみてきた。今日では、ホームページは広報手段として重要な役割を担っており、一方的な情報提供だけではなく、利用者とともに作り上げていく参加型ホームページでは、情報の広がりが期待できる。その際には、さまざまな市民（個人、NPO、学校、企業など）が情報を追加掲載していくような、運営形態や運用の仕組み作りを検討していかなければならない。規約の整備や役割分担、責任の明確化などが求められる

ようになる。
　また、ホームページへのアクセスを増やすためには、サーチエンジンへの登録やメールなどによる広報とともに、ウェブデザインやアクセシビリティがますます重要となってくる（ウェブデザインやアクセシビリティについては、［Ⅴ-3］を参照）。

注
(1)　すべて生活に関わりのある素材を使った実験装置で、持ち運びが可能。
　　設置場所は学校の多目的ホールや理科室などで活用できる。また、モバイルカード付きのノートパソコンも用意されており、その場でインターネットを通じた調べ学習にも対応できる。

参考文献・参考URL一覧

[第Ⅰ章]
- 生涯学習審議会 『新しい情報通信技術を活用した生涯学習の推進方策について（答申）』 平成12年
- 先進学習基盤協議会編 『eラーニングが創る近未来教育』 平成15年 オーム社
- 栃木県教育委員会事務局義務教育課 「小・中学生におけるインターネットの効果的な利用と諸問題への対応
　──『インターネット利用ガイドライン』作成の手引き──」 平成11年11月
- 森田正康 『eラーニングの〈常識〉』 2002年 朝日新聞社他

　自遊塾（富山県民カレッジ） http://www.tkc.pref.toyama.jp/

[第Ⅱ章]
- 新井紀子 『ネット上に学びの場を創る』 平成15年 岩波書店
- 荷宮和子 『声に出して読めないネット掲示板』 平成15年 中央公論新社

　インターネット市民塾　http://toyama.shiminjuku.com/
　愛知県扶桑町「そば打ち体験講座」　http://bishi.no-ip.com/~fusokodomo/
　千葉県館山市「ふるさと百科たてやま大事典」　http://furusato.awa.jp
　子ども放送局　http://cs.kodomo.nyc.go.jp/index2.html
　２ちゃんねる　http://www.2ch.net/
　新潟県加茂市公民館　http://www.city.kamo.niigata.jp/kominkan/rink.htm
　国立教育政策研究所社会教育実践研究センター http://www.nier.go.jp/homepage/syakai/index.htm
　WebCT社ホームページ（英語）http://www.webct.com/

[第Ⅲ章]
- 浅井経子 『生涯学習概論』 2002年 理想社
- 先進学習基盤協議会 『eラーニング白書2003／2004年版』 平成15年 オーム社

[第Ⅳ章]
- 高等教育情報化推進協議会 『エル・ネット「オープンカレッジ」について』（第4次年次報告書） 平成15年 [http://www.opencol.gr.jp/report/index.html]
- 松下視聴覚教育研究財団 『第26回（平成12年度）実践研究助成成果報告書』
- 松下視聴覚教育研究財団 『第27回（平成13年度）実践研究助成成果報告書』
- 生涯学習審議会答申 『新しい情報通信技術を活用した生涯学習の推進方策について』 平成12年
- 国立教育会館社会教育研修所 『情報に関する学習とネットワーク』 平成12年 ぎょうせい
- 山本恒夫・浅井経子・坂井知志編『総合的な学習の時間のための学社連携・融合ハンドブック』 平成14年 文憲堂

　エル・ネット「オープンカレッジ」　http://www.opencol.gr.jp/
　全国5万校の同窓会サイト「この指とまれ」　http://www.yubitoma.or.jp
　妊娠・出産・育児コミュニティ「ベビカム」　http://www.babycome.ne.jp/
　Yahoo!グループ　http://groups.yahoo.co.jp/
　ネットミュージアム兵庫文学館　http://www.bungaku.pref.hyogo.jp/
　岐阜県仮想博物館（バーチャルミュージアム）　http://indi-info.pref.gifu.jp/manabi/
　デジタルアーカイブ推進協議会　http://www.jdaa.gr.jp/

[第Ⅴ章]
- WEBデザインの「ユーザビリティー＆アクセシビリティー」『月刊ニューメディア』(平成13年5月号) ㈱ニューメディア
- 江下雅之 『ネットワーク社会の深層構造』 平成12年 中央公論新社

- ㈱エスエスワン 『プロフェッショナル ウェブデザイン』 平成15年 ソフトバンクパブリッシング
- 岡本 薫 『インターネット時代の著作権』 平成13年 財全日本社会教育連合会
- 『「高齢者、障害者の情報通信利用に対する支援の在り方に関する研究会」報告書』 平成12年 郵政省、厚生省
- 坂元 章(編) 『インターネットの心理学』(第2版) 平成12年 学文社
- 総務省 「通信利用動向調査」『平成15年情報通信白書』 平成15年
- 俵 幸嗣 「著作権法の一部改正について」『視聴覚教育9月号』 財日本視聴覚教育協会
- 三明正嗣 『映像教材のインターネット送信に関する権利処理』 千葉県総合教育センター
- 文部科学省 『el-Net』(リーフレット)

文化庁「自由利用マーク」 http://www.bunka.go.jp/jiyuriyo/
生涯学習のホームページ http://www.nona.dti.ne.jp/~maxmona/index1.html
総務省統計局 http://www.stat.go.jp/
国立国会図書館 http://www.ndl.go.jp/
教育情報ナショナルセンター http://www.nicer.go.jp/
内閣府「青少年のためのホームページ」 http://www8.cao.go.jp/youth2/
国立オリンピック記念青少年総合センター http://www.nyc.go.jp/
フリーML http://www.freeml.com/
著作権情報センター http://www.cric.or.jp/
北海道総合通信局 http://www.hokkaido-bt.go.jp/
関東経済産業局 http://www.kanto.meti.go.jp/
子どもゆめ基金 http://cs.kodomo.nyc.go.jp/yume/
インターネット活用教育実践コンクール http://www.netcon.gr.jp/
メディア教育開発センター http://www.nime.ac.jp/
コンピュータ教育開発センター http://www.cec.or.jp/
情報基盤協議会 http://www.kibankyo.ab.psiweb.com/
情報処理振興事業協会 http://www.ipa.go.jp/
情報通信研究機構 http://http://www.nict.go.jp/
科学技術振興機構 http://www.jst.go.jp/

[第Ⅵ章]
- 大西 勲 「愛媛県におけるインターネットによる生涯学習講座」『視聴覚教育 通巻673号』 日本視聴覚 教育協会 平成15年 p.54
- 前川道博 「ネットで協働学習できるってホントですか？」『社会教育』平成15年4月号 pp.24-29.
- 前川道博 「市民参加による情報コミュニティの創造」『ネットワーク社会における生涯学習』 Vol.2,pp.16-21.

PushCorn http://www.mmdb.net/pushcorn/
滋賀県IT子どもクラブ http://www.longlife.pref.shiga.jp/itkodomo/
Eスクエア・プロジェクト http://www.edu.ipa.go.jp/E-square/
帝塚山学院泉ケ丘中高等学校 http://www.tezuka-i-h.jp/
秋田県立博物館 http://www.apl.pref.akita.jp/
せんだいメディアテーク http://www.smt.city.sendai.jp/
足立ITサロン http://gakushu.adachi.tokyo.jp/itsalon/
愛媛県生涯学習センター http://joho.ehime-iinet.or.jp/
ひょうごインターキャンパス http://www.hyogo-intercampus.ne.jp/
北海道人 http://www.hokkaido-jin.jp/
智恵のバザール http://knowledge.hokkaido-jin.jp/
仙台市科学館 http://www.kagakukan.sendai-c.ed.jp/
障害者マルチメディア情報センター http://www.smc.pref.shizuoka.jp/top/

[事項索引]

1. 索引は五十音順に配列した。外国語の略語は、ローマ字読みを原則とし、慣用に従って読み下したものもある。
2. 索引ページの太字は、「用語解説」の掲載ページである。

[あ]

ICタグ ……………………………………**23**
ICチップ …………………………………23
アイスブレイク …………………………**124**
IT講習 ………………51, 74, 162, 169, 195
ITサロン ………………………195, 196, 200
ITスキル ………………………31, 99, 109
ITデバイド ………………………………41
ITボランティア………84, 88, 100, 104, 109
アクセシビリティ ………………153, 154, 223
アナログ・ネットワーク…………………13, 53
RFC（Request For Comments）……………156
意志決定支援グループウエア……………17
e-Japan戦略 ………………………11, 31, 38
e-Japan重点計画-2003………………31, 143
Eスクエア・プロジェクト ………………181
ISoN(Internet School on the Network) …183, 184
ETC（Electric Toll Collection）……………22
ETO（E-Trekking Osaka）……………183, 184
eポートフォリオ ………………169, 170, 171
eラーニング……………11, 38, 61, 65, 97
eラーニング・システム ………12, 15, 33, 57, 61, 95, 109, 200
インターネットクラスルームプロジェクト ………181
インターネット講座……………61, 64, 66, 68, 75, 81, 98, 102, 110, 201
インターネットの機能……………………32
インターネット＝バーチャル体験 ………216
インターネット版「生涯学習パスポート」…208, 212
インターネットブラウザ…………………32
インターネット・ロボ……………………220
インターフェースデザイン ………………150
ウェブアクセシビリティ……………153, 223
ウェブサイト ………………20, 150, 151, 170
ウェブサイトの構成図 ……………………152
ウェブサーバ環境 …………………………171
WebCT ……………………………………61
ウェブテキスト………81, 84, 87, 88, 89, 92
ウェブデザイン ……………………150, 224
ウェブブラウザ ……………………………171
ウェブページ ……………30, 84, 92, 100, 153
ウェブベース ……………………………169
ASP（Application Service Provider）………109
HTML ……………………………………92
ALT属性 …………………………………**154**
絵コンテ …………………………………139
エージェントグループウエア……………17
FAQ ………………………………………**152**
MD ……………………………………13, 20
LMS＝Leaning Management System ………98
エル・ネット …50, 58, 104, 111, 114, 116, 118, 145
エル・ネット「オープンカレッジ」………5, 51, 75, **76**, 104, 109, 110, 111, 114, 116, 118
エル・ネット2チャンネル ………………117
遠隔学習……………………………38, 49
遠隔学習システム…………………………97
遠隔公開講座番組…………………………111
エンコード ………………………………**33**
オンデマンド……………71, 84, 89, 205, 213
オフラインミーティング …………………126

[か]

学習管理システム…………………………98
学習コンテンツ ………………38, 46, 75, 98
学習コンテンツライブラリー ……………147
学習資源 ………………………29, 62, 137, 143
学習資源のデジタル化 ……………………128
学習情報提供システム……………………17
学習成果の評価・認定・認証サービス機関………3, 6
学習メニュー方式……………………12, 64
学習履歴保存機能 ………………………199
画素 ………………………………………**130**
仮想博物館 ………………………………130
学校教育との連携・融合…………………62
キャラクタデザイン ………………………150
教育情報ナショナルセンター……………143, 161
教育における権利制限の例外 ……………146
協調学習（Collaborative Learning）………16
協調学習の課題……………………………18
クリカブルマップ ………………………222
グループウエア……………………………**17**

く〜て

クロスフェード … **142**	生涯学習支援システム … 3
グローバリゼーション … **18**	生涯学習推進センター機構 … 3, 6
携帯端末 … 112, 184	生涯学習のホームページ … 161
携帯電話 … 20, 133, 134, 184	生涯学習パスポート … 208, 212
携帯電話の特性 … 133	生涯大学システム … **65**
ケータイ文化 … 51	情報縁 … 156
携帯メール … 21	情報デザイン … 150
高度教育情報化推進協議会 … 111, **114**	情報バリアフリー … 153
「故郷の家」プロジェクト … 184	情報ボランティア … 62, 163, 193
国社研のホームページ … 60	情報リテラシー … 56, 78, 133, 135
国立教育政策研究所社会教育実践研究センター … 56, 161	ショットサイズ … 140
個人情報の取扱い … 164	ストーリーボード … 139
個人情報保護 … 23, 30	ストリーミング … 61, **105**, 203
子ども放送局 … **50**, 111, 145	先進学習基盤協議会（ALIC） … **12**
コミュニケーションツール … 22, 79, 186	仙台シニアネットクラブ … 46
コミュニケーション・メディア … 52	総合的な学習の時間 … 62, 132, 220
コミュニティウエア … **17**	双方向メディア … 34
コミュニティ・カレッジ … 41	［た］
コラボレーションサービス … 220	第4の領域 … 156
コンセプトデザイン … 150	WBT（Web Based Training） … 19, 59, 61, 103, 109
コンテンツベンダ … 98	地域資料のデジタル化 … 62
コンピュータウイルス … 24, 30	地域のデジタルコンテンツ … 137
コンピュータボランティア … 55, 196	「知」のデジタルアーカイブ事業 … 47
［さ］	チャット … 79, 106, 120, 121, 177, 186
サーバ環境 … 171	著作権 … 30, 105, 108, 143, 147, 162, 205
GIF … 128	著作権契約レベル … 118, 146
CAI … 14, **39**	著作権の保護 … 24, 148
CMC … **103**	TIFF … 128
CBT … **39**	出会い系サイト … **135**
CS放送 … 111, **114**	ディスタンス・ラーニング … 38
JPEG … 128	デコード … **33**
滋賀県IT子どもクラブ … 175, 176	デザイン・コンセプト … 14
指向性の創出 … 4	デジタルアーカイブ … 46, 50, 137
自己組織化 … 4	デジタルアーカイブ推進協議会 … 137
事象の内容 … 26	デジタルアーカイブス化 … 137, 143, 193
システムベンダ … 98	デジタル映像教材 … 138
シニアネット … 31	デジタル化する学習資源 … 62
シミュレーション・ゲーム … 15	デジタル教材 … 16
社会教育研修プログラム … 57	デジタルコンテンツ … 10, 16, 65, 77, 137, 143, 146
社会教育指導者 … 56, 161	デジタルCS通信受信機 … 111
社会教育主事の研修 … 57	デジタル・デバイド … 51
社会教育主事の役割 … 56	デジタル・ネットワーク … 53
自遊塾 … **13**, 45	デジタルポートフォリオ … 170
「自由利用マーク」制度 … 148	テレビ会議システム … 98, 106, 119, 120
生涯学習eソサエティ … 2, 6, 15	電子会議室 … 15, 79
	電子掲示板 … 20, 52, 62,

81, 87, 88, 95, 121, 158, 186, 202
電子的コミュニティ……………………………122, 157
電子ネットワークのコミュニティ………………156
電子メール　……15, 30, 33, 62, 81, 84, 87, 88,
　　95, 98, 103, 117, 121, 183, 186, 208
電子メールアドレス…………………………………21
電子モールサイト……………………………………**36**
テンプレート…………………………………………**91**
同期、非同期……………………………………120, **122**
富山インターネット市民塾……………12, 39, 45,
　　66, 81, 102, 110

[な]

ナレッジデータベース……………………………219
ネチケット…………………………………30, 122, 179
ネチケットガイドライン…………………………156
ネットコミュニティ…………………………53, 77
ネットショッピング………………………………51
ネットミーティング………………………………187
ネットワーク型行政………………………………65
ネットワークゲーム………………………………10
ネットワークコミュニティ………120, 122, 156, 158
ネットワーク社会……………………………9, 128
ネットワーク・リーダーの役割…………………18
ノンリニア編集………………………………138, **139**

[は]

バーチャル学習空間…………………………………5
バーチャルクラスルーム…………………………182
バーチャルコミュニティ……………………122, 178
バーチャルミュージアム……………27, 46, 130
バーチャルユニバーシティ………………………33
バーチャル・リアリティ……………………15, 25
ハードウェアネットワーク………………………97
パブリックサーバ…………………………………187
BS放送………………………………………111, **114**
PDFファイル………………………………108, **117**
ひょうごインターキャンパス……………208, 209, 212
開かれた学校…………………………………………62

PushCorn……………………………………51, 169, 172
PushCornサーバ…………………………………172, 173
PushCornワークショップ「楽しく協動学習」
　　………………………………………………169, 172
プッシュ型メディア………………………………36
プル型メディア……………………………………36
フレーミング………………………………………160
ブレンディング……………………………12, 106, 126
ブロードバンド………………**10**, 61, 68, 150, 203
ブロードバンドコンテンツ………………………92
ベンダ………………………………………………**99**
PopCorn……………………………………………170
ポートフォリオ学習………………………………169
ホームページエディタ……………………………170
ホームページサーバ………………………………98
ホワイトボード………………………………79, **94**

[ま]

マルチメディアコンテンツ……………181, 183, 185
マルチメディア・ネットワーク……………………3, 7
マルチメディア・ネットワークを導入した生涯学習
　　支援システム……………………………………2, 3
メタデータ……………………………………36, 190
メディアスペース…………………………………17
メディアリテラシー………………………………126
メーリングリスト
　　…………81, 121, 158, 161, 163, 183, 199, 212
メーリングリストサービス………………………121

[や]

ユーザビリティ……………………………153, 154
ユニバーサルデザイン……………………**151**, 216
ユビキタス社会……………………………………**22**

[ら]

リアルコミュニティ………………………………48
ロゴデザイン………………………………………150

[わ]

ワイプ………………………………………………**142**
ワークショップ……………………………………54

□監修者紹介

井内慶次郎（いないけいじろう）
㈶日本視聴覚教育協会会長、元文部事務次官
東京帝国大学法学部卒業。文部省社会教育局に入省後、千葉県社会教育課長、文部省視聴覚教育課長、会計課長、官房長、文部事務次官。退官後、国立教育会館館長、東京国立博物館館長、文部省生涯学習審議会社会教育分科審議会会長を歴任。
主な著書　『改訂社会教育法解説』(共著、全日本社会教育連合会、平成13年)、『明治文教の曙』(雄松堂出版、平成16年) など。

□編者紹介

山本恒夫（やまもとつねお）
現職／八洲学園大学教授、筑波大学名誉教授、教育学博士
専門領域／生涯学習学、関係論
略歴／東京教育大学大学院博士課程 (教) 修了後、筑波大学、大学評価・学位授与機構教授を経て現職。日本生涯教育学会会長、同常任顧問、文部省生涯学習審議会委員(同審議会社会教育分科審議会会長) などを歴任、現在文部科学省中央教育審議会委員（生涯学習分科会長）、高等教育情報化推進協議会委員など。
主な著書／『生涯学習概論』(編著、東京書籍、平成10年)、『改訂社会教育法解説』(共著、全日本社会教育連合会、平成13年)、『「総合的な学習の時間」のための学社連携・融合ハンドブック』(共編著、文憲堂、平成13年)、『21世紀生涯学習への招待』(協同出版、平成13年) など。

浅井経子（あさいきょうこ）
現職／八洲学園大学教授
専門領域／生涯学習学、社会教育学
略歴／筑波大学大学院博士課程(教)修了後、淑徳短期大学教授を経て現職。日本生涯教育学会理事、評議員、文部省生涯学習審議会専門委員等を歴任。現在、文部科学省中央教育審議会生涯学習分科会臨時委員、高等教育情報化推進協議会推進委員会委員など。
主な著書／『生涯学習の設計』(共著、実務教育出版、平成7年)、『改訂社会教育法解説』(共著、全日本社会教育連合会、平成13年)、『「総合的な学習の時間」のための学社連携・融合ハンドブック』(共編著、文憲堂、平成13年)、『生涯学習概論』(編著、理想社、平成14年) など。

伊藤康志（いとうやすし）
現職／文部科学省生涯学習政策局参事官（学習情報政策担当）付教育メディア調査官
略歴／国立教育会館社会教育研修所社会教育・生涯学習研修課長、独立行政法人国立オリンピック記念青少年総合センター事業課長を経て現職。日本生涯教育学会理事、全国文化・学習情報提供機関ネットワーク協議会幹事等を歴任。
主な著書／『「総合的な学習の時間」のための学社連携・融合ハンドブック』(分担執筆、文憲堂、平成13年)、『生涯学習概論』(分担執筆、理想社、平成14年) など。

□執筆分担一覧

山本　恒夫　　八洲学園大学教授、筑波大学名誉教授
（分担）　　　［Ⅰ－1、Ⅰ－5］

浅井　経子　　八洲学園大学教授
（分担）　　　［Ⅰ－3］

伊藤　康志　　文部科学省生涯学習政策局参事官（学習情報政策担当）付教育メディア調査官
（分担）　　　［Ⅰ－2、Ⅱ－4、Ⅱ－5、Ⅲ－1］

篠原　正典　　文部科学省メディア教育開発センター研究開発部学習リソース開発系教授
（分担）　　　［Ⅰ－4、Ⅱ－1］

柵　　富雄　　富山インターネット市民塾推進協議会事務局長
（分担）　　　［Ⅱ－2、Ⅲ－2、Ⅲ－3、Ⅲ－4、Ⅲ－5］

奥山恵美子　　仙台市市民局次長
（分担）　　　［Ⅱ－3］

村田　智己　　国立教育政策研究所社会教育実践研究センター社会教育調査官
（分担）　　　［Ⅱ－6］

下川　雅人　　財団法人日本視聴覚教育協会事務局次長　「視聴覚教育」編集長
（分担）　　　［Ⅲ－6、Ⅳ－1、Ⅵ－6］［Q＆A］

桜庭　　望　　独立行政法人国立オリンピック記念青少年総合センター事業課主任研修指導専門職
（分担）　　　［Ⅳ－2、Ⅴ－4、Ⅵ－2、Ⅵ－3］［Q＆A］

佐久間　章　　北海道教育庁生涯学習部生涯学習課推進グループ主査
（分担）　　　［Ⅳ－3、Ⅴ－3、Ⅵ－8］［Q＆A］

久世　　均　　岐阜県立多治見工業高等学校教頭
（分担）　　　［Ⅳ－4、Ⅵ－4］［Q＆A］

渡部　靖之　　青森県教育庁生涯学習課企画グループ社会教育主事
（分担）　　　［Ⅳ－5］

吉田　広毅　　常葉学園大学講師
（分担）　　　［Ⅴ－1］

松田　　實　　全国視聴覚教育連盟専門委員長　文教大学講師
（分担）　　　［Ⅴ－2］

前川　道博　　東北芸術工科大学未来デザイン学系専任講師
（分担）　　　［Ⅵ－1］

村上　長彦　　足立区教育委員会青少年課青少年事業係長
（分担）　　　［Ⅵ－5］

北村　悦伸　　兵庫県県民政策部県民文化局生活創造課主幹兼生涯学習研究係長
梶本　修子　　兵庫県県民政策部県民文化局生活創造課生涯学習事業係長
（分担）　　　［Ⅵ－7］

井浦　政義 （分担）	国立教育政策研究所社会教育実践研究センター専門調査員 ［Q＆A］	
加藤　美幸 （分担）	国立教育政策研究所社会教育実践研究センター専門調査員 ［Q＆A］	
井上　昌幸 （分担）	国立教育政策研究所社会教育実践研究センター専門調査員 ［Q＆A］	

生涯学習 [eソサエティ] ハンドブック
――地域で役立つメディア活用の発想とポイント――

2004年5月18日　初版第1刷発行

監 修 者	井内慶次郎
編　　者	山本恒夫・浅井経子・伊藤康志
発 行 者	小林恒也
発 行 所	株式会社　文　憲　堂
	〒163-8671　東京都新宿区大京町4番地
	☎03-3358-6370　FAX03-3355-0186
	振替　00140-1-123289
製　　版	株式会社　タイプアンドたいぽ
印刷製本	株式会社　フクイン

© T. YAMAMOTO, K. ASAI, Y. ITOH　2004　　　Printed in Japan
ISBN4-938355-17-5 C3037
落丁・乱丁本は小社にてお取り替えいたします。